Das große Ravensburger Weihnachtsbuch

Sybil Gräfin Schönfeldt · Ilse Ströbl-Wohlschläger

Das große Ravensburger Weihnachtsbuch

Basteln, Backen, Kochen,
Feiern

Vierte Auflage

Otto Maier Verlag
Ravensburg

Wir danken für die freundliche
Genehmigung der Übernahme
folgender Abbildungen:

Dem Verlag Gruner und Jahr,
Hamburg, für die Fotos auf den
Seiten 53, 87, 91, 97, 102, 107

Dem Jahreszeiten Verlag, Hamburg,
für die Abbildungen der Seiten 17,
27, 39, 59, 63, 77, 85, 117, 121,
137, 141

Der Agentur Lutetia Pandis, München, für die Fotos auf den Seiten
35, 91, 97, 99, 125

Der Maizena GmbH für die Fotos
auf den Seiten 69, 83

Dem Bayerischen Nationalmuseum,
München, für die Fotos auf den
Seiten 19, 23

Zeichnungen bis Seite 146 und
Entwurf der Vignetten: Stefan
Lemke und Marie-Luise Pricken

Zeichnungen ab Seite 146:
A. Luis Ströbl
Fotos ab Seite 146: Barbara Schulten

© 1972 by Otto Maier Verlag
 Ravensburg
Umschlagentwurf: Manfred Burggraf
Satz und Druck: Georg Appl, Wemding
Printed in Germany
ISBN 3 473 42610 5

Inhalt

Weihnachtsküche 103

Der Weihnachtsabend 135

Basteln, Werken, Handarbeiten für die Advents- und Weihnachtszeit 145

Adventszeit 146

Weihnachten

Unser traditionelles Weihnachtsfest
mit Krippe und Christmesse,
Tannenbaum und Festessen ist
ein christliches Fest. Die Geburt des
Herrn und das »Ehre sei Gott in der
Höhe und den Menschen ein Wohl-
gefallen« sind allen, die in dem Kind
in der Krippe Gottes Sohn sehen,
feste und unerschütterliche Wahr-
heiten, und es spielt dabei keine
große Rolle, ob der 24. Dezember
wirklich der richtige Geburtstag des
Herrn gewesen ist.

Dieses Fest, dieses christliche Fest
mitten im Winter, das durch das
kleine Kind in der Wiege etwas so
Familiäres und Inniges besitzt, hat
immer seine Probleme gehabt. Die
Situation lädt dazu ein, in dem so
hilflosen Kind nicht nur den
Erlöser zu sehen, sondern alle Kinder
der Welt, alle Kinder, die man groß-
gezogen hat, alle Kinder, die mit
dem Anspruch auf Frieden und Liebe
in eine erbärmliche friedlose Welt
hineingeboren werden, ja auch jene
Kinder, die wir einst gewesen sind,
vielleicht glücklicher, vielleicht nur
ahnungsloser.

Da ist ein Keim der Sentimentalität,
und er wird verstärkt durch das
ewige Zurückholen der eigenen
Jugend. Damals, als alles noch so gut
und richtig und schön war – das steht
vor den Augen der Mütter auf. Sie
sehen in der Erinnerung nur den
Glanz der Kerzen, hören zarte Stim-
men das zu Herzen gehende »Stille

Nacht, heilige Nacht« singen, haben
wieder das unvergleichliche Gefühl
von Erwartung und Seide auf frisch-
gewaschener Haut – und schlagen die
Hände über dem Kopf zusammen,
weil die eigenen Kinder sich noch vor
der Tür des Weihnachtszimmers
raufen, weil der Mann den ganzen
Rummel zum Kotzen findet, weil
gleich nach der Gans das Fernsehen
angestellt wird und weil sich die
Schwiegermutter mit Computer-
geschwindigkeit ausrechnet, daß sie
für alle Geschenke insgesamt mehr
ausgegeben hat, als die Familie
zusammen für sie angelegt hat. Und
das alle Jahre wieder.

Ist das noch Weihnachten? fragt sich
mancher mit gewissem Recht. Ist das
noch Weihnachten? fragten sich
schon die Bürger um 1700 in Sachsen.
Damals gab es noch keine Tanne
und keine Bescherung unterm leuch-
tenden Christbaum. Aber Geschenke
gab es wohl, und man trug sie in der
Christbürde mit sich fort, die bei
Kindern und Freunden in einem an
allen vier Ecken zusammengeknüpf-
ten Schnupftuch bestand, während
das Gesinde stattliche Kiepen besaß.
Darin stapelten sich Linnen, Seifen-
geld und Christstollen, und der
Pfarrer Adami wetterte, »insonder-
heit im Meißner Creysze wollte
jedermann Christbürden haben, die
so groß und so schwer waren, daß
ein starker Knecht sie nicht aufzu-
heben vermochte, daher das Gesind

8

sich nur verdingen wollte, wenn es eine Christbürde mit Stollen von mehr als einem Jahrlohn davontrug«. Es wurde immer gewettert, denn Weihnachten war schon mit Geschenken und Mummenschanz verbunden, als es noch gar nicht Weihnachten hieß. In Rom klagten die Bürger darüber, daß die Beamten zur Jahreswende so große Geschenke erwarteten, um 1500 klagte ein berühmter Kanzelredner bei uns über die heidnische Sitte, »Dannreis in die Stube zu legen«, und ein anderer sah rund hundert Jahre später in der Sitte, den Baum mit Puppen und Zucker zu behängen, eine bedenkliche Anwandlung, die Weihnachtszeit mit mehr als dem Worte Gottes zu begehen. Kurz nach dem 30jährigen Krieg, als man zum ersten Mal wieder an eine Friedensbotschaft glauben konnte und sicher aus erleichtertem Herzen feierte und praßte, schimpfte schon wieder ein Kurfürst über den Mummenschanz zu Nikolo und »daß man auch allerhand Uppigkeit foviret und die rechte Christliche Celebration der Heiligen Zeit nämlich verhindert«. Das war in der Hochblüte des Absolutismus, und jener Herr machte kurzen Prozeß und verbot seinen Untertanen einfach die »nichtigen, unchristlichen, muthwilligen Dinge«. Abermals eine Epoche später waren es das preußische Königshaus und das lothringische Haus Österreich, die genau begriffen, daß sie nur Maß und Sparsamkeit von ihren Subjekten fordern konnten, wenn sie ihnen selbst ein Vorbild gaben und karg, aber innig feierten. Es gibt Stiche und Postkarten, die etwas verlegen dastehende Kaiser oder Könige samt Familie zeigen. Vater und alle Söhne bis zur kaiserlichen Hoheit, dem Hosenmatz, in überaus ungemütlichen Uniformen, die erlauchten Mütter dagegen in reicher Toilette,

auch mit Diadem und Perlen am Hals, auf den Tischen aber nur ein, zwei Pakete, so lieblos hingestellt, als hätte sie ein Lakai vergessen wegzuräumen, nachdem er die Kerzen am spökigen und natürlich kaum dekorierten Tannenbaum angezündet hatte.

Ob das kaiserliche Vorbild überzeugte, kann man heute kaum mehr feststellen. Auf jeden Fall sind wir heute mündig von den Verboten der Obrigkeit, und selbst wenn es noch eine Obrigkeit gäbe und sie Verbote aussprechen könnte, so würde sie sich hüten, es zu tun. Wir stecken nämlich mitten in der nächsten Abhängigkeit. Der Reichtum unseres Landes hat uns zu Konsumenten gemacht. Kaufen ist die erste Bürgerpflicht, damit die Wirtschaft bleibt, was und wie sie ist, und es braucht keinen zu verwundern, daß zur lieben Weihnachtszeit alles vom Kaufrausch überwuchert wird. Weihnachten ist schließlich als gesetzlicher Feiertag der einzige offizielle Anlaß zum legalisierten Kaufen und Schenken. Es empört die meisten Menschen, seien sie Christen oder Nicht-Christen, daß die Innenstädte ab Oktober Weihnachten spielen, daß aus jeder Tageszeitung ab November bunte Kaufkataloge flattern, daß Kindern Wünsche eingehämmert werden, die sie maßlos und gierig machen.

Es wundert auch niemanden, daß Kinder und Jugendliche in Interviews mit Lehrern und Psychologen ganz klipp und klar sagen: »Das Fressen und Saufen und Kaufen der Erwachsenen hängt uns zum Halse raus.« Weihnachten also abschaffen, weil ja doch nur alle schlemmen und Geschenke raffen und nur in die Kirche gehen, weil man eben in die Kirche geht? Die Einstellung der Kinder zu dieser Frage ist eindeutig, und diese Ein-

stellung scheint mir richtig zu sein. Nicht, weil Weihnachten »ja doch nur für die Kinder schön ist«, sondern weil Kinder auch im Elternhaus lernen müssen, Feste zu begehen. Es ist ihnen ganz klar, was falsch ist, wenn am Weihnachtsfest etwas falsch ist. Sie wollen nicht im geringsten das Fest abschaffen, sondern den Rummel. Sie wollen andere Eltern haben. Sie sagen: »Das ist doch verlogen! Einmal im Jahr beim Glanz der Kerzen innig tun, und sich das ganze Jahr hindurch streiten und in den Haaren liegen!« Sie klagen, daß die Erwachsenen vor lauter Kaufen und Überlegen – »Hab ich auch keinen vergessen? Hab ich auch genug und teuer genug gekauft?« – keine Zeit zur Gemütlichkeit haben, zum Singen und Basteln und Geheimnisvolltun. Sie wollen nicht, daß Mutter wie verrückt durch die Gegend fliegt und keucht und alles tagelang blitzblank putzt, was keiner blitzblank haben will. Sie wollen lieber Ruhe haben. Sie sind gar nicht an Gans und Aufwand interessiert. Sie gingen lieber langsam und nachdenklich durch verschneite Einsamkeiten. Sie finden es peinlich, wenn Erwachsene, denen Gott völlig schnuppe ist, einmal im Jahr in die Kirche eilen, sich dort stoßen und drängen lassen und sich ärgern, daß niemand in dem Gedränge Mutters neuen Pelzmantel bemerkt hat. Sie finden

es unbegreiflich, daß sie vorm Tannenbaum ein Gedicht aufsagen müssen – »Ich sag dem Schrank und dem Stuhl ja auch keine Gedichte«! Sie finden es doof, daß sie Geschenke für Leute basteln müssen, die sie gar nicht kennen, und daß ihr ganzes Taschengeld draufgeht.
Erwachsene haben wohl sonderbare Gefühle, wenn sie lesen, daß 15jährige schreiben: ». . . früher, als ich noch ein Kind war, fand ich Weihnachten schön. Da glaubte ich noch ganz fest an das Christkind . . .« Aber gerade in diesem Satz und in den Wünschen der Kinder nach dem Fest und nach »Besinnlichkeit, Wärme und Geborgenheit« – wie ein Sechzehnjähriger es zusammenfaßte – stecken alle Ansätze für die Erwachsenen, aus ihrem eigenen Weihnachten etwas zu machen, woran sich die Kinder später gern und nicht mit einer Mischung aus Zorn und Verlegenheit erinnern.
Im Grunde genommen hat man zwei Möglichkeiten, die sich freilich gegenseitig ergänzen:
Wer christlich empfinden und zu leben versucht, für den ist die Grundlinie des Festes klar. Er braucht seinen Kindern nicht irgendwann einmal errötend zu gestehen, daß es gar keinen Weihnachtsmann gibt. Denn Christus ist wahr und unvergänglich. Auch der Weihnachtsmann in den Straßen und Geschäften wird kein Problem. Man kann ihn

gelassen als Reklamemann erklären, der den Kaufleuten ihre Sachen verkaufen hilft. So werden die verkleideten Männer weder zum ungebührlichen Schreckgespenst, noch zum falschen Symbol.

Das einzige Problem liegt eigentlich nur darin, daß man nicht übertreibt, weder in der Enthaltsamkeit gegenüber irdischem Tand, noch in der Erziehung. Selbstverständlich möchten Eltern, die täglich erfahren, wieviel Kraft im Glauben ruht, auch ihren Kindern diese größte und stärkste Sicherheit des Lebens übermitteln. Kleine Kinder übernehmen noch selbstverständlich die Ansichten und Gewohnheiten der Eltern. Kinder ab 11, 12 Jahren beginnen jedoch kritisch zu werden und lehnen gerade das ab, was die Eltern repräsentieren.

In dieser Zeit sollte man auch nicht mit Weihnachtsfrömmigkeit rechnen, man sollte vielleicht sogar das eigene Beispiel etwas herunterspielen. Jeder von Ihnen kennt sicher viel zu viele Klosterschüler und Kinder strenggläubiger Eltern beider Konfessionen, die sich erst als Erwachsene wieder die Freiheit religiöser Entscheidung und Handlung zurückerwerben mußten.

Das führt zu der Frage, die auch jene Eltern betrifft, denen der christliche Anlaß gleichgültig ist. Sie lautet: Soll man die Kinder mitbestimmen lassen, wie Weihnachten verläuft? Die Antwort muß man gleich unterteilen. Kinder bis etwa 10 Jahren genießen Weihnachten so, wie es ihnen geboten wird. Hauptsache, sie bekommen schöne Spielsachen und Bücher geschenkt und haben es gemütlich.

Kinder zwischen 10 und 12 beginnen kritisch zu werden. Sie spüren genau, wenn etwas nicht stimmt. Sie mögen es nicht, wenn Weihnachten nach Schablone gefeiert wird und Mutter nur putzt und Vater nur kauft, damit die Leute in der Nachbarschaft nichts zu tratschen haben. Sie denken über die Friedensbotschaft nach und setzen sie in Verbindung zu den Schlagzeilen der Tageszeitungen.

Ich fände es gut, wenn man diesen großen Kindern, die nachdenklich sind und richtigere und unverfälschtere Ansichten haben als viele Erwachsene, die Stimme leiht und Advent und Weihnachten mit ihnen gemeinsam vorbereitet und plant. Nur so bleibt ein Familienweihnachten lebendig, nur so kann es jeder mit Sinn und Freude und auch mit Gemeinsamkeit erfüllen.

Das erklärt schon fast die zweite Möglichkeit, Weihnachten zu feiern. Wer nämlich nicht an Gott glaubt, der sitzt Weihnachten in der Zwickmühle. Da sind die Kinder mit ihren gläubigen und erwartungsstrahlenden Augen, Kinder, die natürlich in der Nachbarschaft erleben, wie Weihnachten sein kann, wenn es bejaht wird. Dagegen steht die eigene Überzeugung, daß alles nur Unfug ist, ein Traum kindlicher Seelen, die eben ohne Sentimentalität und einem Über-Vater mit Rauschebart nicht leben können.

Schlechtester Ausweg: so tun als ob. In allen Interviews und Gesprächen mit Kindern und Jugendlichen hat sich gezeigt, daß sie die verlegene Verlogenheit dieser Haltung mit 100%iger Sicherheit durchschauen und fürchterlich finden.

Bester Ausweg: Man macht aus Weihnachten ein Familienfest, ein ganz individuelles Winterfest, bei dem selbst die Geschenke ganz normal begründet werden können. Auch überzeugte Christen denken nicht in jeder Sekunde daran, daß ihre grüngolden eingewickelten Weihnachtspakete Symbole für die Gaben darstellen, die die Hirten und

Könige dem Christkind darbrachten. Man schenkt, weil man sich lieb hat und sich einmal im Jahr eine ganz besonders große Freude machen will. Auch die christliche Weihnacht lebt zum großen Teil von den Beweisen der gegenseitigen Zuneigung. Es feiert sich nach Ansicht der Kinder am schönsten, wenn die ganze Familie zusammen ist und wenn die Kinder spüren können, wie viele Menschen zu ihnen gehören und ihnen zugetan sind.

Wenn man seinen eigenen familiären Weihnachtsstil gefunden hat, so ist man seiner selbst sicher und braucht auch jenen gegenüber keine fanatische Abwehrhaltung einzunehmen, die ihr Weihnachtsfest anders feiern. Wer im Sommer mit seinen Kindern nach Italien, Griechenland oder Spanien reist, besichtigt sicher mit ihnen auch einmal ein Kloster oder eine Kirche oder ein Schloß, selbst wenn er nichts von Mönchen und Königen hält. Er betrachtet und erklärt diese Zeichen eines anderen Lebensstils, weil er es für richtig hält, daß Kinder andere Ansichten der Existenz kennenlernen. Wir nennen das: Kinder werden zur vorurteilslosen Offenheit erzogen. Warum sollte diese Erziehung Weihnachten verleugnet werden? Warum sollen Eltern ihren Kindern nicht die Krippen und die Weihnachtspyramiden, die Kerzen und Engel in den Kirchen und

Museen, in Läden und bei Holzschnitzern zeigen und erklären, was das alles für andere Leute bedeutet? Auf diese Weise muß man die eigene Überzeugung nicht vertuschen, und man macht die Kinder nicht zu Außenseitern, »die zu Hause nicht mal einen Tannenbaum haben«. Apropos Tannenbaum: Auf Seite 22 steht zu lesen, daß unsere Weihnachtstanne zu den unchristlichsten Symbolen des Weihnachtsfestes gehört. Man kann sich also in aller Seelenruhe und Berechtigung als Nicht-Christ Weihnachten eine Tanne ins Zimmer stellen!

Gerade weil Weihnachten ein Fest ist, in dem sich so viele Symbole, Traditionen und Kuriositäten mischen, schenkt es einem die Freiheit, es so zu feiern, wie es einem paßt. Vielleicht finden Sie in der folgenden Darstellung unserer eigenen Traditionen oder bei den Weihnachtsgebräuchen unserer Nachbarn Anregungen für sich und Ihre Familie.

Unsere Sammlung an Weihnachtsbeispielen aus Vergangenheit und Nachbarschaft sollte nur nicht zu einem anregen: eine Schablone durch andere, noch unbekannte auszutauschen.

Wer wirklich unter Weihnachten leidet, wer seine Familie unerträglich findet, wer nicht willens ist, der Kinder wegen seinen Konsumzwang zu bremsen, der wird auch nicht glücklich werden, wenn er Weihnachten mal amerikanisch feiert oder zum Skilaufen nach Sowieso fährt. Denn auch bei Egg Nog oder in der weihnachtlich zurechtgeputzten Halle vom Hotel in Sowieso hat er sich nicht geändert. Ein Rat für jene, die mit Weihnachten nicht fertig werden, weil sie mit dem Leben in unserer Zeit nicht fertig werden, übersteigt den Rahmen eines Buches.

Basteln, Werken, Handarbeit in der Advents- und Weihnachtszeit

Basteln gehört zu Weihnachten ebenso wie Tannengrün und Kerzenduft, und der Umgang mit Bastelmaterial und -Werkzeug ist nie so aktuell wie in den Advents- und Weihnachtswochen. Durch die langen Winterabende, die den Aufenthalt im Freien einschränken, entfaltet man gezwungenermaßen seine Aktivitäten in der Wärme der Wohnräume und versammelt sich am Basteltisch. Die Arbeit des Einzelnen verteilt sich dann auf viele, man kann gemeinsam ein Modell erarbeiten, jeder leistet Teilarbeit wie z. B. beim »Sternenmobile« auf Seite 188. Die 210 Sternenhälften können gemeinsam angefertigt werden, und das Ergebnis wird zu einer attraktiven Dekoration für Klassenzimmer, Gruppenraum oder auch Wohnzimmer. Man bemüht sich in den Wintermonaten, den mangelnden Blumenschmuck des Sommers durch Tannenzweige zu ersetzen, schmückt Wand, Tisch, Fenster und Kamin mit Dekorationen aus Naturmaterial oder aber aus glitzernden Materialien wie Alufolie und Silberspray und Kerzen, um in der Wohnung die fehlende Sonne durch andere Effekte zu ersetzen. Daneben verschenkt man selbstgemachte Dinge an Freunde und Verwandte, denn Selbstgemachtes ist

besser als Gekauftes: Der Beschenkte wird sich über die aufgewendete Mühe, Arbeitszeit und vor allem über das individuelle für ihn gebastelte Geschenk mehr freuen als über fertig gekaufte Dinge. Wer aus Zeitmangel fertig kauft, kann ein Geschenk originell verpacken und Schnur oder Schleife mit einem Geschenkanhänger ausstatten, der später als Christbaumschmuck oder Krippenzubehör verwendet werden kann. Die Modellvorschläge und Arbeitszeichnungen sollten keinen Zwang für die Phantasie darstellen. Sie sollen den Weg zeigen, wie man seine eigene Individualität verwirklichen kann. Denn ob die Sterne so oder so ausgeschnitten und dekoriert sind, spielt gar keine Rolle. Und wenn jemand den Nikolausstrumpf mit goldener Wolle stricken oder die Gesichter vom Kerzenengel pausbackiger anmalen oder den Sets ein anderes Grundformat geben will, so liegt das ganz bei ihm, bei seinem Geschmack, Wollvorrat oder der Größe des Tisches, auf dem die Sets oder der Tischläufer liegen soll. Wer aber zum ersten Mal ein Set näht, oder einen Engel – unter Zurhilfenahme einer Flasche – aufbaut, der wird merken, wie hilfreich es ist, wenn man sich dieses erste Mal genau an wohlüberlegte und durch lange Praxisjahre narrensicher entworfene Planskizzen halten kann. Im geduldigen, korrekten Nacharbeiten des Musters kann man dann bereits Ideen und Erfahrungen für die eigene Variation oder für eine ganz andere Bastelei gewinnen. Beim Basteln mit Kindern gelten andere Motivationen, und das Ergebnis steht manchmal in keinem Verhältnis zu der Mühe, die sich das Kind gemacht hat. Doch jede Mutter hebt sicher irgendwo einen windschiefen Laubsäge-Engel auf oder ein aus Ton geformtes Wesen, das

einen Weihnachtszwerg darstellen
sollte, und gerade diese beiden Materialien zeigen, wie leicht ein Kind
überfordert werden kann, wenn man
es ohne Übergang plötzlich vor einen
Werkstoff setzt, an dem es scheitern
muß. Kinder wollen beim Basteln
etwas Gutes und Schönes leisten,
und wenn sich ihr Schönheitsbegriff
auch nicht immer mit unserem
deckt, so können und sollten die
meisten Erwachsenen das akzep-
tieren, was im kindlichen Sinn schön
ist. Beim Guten ist es etwas anderes.
Da haben Kinder schon Maßstäbe,
die so streng wie die unseren sind. Sie
erkennen genau, wenn etwas nicht
gelungen ist, weil sie es im hand-
werklichen Sinn nicht gut, nicht
ordentlich, nicht richtig gemacht
haben. Sie betrachten den krum-
men Zwerg mit Mißfallen, weil sie
wissen, wie er – ohne anders aus-
zusehen – besser stehen und weniger
sichtbare Flickstellen und Daumen-
abdrücke haben müßte, und sie verschenken ihn nicht gern. Wer mit
Kindern Weihnachtssachen basteln
will, sollte an diese Probleme denken
und sich vielleicht Zeit nehmen, um
mit kleinen Kindern zusammen zu
schneiden und zu falten und zu
kleben und zu malen. Dabei ist es
gut, wenn man in einer Adventszeit
nicht sämtliche Basteltechniken
beginnt, sondern ganz bescheiden
mit zwei oder dreien. Es gibt in
diesem Buch genügend Beispiele ...

Kinder, die das ganze Jahr nicht
basteln, haben natürlich keine
Übung und sollten ohnehin nicht
dazu gebracht werden, in der
Adventszeit kunstgewerbliche
Meisterleistungen zu vollbringen.
All das macht deutlich, daß sich
die Rolle des Erwachsenen nicht
darin erschöpft, Farbtöpfe und
Pinsel, Scheren und Papier, Wolle
und Kleister zu beschaffen. Aber auch
das ist wichtig! Mancher Bastel-Elan
erlischt unzeitig früh, weil man
mitten im Arbeiten merkt, was alles
fehlt. Noch besser, als unbedingt
notwendiges Gerät und Zutaten für
bestimmte Bastelarbeiten zu besorgen, ist ein richtiger Bastel-Kasten
oder -schrank, bei dessen Inhalt die
Phantasie schon anzuspringen beginnt. Kinder brauchen auch beim
Basteln die Hilfe der Erwachsenen.
Das bedeutet allerdings nicht, daß
die Mutter oder Großmutter alles
alleine macht oder jede Bastelarbeit
»vormacht«.
So wollen auch die Vorlagen dieses
Buches verstanden werden: ihre
Grundformen sind einfach und
logisch. Ein Kind oder Anfänger ohne
Bastelerfahrung und Übung kann sie,
auch ohne »gut zeichnen« zu
können, übernehmen und auf seine
Materie übertragen. Wer den An-
leitungen folgt, wird etwas Er-
freuliches zustande bekommen und
kann stolz auf seine Arbeit sein.

14

Weihnachts-
sitten
und -gebräuche

Weihnachten und die 12 Nächte

Von Weihnachten bis zum Drei-königstag, dem 6. Januar, sind die sogenannten Rauhen Nächte. Diese Bezeichnung leitet sich vermutlich von der Gewohnheit ab, Geister und Dämonen zwischen den Jahren aus dem Hause auszuräuchern. Früher brauste Wotans wilde Jagd in dieser Zeit der Jahres- und der Winter-sonnenwende durch die Lüfte, und auch in der christlichen Zeit behielten die drei Feste jener Zeit – Weih-nachten, Neujahr und Dreikönigstag – einen engen Zusammenhang.

Unser Jahr beginnt immer noch mit dem 1. Januar, weil die höchsten Beamten des Römischen Reiches am 1. Januar neu ihr Amt antraten. Das war noch ein gutes Jahrhundert vor Christi Geburt. Für die Christen war der 6. Januar der Anfang des Jahres, denn an diesem Tag wurde Christus getauft, was als Tag seiner geistigen Geburt gefeiert wurde.

In den ersten christlichen Jahrhun-derten gab es jedoch manches Hin und Her an Ordnung und Auslegung, und im 4. Jahrhundert einigte man sich darauf, daß Christus schon durch seine Geburt mit dem Vater wesens-gleich gewesen sei und trennte infolgedessen das Geburtsfest vom Tage der Erscheinung.

Diese Entscheidung war sozusagen der Geburtstag unseres Weihnachts-festes, und das Datum der Nacht vom 24. auf den 25. Dezember als Geburtsdatum des Herrn war nicht schlecht gewählt: der 25. Dezember galt im ganzen Mittelmeerraum als der Geburtstag des Mithras, des unbesiegbaren Sonnengottes, der im Römischen Reich sehr geehrt und überall bekannt war.

So treffen sich die nordische Winter-sonnenwende, der orientalische Sonnengott und das neugeborene Kind, und ein Fest hob die Bedeutung des anderen. Doch wenn man auch diese drei unter das Dach eines einzigen Festes bekommen hat, so blieb das Problem des Jahresanfangs. Zuerst wurde Weihnachten auch in Deutschland als Jahresanfang be-stimmt, und noch Luther hat an Weihnachten als Beginn des Jahres festgehalten.

Ende des 17. Jahrhunderts wurde der 1. Januar allgemein als Jahresanfang bezeichnet, wenn auch bis heute mit Weihnachten und dem Advent, seiner Vorbereitungszeit, das Kirchen-jahr beginnt. Deshalb tauchen auch in den Volksbräuchen zwischen Martini, Ostern und Pfingsten immer wieder die gleichen Bräuche auf, mit denen man sich für das kommende Jahr Heil, Glück und Segen sichern will. Deshalb gibt es in allen Land-schaften Umzüge, die mit dem Geister- und Dämonenaustreiben zu tun haben, deshalb rankt sich der Aberglauben ums Wasserholen und um die Versorgung von Feldfrüchten

und Vieh. In allen Fällen wollte man
die guten Geister beschwören, einem
im kommenden Jahr mit dem Besten
zu versehen, was man erwarten
konnte.

Die Geschenke

Deshalb ist die Weihnachtszeit mit
Geschenken verbunden. Die Dienst-
herren verpflichteten das Gesinde im
vorhinein mit Geschenken, oder sie
belohnten sie im nachhinein für
Treue und Fleiß.
In Rom wurden Sklaven im Rahmen
der Saturnfeste und Beamte zum
neuen Jahr beschenkt.
Innerhalb der dörflichen Gemeinden
wünschte man sich gegenseitig Glück
und bescherte die Bäume mit einem
Schluck Punsch, die Tiere mit dem
Rest der Weihnachtsmahlzeit, die
Vögel mit Gebäck oder mit den
Weihnachtsgarben, die Obstbäume
mit einem Löffel Honig, damit alles
im nächsten Jahr sprösse und
gediehe.
Und am 6. Januar schreibt man mit
Kreide die Anfangsbuchstaben der
Heiligen Drei Könige samt drei Kreu-
zen über die Haustür: Caspar,
Melchior, Balthasar, damit das Haus
das ganze Jahr gesegnet sei.
In der christlichen Zeit haben die
Heiligen das Schenken übernommen.
Martin und Nikolaus kommen mit
großen Säcken, in manchen Gegen-
den erschien eine mit mehlweißem
Gesicht und Lichterkranz auf dem

blonden Haar als Christkind verklei-
dete Frau und läutete mit einer
Glocke, um die Kinder auf sich
aufmerksam zu machen. Sind die
Heiligen von närrischen Teufels-
gestalten begleitet, nur knapp christlich legalisierte Poltergeister aus der
Heidenzeit, vom Krampus oder vom
Pelzmärte, vom Klaubauf oder
Rumpanz, so hat auch die Christfrau
einen polternden Begleiter gehabt,
der die Kinder schreckte und mit
seiner Rute bedrohte.
Die Geschenke waren auf jeden Fall
nur für die Kinder bestimmt, und
die Sitte blieb in manchen Gegenden
noch bis zum vorigen Jahrhundert
erhalten. Im Biedermeier hängte man
kleine Geschenkpäckchen hoch oben
in den Baum, damit sie die Kinder
vorher nicht erreichen konnten.
Lieselotte von der Pfalz berichtet aus
dem Frankreich des Sonnenkönigs,
daß man Tische wie Altäre herrichtet
und jedes Kind mit allerlei Dingen
ausstattet, wie neue Kleidung, Silber-
zeug, Puppen, Zuckerwerk usw.

Die Krippe und das Kind

Sie sind das Herz aller Weihnachts-
bräuche. Man hat schon früh die
Krippe mit dem Kind so dargestellt,
wie es heute noch in Süddeutschland
als Lebkuchen gebacken wird: ein fest
eingewickeltes Fatschenbaby, karg in
der Darstellung, ein fast scheues
Abbild eines strengen Gottes in
Kindsgestalt.

Doch die Figur des Kindes berührte schon bald das Gemüt, und der Heilige Franziskus hat es aus seiner Einsamkeit erlöst und hat Weihnachten 1223 in einer Felsenhöhle zusammen mit anderen Mönchen eine Art Naturkrippe aufgebaut und dargestellt. Eine lebensgroße Abbildung des Kindes ist in eine Krippe gelegt worden. Ochs und Esel haben die Brüder aus dem Stall eines reichen Grundbesitzers holen dürfen, und sie selber haben mit wirklichen Hirten das Volk, die Engel und sogar die Hebamme dargestellt.

Genauso liebevoll ist das Christkind in deutschen Frauenklöstern des Mittelalters gehegt und verehrt worden. Dort ist die Sitte des Kindlwiegens entstanden, uns vor allem durch zahlreiche Lieder im Wechselgesang zwischen Maria und Joseph überliefert. Dazu gehörte ein holzgeschnitztes Christkind in einer Krippe, das die Nonnen beim Eintritt ins Kloster mitbringen mußten und das in der Advents- und Weihnachtszeit in den Schlaf gesungen und mit neuen bestickten Gewändern ausgestattet wurde.

Dieses Weihnachtskindlein lebt in den wächsernen oder porzellanenen Christkindlfiguren fort, die zur Weihnachtszeit im Herrgottswinkel aufgestellt wurden. Sie lagen in Holz- oder Pappkästen auf seidenen Kissen, ebenfalls prachtvoll gekleidet und mit Papierblumen, Muscheln, Eiern und Zierat aus Metall geschmückt. Der Kasten wurde durch eine Glasplatte geschlossen und wurde manchmal noch in ein kostbar geschnitztes Gehäuse gestellt.

Aus diesen Quellen entwickelten sich die Krippenspiele, die bäuerlichen Hirtenszenen mit ihren Wechselgesängen.

Es entstanden außerdem geschnitzte und bemalte Krippendarstellungen, deren oft sehr große Figuren mit sorgfältig genähten Kleidern geschmückt waren. Jede Landschaft gab ihren Krippen das, was sie an Reichtum und Eigentümlichkeit zu bieten hatte. Die Gebirgskrippen zeigten

neben den Kamelen und Elefanten
der Heiligen Drei Könige alle Tiere
des Waldes, vom Hasen und Reh bis
zum Hirsch und Wolf. In den
schlesischen und erzgebirgischen
Krippen gesellen sich die Bergleute
zu den Hirten, und das Gelände der
Darstellung zeigt Stollen und
Grubenfahrzeuge, Kohlenhaufen und
Bergmannsgerät. Es gab mechanische
Krippen mit Musik, bei denen sich
die Figuren bewegen und im Wechsel
singen konnten, und Krippen, die
alle Handwerksarten darstellten oder
das Paradies und die Hochzeit von
Kanaa.
Diese Krippen wurden in Kirchen
aufgestellt, aber bald ließen sich die
Reichen selber Krippen schnitzen.
Ein Bürger aus Bozen hat im
19. Jahrhundert 10 000 Gulden für
eine Weihnachtskrippe ausgegeben.

In manchen Gegenden hat man unter
der Krippe die Geschenke versteckt.
Meist sind die Krippen bis zum Tag
der Heiligen Drei Könige aufgebaut
gewesen und wurden dann wieder bis
zum nächsten Jahr verwahrt.

Der Tannenbaum
Er ist gar nicht so alt, wie man denkt
und gleichzeitig viel älter, als man
vermutet.
Denn lange vor der christlichen Zeit
gab es in allen frühen Kulturen die
grünen Buschen und Bäume, mit
denen man im Winter die Wieder-
kehr des Frühlings beschwor, und
es gab die Lichterbäume oder Früchte-
bäume, die den Göttern der Sonne
und der Fruchtbarkeit dargebracht
wurden, Dank und Opfer zugleich.
Im Norden schlug man in den zwölf
Rauhnächten, der Zeit zwischen

dem späteren Weihnachtsfest und dem Dreikönigsfest, grüne Zweige, deren heilende und schützende Kräfte zugeschrieben wurden, und in England dekorierte man in vorchristlicher Zeit in den Tagen der Wintersonnenwende Häuser und Läden mit immergrünen Büschen. Im frühen Mittelalter verbot die Kirche den grünen Schmuck zur Weihnachtszeit wegen des heidnischen Ursprungs dieser Sitte, aber um 1600 wird berichtet, daß alle Häuser, Kirchen und Straßen mit Girlanden aus immergrüner Eiche, Efeu und Lorbeer geschmückt waren, um es den Frommen ins Gedächtnis zu rufen, daß das gerade geborene Kind Gott und Mensch zugleich war, sich wie eine zarte Pflanze entfaltete und dennoch niemals vergehen würde.

Unsere Tanne hat auf dem Kontinent zwei Vorläufer gehabt. Das eine war der »weyhenacht meyen« des Mittelalters, grüne Reiser, mit denen Haus und Scheune besteckt worden sind. Diese Reiser tauchen als Lebensrute überall und immer wieder im Volkstum auf, auch die Rute des Heiligen Nikolaus, des Heiligen Martin ist so ein Reis, mit dem man zwar geschlagen, aber nicht gezüchtigt wurde. Die Heiligen gaben den Kindern nur einen ebenso leichten Streich, wie die Burschen in der Heiligen Nacht die Mädchen mit der Rute berührten. Man glaubte, daß die Lebenskraft der schlummernden Knospen in die Berührten überginge. Ein solcher Streich verlieh also Segen und Glück und wurde erst später als Züchtigung und Strafe mißverstanden, als durch den Absolutismus

die Moral der Demut und die Gestalt des strafenden Patriarchen übertrieben wurden. Für uns ist die ursprüngliche Bedeutung des Streiches mit der Rute ein Grund mehr, aus dem Nikolaus keine drohende Schreckfigur zu machen, die einem kleinen Kind die ganze Adventszeit verderben kann.

Aus dem gleichen positiven Grunde schmückte man in England und Deutschland den glücksbringenden Maien (Zweig) noch mit kostbar bemalten Eiern, denn auch das Ei verhieß Glück, Wohlstand und Segen. Manchmal wurde der Eier-Maien am Dorfbrunnen aufgestellt.

Man hat den geschmückten Baum noch nicht als privates Dekor empfunden. Aus Reval gibt es einen Bericht aus dem Anfang des 16. Jahrhunderts, nach dem eine Vereinigung unverheirateter Kaufleute, die sogenannten Schwarzenhäupter, mit Papierrosen geschmückte Tannen auf den Marktplatz trugen, sie umtanzten und dann verbrannten.

Die andere Quelle des Weihnachtsbaumes ist der Klausenbaum, manchmal auch Paradies genannt, in dem manche Forscher auch – oder überhaupt – die Wurzel unseres Adventskranzes sehen. Der Klausenbaum war jedenfalls ein dreieckiges Gesteck aus Äpfeln und Stäben, wie Sie es links abgebildet sehen, die Stäbe mit Buchsbaumgirlanden umwunden, der oberste Apfel mit einer Kerze besteckt. Das Gesteck wurde manchmal so groß gebaut, daß eine Lebkuchenfigur des Heiligen Nikolaus darunter aufgestellt oder kleine Geschenke aufgebaut werden konnten.

Ehe sich die Tanne als Christbaum durchsetzte, holte man sich im 15. und 16. Jahrhundert alles ins Haus, was grün war oder grün wurde: Stechpalmen, Buchsbaum, Rosmarin, Zweige von anderen Nadelbäumen, auch Zweige von Laubbäumen, die zu Weihnachten Blätter oder Blüten trieben: Kirschen, Apfel, Linde, Kastanie, Schlehdorn, Flieder, Holunder, Birken. Diese Zweige wurden in eine Zimmerecke gestellt, mit Äpfeln und Oblaten oder Puppen oder Zuckerzeug behängt, und nach den Rauhnächten, also am 6. Januar, durften die Kinder die Zweige plündern.

Die Heimat des Tannenbaums scheint die südwestliche Landschaft des alten Deutschland gewesen zu sein, denn aus dem Elsaß und dem

Schwarzwald kommen um 1600 die ersten Nachrichten von mit Papierrosen, Äpfeln, kleinen flachen Kuchen, Zuckerwerk und Rauschgold geschmückten Tannenbäumen.

Es ist heute fast vergessen, daß der Tannenbaum eng mit der Geschichte des Protestantismus verbunden ist. Die Reformatoren beabsichtigten, sich auch in den profanen christlichen Sitten vom Katholizismus zu unterscheiden. Deshalb versuchten sie schon früh – also im 16. Jahrhundert – das Weihnachtsfest von allen volkstümlichen heidnischen Bräuchen zu reinigen, die bäuerlichen Umzüge, Frau Perchta, Frau Holle, den Julbock oder Klapperbock – kurz den ganzen Mummenschanz verschwinden zu lassen. Dafür legten sie die Kinderbescherung, die bisher der Heilige Nikolaus am 6. Dezember vorgenommen hatte, auf den Weihnachtstag, um diesem Fest, das ihnen als eines der wichtigsten im christlichen Jahr galt, gerade bei den Kindern eine größere weihevolle Bedeutung zu geben.

So wurde der Tannenbaum das Weihnachtssymbol der evangelischen Kirchen und die Weihnachtskrippe das der katholischen Christen, und das hat sich lange überliefert. Bis in die Zeit zwischen den beiden Weltkriegen war in den katholischen Ländern Europas – Italien, Spanien, Frankreich, auch große Teile von Österreich – der Tannenbaum nicht unbekannt, aber ungebräuchlich. Die Tanne ist zwar mit den hessischen Soldaten und Auswanderern im 17. und 18. Jahrhundert nach Amerika gewandert, sie ist Ende des 18. Jahrhunderts mit Kerzen besteckt zum eigentlichen Weihnachtsbaum geworden, aber noch zum Beispiel Goethe lernte den Lichterbaum erst als Student in Leipzig kennen. Erst im 19. Jahrhundert wurden Lichtertannen der allgemeine Mittelpunkt

der Weihnachtsfeier und in den Kirchen beider Konfessionen aufgestellt. Paradoxerweise ist es ein Krieg gewesen, der die religiösen Unterschiede bei der Feier des Friedensfestes wieder verwischte: In der Zeit der napoleonischen Kriege ist die Weihnachtstanne ein Zeichen des Deutschtums gewesen, und gerade in dieser Zeit, in der wahrhaftig genug Soldaten kreuz und quer durch Europa ziehen mußten, haben Fremde sie in Deutschland kennengelernt, und Deutsche haben sie in den fernsten Winkeln Europas mit Kerzen geschmückt und angezündet. Die Weihnachtsbäume in den letzten drei Kriegen waren Symbole, an denen man den Wandel der Einstellung zu Krieg und Sieg ablesen kann. 1870 war die strahlende Tanne zwischen den Fronten noch ein »Glanzpunkt«, und man betrachtete sie als Symbol für »einen herrlichen Siegeslauf«.

Am Ende des Zweiten Weltkrieges schnitten wir uns Lametta aus den Silberpapierstreifen, die englische oder russische Flugzeuge abwarfen, um die deutsche Radarabwehr zu verwirren. Beim Lichte der kärglichen Kerzen empfanden wir sicher mehr Angst als Zuversicht. Die Erinnerung an diese Tannenbäume, ohnmächtige und doch notwendige Symbole des Friedens, läßt heute noch manche unter uns jene Weihnachtsbäume ablehnen, die nur ein Anlaß zu üppiger Dekoration sind.

Der Schmuck des Weihnachtsbaumes

Er ist ursprünglich genausowenig zufällig gewesen wie alles andere. Eier und künstliche Blüten als Glücks- und Fruchtbarkeitssymbole entstammen dem Volkstum. Das Zuckerwerk symbolisiert die süße Gnade Gottes, alles Glänzende und Goldene, Rauschgoldfiguren, die

goldenen Papiernetze des Biedermeiers, die vergoldeten Nüsse und die goldenen Schleifen sollen so strahlen, wie das Gold der Heiligen Drei Könige im Stall von Bethlehem gestrahlt hat.

Die brennenden Kerzen sollen auf das Licht hinweisen, das mit Christus in die Welt gekommen ist, und sie sind wie die Kerzen am Altar ein Symbol der gen Himmel steigenden Gebete. Martin Luther soll zuerst Kerzen an den Tannenbaum gesteckt haben, auf daß er so wie der sternenübersäte Himmel in Bethlehem strahle.

Lieselotte von der Pfalz, Schwägerin des Sonnenkönigs, berichtete aus Versailles von Buchsbäumen, die an den Zweigen mit Kerzen besteckt wurden, »das sieht allerliebst aus«. Früher fädelte man Haselnüsse zu langen Schnüren und hängte sie zwischen Äpfeln über die Zweige. Beides, Apfel und Nuß, sind Paradiesfrüchte und Symbole für Gottes unerforschlichen Ratschluß. Der wächserne Engel, der den Christbaum ursprünglich krönte, ist einer der Engel von Bethlehem oder das Christkind. Glänzt ein Stern auf der Tannenspitze, so ist es der Stern, der die Drei Weisen zur Krippe führte.

Die Weihnachtssänger

Bis tief ins Mittelalter hinein bereitete man sich in der Kirche durch eine gemeinsame Nachtfeier auf die hohen Feste vor. Diese nächtlichen Gottesdienste hießen Vigil, und aus den weihnachtlichen Vigilien wurden die Christmetten, bei denen man die altbekannten Weihnachtslieder von »Tochter Zions, freue dich« bis zum »Vom Himmel hoch da komm ich her« gesungen hat.

Im Mittelalter blieben diese Weihnachtslieder nicht auf die Kirche allein beschränkt. Männer und Frauen zogen in den Dörfern und Städten am Weihnachtstag durch die Straßen, trugen Stechpalmen oder Tannenzweige in der Hand und sangen. Zeitgenossen beklagten bald die Unsitte, für die Weihnachtslieder Geld oder Gebäck einzuheimsen. Die Zünfte hatten ihre eigenen Lieder, die sie beim Weihnachtsbankett sangen, und in manchen Kirchen hatte sich die Sitte entwickelt, die Weihnachtslieder am Heiligen Abend im Rahmen eines Krippenspiels zu singen, das die Kinder und jungen Leute vorm Altar aufführten.

Weihnachtsspiele,

die sich aus den Liedumzügen oder aus den alten Spielen zu Ehren der Dezember-Heiligen (Nikolaus, Luzia, Thomas) entwickelt haben, findet man heute noch überall. Manchmal ist eine historische Gestalt mit in den christlichen Text verwoben worden, zum Beispiel der Hans von Dratt, ein Hofmarschall eines

pfälzischen Kurfürsten, der Anfang des 16. Jahrhunderts seine Leute so gepeinigt und geschunden hat, daß er als Schreckfigur zu den Engelsgestalten aufgetreten ist. Im Mittelalter hat man die Spiele nur in der Kirche aufgeführt, später zogen Scharen von Zunftangehörigen auf Karren durch die Straßen und spielten jede Szene der Weihnachtsgeschichte in anderer Besetzung und auf einem anderen Platz der Stadt. Im Norden Europas und in England haben sich viele Sitten überliefert, die aus dem keltischen Festkreis der Wintersonnenwende stammen.

Das Julfest

hat seinen Namen vom gotischen Wort giuo, was Rad bedeutet und auf das Sonnensymbol der Julzeit hinweist. Sonnenräder, oft mit Stroh umwunden, wurden mitten im Schnee entzündet und die Hänge der Berge hinuntergerollt. Sie leben in den runden Weihnachtskringeln aus Teig oder Schokolade fort, die wir auf die Kuchenteller legen oder in den Christbaum hängen. Die Julzeit dauerte zwölf Nächte, in denen Streit, Waffen und Arbeit ruhten, und in denen die Götter feierliche Umzüge hielten. Zwölf Tage lang

herrschte eine festliche Zeit. Die Häuser standen jedem Gast offen, die Hallen waren mit Grün geschmückt, und jeder durfte sich seinen Julklotz aus dem Wald holen, ohne als Waldfrevler bestraft zu werden. Lieder wurden gesungen und Festmähler aufgetischt. Man spielte Rätselspiele und tanzte, und das Hauptgericht war der Eber, das Tier des Gottes Freyr oder Fro. Man versorgte das Vieh so üppig wie sich selbst und begoß die Obstbäume und Felder mit würzigen Getränken.

Der Julklotz

war früher ein ganzer Baumstamm, der am Heiligen Abend in die riesigen Kamine geschleppt und dort angezündet wurde. Der Julklotz sollte alle zwölf Nächte hindurch brennen und war mit Stechpalmen dekoriert. Er wurde als segenbringend betrachtet, und man grüßte ihn, wenn er auf der Straße vorübergetragen wurde. Die Asche und die Holzkohlenreste hob man auf und düngte damit die Felder oder kurierte krankes Vieh.
Als Weihnachtsgebäck (siehe Seite 60) tauchte der Klotz in England und in Frankreich als Nachspeise beim Weihnachtsmahl auf, während im

skandinavischen Julbock, dem band-
umflochtenen Tier aus Stroh, das
auch im Weihnachtsfeuer landete,
eine Variation des Baumstammes
weiterlebt. Denn in manchen – wohl
baumarmen – Küstengegenden war es
üblich, statt des Holzklotzes
geschmückte Strohbündel oder Reisig-
büschel in den Kamin zu stecken.

Der Kissing bush oder bough

Das Gesteck aus Mistelzweigen,
Orangen und Äpfeln, das man in
England aufhängt, stammt aus der
Zeit der Druiden in Gallien und
Britannien. Die Druiden waren
Priester mit prophetischer Kraft, und
sie pflegten die Misteln mit goldenen
Sicheln aus den Heiligen Eichen zu
schneiden und in einem leinernen
Tuch aufzufangen, damit sie nicht
den Boden berührten. Das war ein
Teil einer Opferhandlung, bei der
weiße Ochsen und auch manchmal
Menschen geschlachtet wurden.
Nach diesem blutigen Ritus wurden
die Mistelzweige verteilt, und man
hängte sie zum Schutz gegen böse
Geister über dem Türstock auf.
Misteln wurden als Symbol des
Friedens betrachtet, und wenn sich
Feinde unter Mistelzweigen be-
gegneten, so umarmten sie sich. Das
paßte zum Geist des allgemeinen
Friedens in den zwölf Nächten, und
man nimmt an, daß relativ bald aus
der brüderlichen Umarmung der Kuß
der Liebe geworden ist.

Der Festschmaus und das merry-making,

der weihnachtliche Mummenschanz,
haben in England immer eine große
Rolle gespielt. Die Halle oder der
Saal und die Tische waren bis in die
Tudorzeit wie in der keltischen
Epoche mit Grün geschmückt. Haus-
herr und Hausfrau saßen an Extra-
tischen oder am Kopf der Tafel, das

Mahl begann gegen Mittag und
dauerte bis zu neun Stunden. Jeder
Gang wurde mit einem Trompeten-
stoß angekündigt, und am lautesten
wurde beim Eberkopf geblasen, der
mit einer grünen Girlande aus
Stechpalmen oder Efeu umwunden
aufgetragen wurde. Wenn moderne
englische Weihnachtsrezepte vor-
schreiben, daß man den gebratenen
Truthahn mit einem Kranz gebra-
tener Würste umrankt, so geschieht
das in Erinnerung an den Stech-
palmenkranz um den Eberkopf.
Außer ihm gab es einen gebratenen
Pfau im Federkleid und einen
gebratenen Schwan, die Mince meat
pies (Rezepte Seite 100) und den
Plumpudding (Rezepte Seite 127),
und in riesigen Schalen wurde die
Wassail bowl (Rezepte Seite 128)
aufgetragen. Der Lord of Misrule, der
aus dem Hofstaat oder der Familie
auserwählt wurde, die Festvorbe-
reitungen zu treffen, lenkte die Mahl-
zeitenfolge und die Spielleute und
Gaukler. Sie liefen und sprangen
in Tiermasken herum, und manchmal war noch einer der Tänzer als
König verkleidet, denn der Weih-
nachtsschmaus geht auf die Sage von
König Artus zurück, der Weihnachten
mit seiner Tafelrunde den Sieg über
seinen Gegner York gefeiert hat.

Wassail

Das ist eine Verschleifung zweier
angelsächsischer Wörter, die »mögest
du ganz bleiben« heißen. Aus diesem
Begrüßungs- oder Willkommenstrunk ist eine Einladung zum Trinken
samt einem Glückwunsch geworden.
Der Willkommenstrunk besteht
heute wie im Mittelalter aus heißem
Bier, Wein oder Apfelwein, gewürzt
oder mit Bratäpfeln versehen, die
noch leise zischen und brutzeln sollen,
wenn der Wassailtrunk aufgetragen
wird.
In der zwölften Nacht war es in

Südengland Sitte, sich in der Dunkelheit im Garten zu versammeln, ein großes Punschgefäß und Gläser mitzunehmen, und die Apfelbäume mit einem Wassailtrunk zu grüßen. Dann wurden Böller abgeschossen und zeigten das Ende der zwölf Nächte an.

Die Stechpalme,

mit der Julklotz und Zimmer geschmückt werden, verhieß in heidnischen Zeiten Glück und Segen, und in der christlichen Zeit entsprachen die beiden Farben, Rot und Grün, den Symbolfarben von Advent und Weihnacht.

Gebackene Quitten

sind die Bratäpfel der englischen Kinder. Man bereitet sie genauso zu, läßt die geschrubbten und mit Butter eingeriebenen Quitten mit ihrem Kernhaus auf einem Blech im mittelheißen Ofen backen, bis sie weich sind. Dann werden sie aufgebrochen, man bestreut sie mit Zucker und Zimt oder mit Zucker und gemahlenem Ingwer und löffelt den weichen Inhalt heraus. Man kann

eiskalte Sahne oder Vanillesauce dazu servieren.

Die Strümpfe am Kamin

in denen englische, holländische und amerikanische Kinder am Weihnachtsmorgen ihre Geschenke finden, gehen auf zwei Legenden zurück: Der Heilige Nikolaus soll drei armen Jungfräulein einen Beutel voll Goldstücke als Mitgift durch den Kamin zugeworfen haben, vor den sie gerade frisch gewaschene Strümpfe aufgehängt hatten.
In Holland und in Deutschland stellten die Kinder dem Heiligen ihre Schuhe vor den Kamin, die sie mit Hafer und Heu für sein Pferd gefüllt hatten. Das tauschte der gute Nikolaus gegen Zuckerzeug und Honigkuchen für Kinder aus.
In Frankreich stellen viele Kinder noch heute die Schuhe vor den Kamin, in denen sie am Weihnachtstag ihre Geschenke finden.

Boxing-day,

Schachteltag, wird in England und in USA der zweite Weihnachtstag genannt. Für diesen Namen gibt es zwei Erklärungen: Der Gemeindegeistliche hat an diesem Tag die Sammelstöcke geöffnet und den Inhalt an die Armen verteilt. Außerdem ließ sich das Gesinde seine Boxen, seine Truhen und Kästen und Schachteln, mit Nahrungsmitteln und Geld und Leinwand fürs nächste Jahr füllen. Heute ist es der Tag, an dem man die Geschäftsleute und den Postboten, den Milchmann und die Aufwartefrau mit einer Weihnachtsgabe erfreut.

Die Weihnachtskarte

ist jene englische Sitte, die fast die ganze Welt erobert hat. Die erste Weihnachtskarte ist gar nicht so alt. 1843, zur Zeit der Königin Victoria, ließ sich Henry Cole, ein Londoner Geschäftsmann, von einem Zeichner namens J. C. Horsley einen Weihnachtsgruß entwerfen, den er drucken und handkolorieren ließ. Was über seinen eigenen Kartenbedarf hinaus übrig blieb, verkaufte er für einen Shilling pro Karte. Gegen den Protest der Puritaner verbreitete sich diese Sitte rasch und gründlich. Man kann sich heute Weihnachtskarten selber drucken lassen, kann sie bemalen oder mit Hilfe seiner Kinder bekleben, kann sie sich von Tiffany, dem

berühmten New Yorker Juwelier, in Gold gießen lassen. Schon 1881 druckte ein deutscher Drucker in den USA 5 Millionen Karten, und heute kaufen vor allem Frauen (zu 80%) Karten mit vorwiegend religiösen Motiven.

Santa Claus mit seinen Rentieren

kommt zu den amerikanischen Kindern und beschert. Zuerst wurde sein Schlitten nur von einem einzigen Rentier gezogen. Das war 1821, als der Heilige Nikolaus auf diese Weise in einem Kinderbuch zu einer Geschichte von Washington Irving abgebildet wurde. An diese Darstellung knüpft ein Gedicht von Clement C. Moore, »A Visit from Sa. Nicholas« (Ein Besuch vom Heiligen Nikolaus), das ein Jahr später entstand und zu den bekanntesten Weihnachtsgedichten Amerikas geworden ist. In diesem Gedicht ist der Heilige ein gemütlicher dicker Mann, ein rechtes Abbild der reichgewordenen holländischen Einwanderer, und er fährt mit einem Gespann von acht Rentieren, von denen jedes einen Namen besitzt.

Jul-Nisser

heißen die rotberockten Weihnachtszwerge Dänemarks, zu Dekoration gewordene Abbilder jener kleiner Naturgeister, die dem Volksglauben nach jeden Hof beschützen, seine Tiere, seine Frucht und seine Menschen. Ein alter Tomte oder Nisse sieht mit seinem langen weißen Bart wie ein kleiner Nikolaus aus, aber die Menschen können ihn natürlich nicht sehen. Die Nisser wohnen im Stall bei Huhn und Hahn und Pferd und Kuh und sind vor allem mit der Katze gut Freund. In Skandinavien wandern die Nisser über die Adventskalender, über die weihnachtlichen Tischläufer, sie tummeln sich auf

Weihnachtskarten und werden aus
Pappe ausgeschnitten und neben
die Kerzen, auf die adventlichen
Eßtische und in die Tannensträuße
gestellt.

Weihnachtsteller und -löffel

kann man in Dänemark sammeln.
Das klassische Weihnachtsmahl
beginnt mit Milchreis, den man aus
einem halbtiefen Teller mit einem
Dessertlöffel ißt, und die Königliche
Porzellanmanufaktur in Kopenhagen
läßt jedes Jahr einen neuen blau-
weißen Weihnachtsteller entwerfen,
so wie es jedes Jahr einen neuen
silbernen Löffel für den Weihnachts-
reis, Rezept Seite 126, gibt.

Der Julbock

ist das Weihnachtstier Schwedens.
Es ist ein oft lebensgroßes Strohtier,
das Thors Ziegenbock darstellen soll,
der reiche Gaben auf seinem Rücken
trägt. Im Julbock kann aber auch noch
die Erinnerung an den Klapperbock
weiterleben, einem ungestümen

verkleideten Geist, der auch in den
Alpenländern und Böhmen die
Kinder stößt, wenn sie nicht beten
wollen.

Julklapp

ist die vorpommersche, mecklen-
burgische und skandinavische Sitte,
die Weihnachtsgeschenke zu über-
reichen. Der Schenkende klopft heftig
gegen die Tür und wirft oder stößt
seine Gabe in die Stube. Manchmal
wird ein Handschuh aus Silberpapier
über die Hand gewickelt, damit
wirklich niemand erkennen kann,
wem diese Hand gehört. Es ist bis
heute Sitte geblieben, die Geschenke
lustig oder überraschend zu verpacken und mit einem Gedicht zu
versehen, das neckend bis bissig
sein darf.

Die Befana,

die Hexe mit der dicken Knubbel-
nase, saust in Italien durch den
Kamin. Deshalb ist sie schwarz von
Ruß, den Kindern aber trotzdem
wohlgesonnen. Sie gehört nicht mehr
in den Dezember, sondern sie bringt
in der Nacht vor dem Dreikönigsfest
den braven Kindern Geschenke,
den bösen nur ein Stück Kohle. Weil
sie durch den Kamin kommt, stehen
die Schuhe der Kinder erwartungsvoll davor aufgereiht. In modernen
Wohnungen ohne Kamin stehen
die Schuhe vorm Bett des Kindes, wo
sie die Befana auch entdeckt.

Vorbereitung

Advent

Die Vorbereitungszeit auf Weihnachten ist von Anfang an keine Zeit der Freude und des Überschwangs oder gar des Überflusses gewesen. Die Kirchenfarbe für den Advent ist violett, die Farbe der Trauer und der Buße. Im Volkstum erscheint diese Zeit vor dem Weihnachtsfest kaum von diesem abgetrennt. Erst das Christentum gab den Wochen vor Weihnachten einen besonderen Sinn und Stil. Es waren stille Wochen, noch geprägt von den Novemberfesten und schon unter dem Schatten von Karfreitag. Die Dauer dieser Vorbereitungszeit hat im Laufe der Jahrhunderte geschwankt. Lange feierte man sechs oder fünf Wochen lang Advent. Doch immer war es eine Fastenzeit. In katholischen Ländern ißt man deshalb am 24. Dezember, dem letzten Fastentag, traditionellerweise ein Fischgericht, das freilich schon festlich sein darf: der Karpfen ist wohl der gebräuchlichste Weihnachtsfisch.

Die Farben der Adventsdekorationen

sind Rot und Grün. Grün ist die Farbe der Treue zu Christus, und Rot ist die Farbe seines Blutes, das er für uns vergossen hat.

Diese Farben haben sich in allen Epochen und in allen Stilarten durchgesetzt. Sie leben im Rot-Grün der Stechpalmen, im grünen Adventskranz aus Tanne oder Buchsbaum mit seinen roten Kerzen, seinen roten Äpfeln oder Seidenschleifen. Sie leben in der grünen Leinendecke, die man im Biedermeier auf die Adventstische und später unter den Weihnachtsbaum legte. Wir begegnen ihnen in den roten Adventsdecken unserer Zeit, die mit grünen Zweigen, roten Weihnachtssternen und Äpfeln bedruckt oder bestickt sind. Wer Geschenke in grünes Papier wickelt und mit einem roten seidenen Band verschnürt, wer Tannenzweige mit geschnitzten Rotkehlchen oder rotbrüstigen Dompfaffen schmückt – sie alle folgen der alten Ordnung.

Im Advent liegen eine Reihe von Festen und Feiertagen, in denen immer schon etwas Weihnachtsfreude angedeutet oder vorweggenommen wird.

4. Dezember: Barbaratag

Die Heilige Barbara ist die Schutzpatronin der Bergleute, und ihr zum Gedenken, die die Menschen im Dunkel beschirmte, schneidet man Obstzweige ab und stellt sie ins Wasser, damit sie Weihnachten blühen.

Schneiden Sie also von Forsythien, Obstbäumen, Flieder, Weißdorn oder Birke Zweige ab, legen Sie sie etwa 10 Stunden in handwarmes Wasser und stellen sie dann in Vasen. Das Wasser sollte jeden zweiten Tag

Äpfel und Nüsse sind seine Symbole, sie stellen das Werden und Vergehen dar, erinnern an das Paradies und an den Tod. Der Nikolaus ist in jeder Landschaft von einem anderen Poltergeist begleitet oder begleitet gewesen, vom swatten Pitt oder vom Leutfresser, vom Butzemärtel oder vom Pelzmärte, die alle läuten, schellen, Knarren drehn, schreien, den Kindern Angst einjagen und die Mädchen necken. Diese lärmenden Geister entstammen dem heidnischen Dämonen- oder Geisterglauben. Zu Nikolo hat man trotz der Fastenzeit schon einmal tüchtig geschmaust.

8. Dezember: Mariä Empfängnis

In Spanien feiert man diesen Tag, indem man am Vorabend Kerzen in die Fenster stellt, die die ganze Nacht brennen. Außerdem schmückt man die Häuser mit Blumen, grünen Gir-landen und Fahnen.

13. Dezember: Luzia-Tag

Die Heilige Luzia, deren Name sich von Lux = Licht ableitet und die in Skandinavien einen Kerzenkranz auf dem Kopf trägt, hat viele Züge der heidnischen Lichterfrau Perchta übernommen, die in anderen Gegenden Holda oder Frau Holle oder Budelfrau genannt wird. In manchen Gegenden hat sie wie der Nikolaus Gaben gebracht und Kinder gestraft oder belobt, sie wurde

gewechselt werden, man kann es mit Zusätzen verbessern. Wenn alles klappt, blüht Ihr Zweigstrauß gerade zu Weihnachten.

6. Dezember: Nikolaustag

Der gute Bischof von Myra ist der Schutzpatron der Schiffer und weniger wegen seiner Standhaftigkeit in der Christenverfolgung in die Geschichte eingegangen, als wegen seiner zahl-reichen mildherzigen guten Taten. Er hat Kinder vom Tode und aus Krankheit gerettet, armen Jungfer-chen zur Ehe verholfen und Kranke geheilt. In Erinnerung daran, daß er einmal Gold durch den Kamin geworfen hat, stellen Kinder heute noch die Schuhe vor die Tür oder hängen die Strümpfe an den Kamin.

um Schutz vor Hexen oder Druiden angefleht, und in den Alpen hat man auch an ihrem Tag Kirschenzweige geschnitten, die Weihnachten blühen sollten. Auf dem Land ist der gleiche Schabernack wie in der Osternacht getrieben worden, es gab das Wasserholen und die Träume, die die Zukunft enthüllen sollten. Zogen Nikolaus und Luzia zugleich durch die Straßen, so bescherte Nikolaus die Buben, und die Luzia hatte etwas für die Mädchen im Sack. In Schweden weckt die älteste Tochter des Hauses, als Luzia im weißen langen Kleid mit dem mit brennenden Kerzen besteckten grünen Kranz auf dem Kopf, die ganze Familie und serviert ihr im Bett das Frühstück. Das ist eine Sitte, die man vielleicht kopieren sollte. Man kann sogar die Zusammenstellung des schwedischen Frühstücks nachahmen: Es gibt zum Kaffee Safranbrote (siehe Seite 76) und Weihnachtsgebäck, also die ersten Kostproben aus dem Familienvorrat.

21. Dezember: Der Tag des Heiligen Thomas

Er ist der Heilige des kürzesten Tages und der längsten Nacht des Jahres, weil er am längsten an Christus gezweifelt hat, also am längsten in der finsteren Nacht des Unglaubens verharrte. Deshalb wird auf die Feier dieser Nacht so großer Wert gelegt. Ihr kam im Volksbrauch manche Sitte zu, die sich auch in der letzten Nacht des Jahres wiederfindet: Man wachte bis Mitternacht, man goß Blei oder versuchte auf andere Weise, einen Blick in die Zukunft zu werfen, man aß und trank, um nicht totzuhungern, und manche Gegenden hatten einen ganz bestimmten nahrhaften Butterkuchen aus Weizenmehl und Kartoffeln, den man heiß zu Buttermilch verzehrte, wenn der Thomastag zu Ende ging.

Die Adventssonntage

sind nach altem Brauch als eine langsame Steigerung auf das Weihnachtsfest angelegt. In vielen Gegenden ist es üblich, den schlafenden Kindern in jeder Samstagnacht etwas neben das Kopfkissen zu legen, das sie am Sonntagmorgen entdeckten: eine Adventskerze, ein Goldstern, ein Tier oder eine Menschenfigur für die Weihnachtskrippe, ein geformter Lebkuchen oder ein weihnachtliches Bilder- oder Liederbuch.

Die Tage selbst sollten auch heute so familiär geplant werden, wie es geht. Kinder genießen es, den Zusammenhang der Familie zu spüren und an den Sonntagen Großeltern, Tanten, Freunde der Familie, Verwandte oder alte Menschen bei sich zu Gast zu haben und von früher erzählen zu hören.

Das Backen, das Basteln und Packen, das Briefeschreiben und die Schummerstunde der ein, zwei, drei, vier Kerzen beim Duft des Weihnachtsgebäcks, mit Singen oder mit Vorlesen, das sind die unvergänglichen Elemente der vier Adventssonntage.

Der Adventskalender der Hausfrau

umfaßte traditionellerweise den ganzen Haushalt, denn Großmutter oder Urgroßmutter stellte Weihnachten tatsächlich noch alles selber her. Sie rupfte die Gans, und sie rührte die Teige, sie spülte das Festdamast im eiskalten Flußwasser, und sie heizte das Weihnachtszimmer mit Holzkloben. Uns ist das meiste abgenommen, aber trotzdem sind wir es gewesen, die die Weihnachts-Hetze erfunden haben. Oft entspringt sie dem Wunsch, es noch so gründlich und ordentlich zu machen wie Großmutter oder Urgroßmutter, was freilich nicht die geringste Garantie dafür bietet, daß Weihnachten auch

so schön wie in der Guten Alten Zeit
werden muß. Im Gegenteil: Großmutter hatte fürs Backen und Vorbereiten emsige Helferinnen,
Mädchen und Mägde, Töchter und
verheiratete Schwestern von sich und
Großvater, und sie ist natürlich nicht
berufstätig gewesen. Lädt man sich
also ihre ganze Arbeit allein auf die
Schultern, verzichtet man außerdem
aus falschem Traditionsbewußtsein
auf jegliche Hilfe des modernen
Lebens, so verfälscht man eigentlich
den Geist der Weihnachtszeit, in der
sich die Menschen nicht zum Opfer
und Sklaven des Materiellen herab-
gewürdigt, sondern auch die gegen-
seitige Hilfe bei den Festvorbereitun-
gen als ein Zeichen dafür betrachtet
haben, daß sich die großen Dinge des
Lebens besser in der Gemeinschaft
verwirklichen lassen.
So wie Großmutter Weihnachten im
Stil ihrer Zeit vorbereitet und gefeiert
hat, so sollten auch wir die Vorbereitungen im Geiste unserer Zeit
treffen. Wenn wir nur allein das
streichen, was man treibt und tut,
weil es seit eh und je zu den
Weihnachtsvorbereitungen einer
ordentlichen Hausfrau gehört hat,
unterdessen aber vollkommen
sinnlos geworden ist, so gewinnen
wir genausoviel Zeit im Advent,
wie es Großmutter und Großvater
oder Urgroßmutter gehabt haben.
Beginnen wir wie sie: mit einem
Weihnachtszettel, noch besser: mit

einem Weihnachtsbuch. Das soll im
Grunde genommen eine praktische
Hilfe für die Organisation sein, soll
also Zahlen und Tips und Listen
enthalten. Es macht aber Spaß, wenn
man es darüber hinaus als Chronik
betrachtet, mit Fotos und Briefen
ergänzt, Aussprüche von Kindern
und anderes Erinnerungswerte darin
festhält.
● Erste Eintragung, schon im Sommer vorzunehmen: Wer sich was
wünscht, und wem man was zu
schenken plant. Es ist gut, wenn man
diese Liste immer wieder aufschla-
gen und nachblättern kann. So
vermeidet man es, Onkel Franz
Cognac von der falschen Marke zu
schicken und sieht, ob man seiner
Patentochter schon einmal ein Kopftuch geschickt hat und welches
Puzzle 1970 wer bekommen hat.
● Zweite Eintragung: Die momentan
gültigen Postgebühren. Man bekommt zwar an jedem Schalter gegen
ein paar Groschen einen Zettel mit
den »wichtigsten Postgebühren«,
doch zeichnet sich diese Zusammenstellung durch immer andere Un-
vollständigkeiten aus. Man erfährt
zum Beispiel nicht, daß ein Päckchen
nicht höher als 15 cm sein darf, und
bei »Ausland« bleibt stets offen, ob
das europäische oder das außer-
europäische Ausland gemeint ist. Es
ist aber gerade in der Weihnachtszeit
sehr ärgerlich, wenn einem über
einem fertig gepackten Päckchen oder

Paket gesagt wird, daß man alles
falsch gemacht hat. Deshalb sollte
man im Oktober oder im November,
in der ruhigsten Zeit des Postamtes,
sich am Schalter die Auskünfte holen,
die einem fehlen. Wieviel Worte
dürfen auf einer Drucksache stehen?
Was kostet eine Drucksache nach
Liberia? Was ein Päckchen nach
Japan? Wie lange reist ein Paket mit
dem Schiff nach Kapstadt? Und wie
schwer darf ein Luftpostbrief sein?
Das wird notiert. Ganz Gründliche
schreiben die für sie wichtigsten
Gebühren auf einen Pappkarton, der
hinter die Küchenwaage an die Wand
geklebt wird und die ganze Adventszeit hindurch parat ist.

● Dritte Eintragung: Was wird
gebacken? Für diesen Komplex sollte
man sich einen Extrazettel machen,
den man bei den Besorgungen mit
sich tragen kann. Genaues über die
Backpläne finden Sie auf Seite 56.

● Vierte Eintragung: Das ist eine
Namensliste aller Weihnachtsbrief-
empfänger. Wenn man die Weih-
nachtspost so erledigt, daß man das
Adreßbuch von A–Z durcharbeitet,
erübrigt sich diese Eintragung. Die
dritte Möglichkeit: Man schreibt sich
vorn oder hinten ins Weihnachtsbuch eine Namensliste, die man in
jedem Jahr ergänzt oder streicht.

● Fünfte Eintragung: Stellen Sie
einen Bastelplan für die Kinder auf
und notieren Sie gleichzeitig, welches
Material fehlt und wer von der
Familie welche gebastelten Geschenke
bekommen soll. Es ist vielleicht gut,
wenn für die einzelnen Kinder ein
Extrazettel geschrieben wird, den sie
sich in ihren Bastelkasten oder über
ihren Schreibtisch pinnen.

● Sechste Eintragung: Sie dreht sich
um die Dekorationen im Advent und
zu Weihnachten. Da wird notiert,
wieviel Kerzen man braucht, ob man

Anhänger für den Weihnachtsbaum
basteln muß, ob noch Lametta vom
vorigen Jahr übrig ist oder ob man
alles neu kaufen muß, wie es mit den
Kerzenhaltern steht, mit den
Wunderkerzen, mit Streichhölzern,
einer tropfen- und feuerfesten Decke,
auf die man den Weihnachtsbaum
stellt, ob der Weihnachtsbaumfuß
noch vorhanden und heil ist.

● Siebte Eintragung: Wein- und
Konservenliste

● Achte Eintragung: Weihnachtsgäste, Weihnachtsgesellschaften und
die betreffenden Mahlzeiten. In
manchen Familien artet dieser Teil
schon in eine Chronik oder ein
Gästebuch aus. Die Hausfrau notiert
Datum und Menü, und alle Gäste
schreiben ihren Namen darunter.
Auch diese Eintragung erweist sich
als sehr praktisch, wenn man eine
große Familie oder immer viele
Weihnachtsgäste hat. Entweder hilft
sie einem, liebgewordene Traditionen
zu pflegen – man sollte sich auch
jedes gelungene Rezept zum Weihnachtsessen notieren – oder sie hilft
einem, den Gästen niemals das
gleiche Weihnachtsessen ein zweites
Mal vorzusetzen.

Das alles sind Vorschläge und nicht
im geringsten starre Vorschriften.
Ganz im Gegenteil, gerade Weihnachten läßt sich nicht nach Schema F
planen oder feiern. Jede Familie
entwickelt ihre bestimmten Regeln
oder Traditionen, infolgedessen

werden auch die Eintragungen in ein
Weihnachtsbuch kaum bei zwei
Frauen unter Hunderten identisch
sein.

Das aber gilt für alle: Bürden Sie sich
nicht die ganze Arbeit alleine auf.
Auch die Nur-Hausfrauen brauchen
Hilfe. Oder besser: Männer sollen
nicht von den Weihnachtsvorberei-
tungen ausgeschlossen werden, und
Kinder sollen die Chance erhalten,
Weihnachten vorzubereiten lernen.

● Verteilen Sie also die Arbeit auf
die verschiedenen Familienmitglieder
entsprechend der Fähigkeiten und
Begabungen. Das gilt für alle Arbeits-
gebiete, für Backen, für Einkauf, für
Dekoration und für die Besorgungen
in letzter Minute.

● Suchen Sie sich vor jeder Arbeit
alles das zusammen, was Sie dazu
brauchen. Das bedeutet: Planen Sie
jede Arbeit so im Voraus, daß
Materiallücken, seien das 20 g Zimt
oder 20 Tannenbaumkerzen,
rechtzeitig aufgefüllt werden. So
verliert man keine Zeit und muß
eine Arbeit nicht auf einen anderen,
eigentlich schon vollen Termin
verschieben.

● Kleben Sie sich mit Tesafilm alles
in der Küche an die Kacheln und
Schrankwände, was wichtig ist:
Stollenrezept, Kochlisten, Einhol-
zettel, die man während der Küchen-
arbeit viel besser zusammenstellen
und ergänzen kann als vor dem
leeren Schreibtisch, allein mit der

bangen Frage: »Hab ich auch alles aufgeschrieben, was ich brauche??« Alle weihnachtlichen Vorbereitungen konzentrieren sich um bestimmte Arbeitsgruppen.

Das Backen
Darüber lesen Sie auf Seite 56.

Das Einpacken
Hauptsache, Sie beginnen rechtzeitig. Dem Packen geht das Kramen voran. Holen Sie an einem ruhigen Nachmittag mit Hilfe der Kinder leere Kartons, Packpapier und Bindfäden vom Boden und aus allen Schubladen und Beuteln zusammen. Schauen Sie nach, was noch an alten Einwickelpapieren und Seidenschleifen vorhanden ist, bügeln Sie zerknittertes Seidenband und machen Sie einen Ergänzungsbesorgungszettel. Sehen Sie auch nach, ob genügend Aufklebeschildchen oder Anhängerzettel vorhanden sind. Fehlt etwas oder reicht der Vorrat nicht, so werden die Kinder gebeten, Anhänger zu schneiden und zu bemalen. Als nächstes wird die Reihenfolge der Pakete und Päckchen festgelegt. Pakete brauchen – besonders in manche Ausländer – lang. Sie dürfen deshalb keinen Inhalt haben, der verderben oder vertrocknen könnte. Vielleicht ist es ohnehin besser, wenn man zwei Päckchen statt eines Paketes schickt? Wenn Sie Pakete von Geschäften direkt schicken lassen, so geben Sie dort eine persönliche Begleitkarte ab, sonst wirkt das liebevollst ausgesuchte Geschenk kühl und unpersönlich. Machen Sie ein einziges großes Packfest, dann sieht das Zimmer ohnehin wie ein Kramladen aus, und Sie müssen nur einmal im Advent alles heraus- und wieder wegräumen. Geben Sie die fertigen Pakete nicht gerade an den Adventssamstagen und nachmittags um 17 Uhr auf, wenn Sie Schlangestehen vermeiden wollen. Kaufen Sie lieber reichlich Briefmarken und frankieren Sie laut Ihrer Postliste alle Briefe, Päckchen und Büchersendungen selber. Dann braucht man sie nur in den Briefkasten zu stecken und in der Post in die Päckchenkörbe zu werfen und spart sich und den Postbeamten Zeit. Die Päckchen für die engsten Freunde und Nachbarn in der eigenen Stadt trägt man selber aus. Das ist eine glänzende Beschäftigung für Vater und Kinder am Vormittag des 24. Dezember. Derweil hat Mutter Ruhe fürs letzte Kochen und Kramen.

Das Schreiben
Laut Plan arbeitet man sich durch sein Adreßbuch oder durch eine Namensliste. Kinder hassen es freilich, Briefe zu schreiben, selbst solche an geliebte Großeltern oder Patenonkel und Tanten. Überlassen Sie es ihnen also, rote oder weiße oder silberne postkartengroße Doppel- oder Einfachblätter zu falten, zu bemalen, zu bekleben, Sterne hineinzuschneiden, Leporellos aus Folie zu falten, so daß Sie die schönen selbstgemachten Weihnachtskarten beschreiben und vollenden können. Oder kleben Sie für ferne Paten und Verwandte Fotos von der Familie auf Faltblätter und bitten Sie die ganze Familie, die einzelnen Szenen mit Unterschriften zu versehen. So eine improvisierte Familiengeschichte des gerade vergangenen Jahres gefällt vielen als Weihnachtsgruß besser als vorfabrizierte Karten. Hassen Sie es selber, Weihnachtsbriefe zu schreiben, dann schicken Sie nur denen einen Gruß, die Sie wirklich mögen, und halten Sie diesen Gruß so persönlich und so kurz wie möglich.

Das Putzen
Es treibt die Männer aus dem Haus und die Frauen zum Schwitzen, und

dies ist das beste, wozu man raten kann: man läßt den Hausputz vorm Fest ganz und gar. Moderne Wohnungen werden mit modernen Reinigungsmitteln und modernen Reinigungsgeräten ohnehin ständig so sauber gehalten, daß der gründliche Hausputz überflüssig ist. Das Geld für Staubsaugertüten und Seife und Staubtücher sollte man lieber für etwas Gescheiteres ausgeben. Wer seinen Putzzwang nicht zu überwinden vermag, der putze in Gottes Namen, aber nicht mehr in der zweiten Dezemberhälfte und nicht, wenn der Rest der Familie in der Wohnung wohnen will.

Gestattet, weil notwendig: Weihnachtstischläufer und große Damastdecken aufzubügeln, nachzuschauen, ob Besteck und Silber geputzt werden müssen, festliches Porzellangeschirr und Gläser, die im Laufe des Jahres verstaubt sind, zu spülen usw. Notwendig ist es auch, die Festgarderobe der ganzen Familie zu überprüfen. Was muß gereinigt oder genäht werden? Aus was ist wer rausgewachsen? Wer muß also mit was neu versorgt werden? Geht es um Kinderkleider, so kaufen Sie lieber praktische als feine Kleider. Kinder wollen gerade Weihnachten ungestört und ausgiebig spielen können.

Das Vorratkaufen

Je mehr Arbeitstage durch Weihnachten zu Sonntagen werden, desto mehr Vorrat muß die Familie einlagern. In Frankreich geht man auswärts essen, doch diese für die Hausfrau so angenehme Sitte kann man hierzulande nicht blindlings imitieren oder empfehlen. Immer mehr Restaurants gehen dazu über, ihren Angestellten gerade zwischen Weihnachten und Neujahr freizugeben, so daß erstklassige Häuser die Gäste mit Not-Speisekarten, Gerichten verwunderlicher Qualität und kaum geheizten Eßräumen überraschen.

Selbst ist also die Hausfrau. Sie hat es leicht, wenn sie erstens über ein Tiefkühlgerät verfügt, das sie schon Wochen vor Weihnachten mit selbstgekochten Fertiggerichten versorgt, in dem sie Brot und Brötchen aufbewahren kann und das Eis-, Gemüse-, Fleisch- und Fischkühlkonserven enthält, oder wenn sie zweitens trotzdem oder außerdem rechtzeitig alles nach Eichhörnchenart in die Vorratsecke befördert hat, was unverderblich ist und sicher gebraucht wird:

Gemüsekonserven. Solche Halbfertiggerichte, die mit frischem Gemüse oder durch Fleischzusatz (Reste vom Festbraten) eine neue Mahlzeit darstellen. Fleisch- und Wurstkonserven, Kartoffelfertigprodukte wie Püree, Knödel, Rösti. Obstkonserven und frisches Obst (Äpfel und Orangen auf dem kühlen Boden). Fertigsaucen wie Remoulade und Mayonnaisen,

die man durch frische Kräuter, Gewürze oder Sahne verbessern kann und die zu kaltem Fleisch passen.
● Natürlich sind die Grundkonserven – Mehl, Eier, Zucker, Salz, Reis, Nudeln, Öl und anderes Fett, Zwiebeln, Zitronen, Kartoffeln, Dosensahne oder Milchpulver, H-Milch, Kaffee, Tee, Schokolade, Knabbersachen und ähnliches – schon Mitte November vervollständigt worden.
● Getränke kann man schon im November bestellen. Dem Wein tut es ohnehin gut, wenn er sich vom Transport ausruhen kann. Denken Sie auch an Frucht- und Gemüsesäfte, an Tonic, Syphon, Sprudel und Mineralwässer.
Wenn diese Grundvorräte vorhanden und verstaut sind, brauchen Sie nur noch zu ergänzen. Bestellen Sie rechtzeitig alles beim Schlachter, Bäcker und Lebensmittelhändler.
● Räumen Sie Vorratsregal und Kühlschrank um oder leer, damit Sie Platz für den Vorrat haben und trotzdem nicht in ihm ersticken oder die Übersicht verlieren. Planen Sie überall Platz für die vorbereiteten Sachen vom Weihnachtsmenü und dessen Reste ein.
● Kaufen Sie genug Alufolie und Kunststoffdosen, in denen man Lebensmittel auch ohne Tiefkühlgerät und großen Kühlschrankplatz ein paar Tage lang aufbewahren kann.
● Kochen Sie in der vorweihnachtlichen Zeit viel in feuerfesten Töpfen und Kasserolen, die Sie vom Herd auf den Tisch stellen können. Das spart Zeit und Arbeit.
● Sehen Sie Holzbretter und Küchenmesser durch, schärfen Sie alles Stumpfe. Sehen Sie nach, ob die Mandelmühle noch heil ist, schärfen Sie die Küchenschere. Wenn Sie keine haben: ein Nikolausgeschenk

von der Hausfrau an sich selbst.
● Wenn Sie Advents- oder Weihnachtsparties planen, so servieren Sie Gerichte mit einem Minimum an Geschirraufwand und besorgen Sie Einwegteller, falls Sie keine Spülmaschine besitzen.
● Wichtigster Vorrat: Der Tannenbaum. Möglichst früh, Anfang Dezember kaufen, denn wenn er am Verkaufsstand steht, welkt er nur vor sich hin und nadelt Ihnen am Heiligabend schon den Teppich voll. So kann man einen rechtzeitig gekauften Baum frisch zu erhalten versuchen: Stellen Sie ihn in einem Eimer Wasser in die Kälte. Wenn der Stumpf imprägniert gewesen ist, so sägen Sie ein Stück ab, damit das Wasser wieder steigen kann. Frisch geschnittene Bäume nadeln am spätesten. Frisch geschnitten bedeutet: voller Saft und daher dunkelgrüne, pralle Nadeln und Zweige, die sich biegen, aber nicht brechen lassen.

Das Kochen
Es ist nach einem wohlorganisierten Vorratskauf kaum ein Problem. Ab Seite 104 finden Sie Küchen-Pläne, die, wie ich hoffe, für jede Familiensituation Ideen, Möglichkeiten und Nützliches anbieten.
Teilen Sie sich auch das Kochen ein. Geben Sie ruhig ein Menü mit drei Gängen, stellen Sie diese drei Gänge aber so zusammen, daß Sie nur einen davon direkt zum Essen zu kochen brauchen, also: Luxussuppen aus Dosen, Hauptgang frisch gekocht, Dessert: Cremes oder Obstsalat, schon fertig im Kühlschrank.
Oder: Suppe vorgekocht, braucht vorm Essen nur heiß gemacht zu werden. Hauptgang frisch gekocht. Als Dessert Eis aus der Tiefkühltruhe.
Oder: Krabbencocktail oder Pampelmusen als Vorspeise, dann kaltes Fleisch und bereits vorbereitete Salate,

als Nachtisch ein Soufflé, ein Auflauf oder Crêpes.

Wenn Sie in einer großen Familie leben und beim Weihnachtsessen zehn oder zwanzig Personen beköstigen, so planen Sie Ihr Essen gemeinsam. Der macht den Heringssalat, der brät den Schweinerücken und bringt ihn kalt mit Cumberlandsauce. Der rührt die Creme, der hilft mit Sektgläsern aus, und am 24. in der Früh wird alles ins Festhaus gebracht, so daß die Gastgeberin in Ruhe alles arrangieren und vielleicht noch Hilfe nacherbitten kann.

Wenn man am 22. und 23. Dezember vorkocht, kann man alle Gerichte gut im Kühlen bis zum 24. und 26. aufbewahren, die keine leicht verderblichen Zutaten enthalten. Man bereitet also Gerichte mit Schlagsahne, Eischnee, Mayonnaisen und zarten Saucen nur vor und macht sie erst vorm Servieren und Essen fertig.

Das Umräumen

ist eine Arbeit im letzten Moment. In den meisten Familien wird der Christbaum am Abend des 23. dekoriert, und es ist hübsch, daraus keine Arbeit, sondern eine gemütliche Angelegenheit zu machen. Vielleicht helfen Freunde des Hauses, vielleicht sind Geschwister von weit hergekommen, und man kann beim Baumschmücken die ersten Nachrichten austauschen, vielleicht möchte

ein eigenes Kind zum ersten Mal beim Schmücken mithelfen – das sind Anlässe, aus denen man etwas machen kann.

Die Hausfrau ist auf jeden Fall entspannter, wenn schon im Laufe des 23. mit der Hilfe aller umgeräumt worden ist. Das Wohnzimmer wird meistens Weihnachtszimmer, das Kinderzimmer vielleicht ein Gästezimmer. In der Küche sollten auch Geschirr und Besteck für den 24. und 25. zurechtgeräumt sein. Beim Umräumen darf man die sorgsam versteckten Geschenke nicht aus dem Auge verlieren! Wer über genügend Platz verfügt, räumt sie ab November oder Anfang Dezember in einen Garderobenschrank im Flur, bei wem es etwas eng zugeht, der sollte einfach in Schlafzimmer oder Flur einen besonders großen Pappkarton aufstellen.

Die Kinder

können und sollen bei allem, beim Kochen und Planen und Räumen und Decken ihren Kenntnissen und Kräften entsprechend helfen. In den ersten Jahren, in denen sie Lust dazu verspüren, bedeutet das für die Hausfrau nicht mehr, aber langsameres Arbeiten, denn sie muß während der Arbeit den Kindern helfen und ihnen manches erklären. Das freilich macht in der Adventszeit auch besonders viel Spaß, denn alles, was man berührt, hat seine Geschichte:

die Ausstechformen und die Springerlebretter, die von Großmutter (?) gestickte Weihnachtsdecke, die dicke Glocke, die Großvater aus Holland mitgebracht hat und die schon so viele Jahre am Heiligen Abend gebimmelt hat. Wenn man Kinder helfen läßt, nehmen sie teil, und das Fest wird auch zu ihrem Fest. Das aber tut der ganzen Familie gut und dem Fest selbst erst recht.

Die Drohung mit dem Weihnachtsmann

und Sätze wie »Wenn du nicht artig bist, bringt dir das Christkind nichts!« sollten in der vorweihnachtlichen Zeit fehlen. Der Weihnachtsmann ist eigentlich der Heilige Nikolaus, und selbst wer nicht an die christliche Dreieinigkeit glaubt, weiß gewiß noch, daß das Christkind Gottes Sohn ist und ebensowenig ein Kinderschreck wie der alte Bischof von Myra, der gerade seiner Güte, Menschenfreundlichkeit und Hilfsbereitschaft wegen zum Liebling der Kinder geworden ist. Im übrigen: welches Kind glaubt der Drohung ». . . nichts zu Weihnachten!«?
Die Vorweihnachtszeit mit ihren Geheimnissen, ihrer Vorfreude und Spannung macht die meisten Kinder kribbelig, und Mütter sollten sich vornehmen, diese ganz natürliche Explosionsbereitschaft möglichst gelassen zu ertragen. In der Weihnachtszeit sollte Erziehung ein wenig Pause haben. Das gilt auch für die bevorstehende Begegnung mit Großeltern, Patentanten und Erbonkeln. Wenn man im Dezember anfängt, auf Drill zu erziehen und sagt: »Das darfst du dir bei Onkel Peter aber nicht leisten!« oder: »Mit solchen Frechheiten wirst du es dir bei Opa schnell verderben!« oder: »Wenn Großmutter da ist, redet ihr nicht beim Essen und sitzt still und haltet euch gerade und kleckert nicht und

seid nicht so albern!«, dann müßten Kinder unnatürliche Monstren sein, wenn sie nicht entweder aus Angst unsichtbar bleiben oder sich erst recht so »unmöglich« aufführen, daß Mutter von einer Ohnmacht in die andere fällt.
Alle Kinder sind »brav«, wenn sie etwas zu tun haben. Zu tun gibt es nun im Dezember wahrhaftig genug. Trotzdem sollte man Botengänge und Hilfsleistungen nicht nur als Beschäftigungstherapie für Zappelphilippe einplanen, sondern sollte an den Nachsatz dieses Erziehungs-Grundsatzes denken: Kinder sind brav, wenn sie etwas zu tun haben, aber es muß ihnen Spaß machen oder sinnvoll sein.
Es ist in vielen Familien üblich, vor Weihnachten in Kisten und Kasten aufzuräumen und auszumisten, damit man sich Platz schafft für die Puppenkleider und Eisenbahnschienen, die man (vielleicht) geschenkt bekommt. Das geht flink, wenn Mutter hilft, es dauert jedoch ewig, wenn das Kind allein und ratlos vor der Aufgabe steht. Das gilt auch für viele andere Arbeiten: mit Mutter macht die Sache Spaß, ohne sie wird es als lästige Pflicht und Fron betrachtet.

Weihnachtsbasteleien

gehören vor allem zu dem, was man Weihnachten von wohlerzogenen Kindern erwartet. Sie finden in diesem Buch genug Anregungen und Ideen, um das eigene Haus und die Weihnachtstische der verschiedenartigsten Verwandten und Freunde festlich zu verschönern. All diese Vorschläge sind mit Bedacht und Liebe entwickelt worden, aber kein einziger Vorschlag kann auf die Hilfe der Eltern verzichten. Das beginnt mit der grundsätzlichen Einstellung zum Schenken. Wenn die Eltern das Schenken nur als lästige Pflicht

betrachten und im letzten Moment hysterisch durch die Geschäfte rennen und ständig murmeln: »Was kann ich bloß Tante Anna schenken? Und Onkel Albert darf ich auch nicht vergessen. Viel Geld kann ich nicht mehr ausgeben, aber es muß nach was aussehen . . .«, dann wird aus dem Basteln nichts, selbst wenn Mutter fleht und droht.

Kinder müssen lernen, das heißt: erleben und sehen, daß Schenken mehr ist als austauschbare Dinge zu besorgen und zu verschicken. Im Notizbuch meiner Großtante, aus dem die meisten der alten Weihnachtsgebäcke zitiert sind, die Sie in diesem Buch finden, steht zwischen »Gewürzmakronen« und Pflegeregeln für Fuchsien ein Gedicht von Joachim Ringelnatz:

> »Schenke mit Geist, ohne List,
> sei eingedenk, daß ein Geschenk
> du selber bist.«

Man selber aber wandelt sich im Lauf der Jahre. Ein kleines Kind kann noch nicht viel mehr schenken als einen mit Buntstiften oder Fingerfarben gekritzelten und getupften Stern oder eine Kerze. Was machts? Freut sich Großvater nicht, wenn er eine Dose Pfeifentabak von Mutter geschenkt bekommt, auf die sie Babys Gemälde geklebt hat? Und Großmutter sammelt Kochrezepte. Sie nimmt eine neue Sammelmappe mit dem Kindergemälde auf der Vorderseite sicher voll Freude und Rührung entgegen.

Diese Zusammenarbeit zwischen Eltern und Kindern sollte bestehen bleiben, auch wenn die Kinder schon laubsägen und ausschneiden und mit Alufolie arbeiten können. Die Kinder sollen lernen, daß man nur wirklich wichtigen und/oder geliebten Menschen etwas schenken muß oder sollte. Alles andere ist Konvention (und das heißt in der deutlichen Sprache der Schulkinder »Verlogenheit«).

Kinder brauchen genug Zeit und Ruhe für ihre Basteleien. Mutter muß also rechtzeitig planen, Material einkaufen und Listen anlegen, wer was bekommt. Aber gerade das soll sie nicht allein bestimmen! Vielleicht hat das Kind eine ganz bestimmte Idee, was es der Omi schenken will. Die Mutter meines Mannes bekam als erstes bewußtes Weihnachtsgeschenk von unserem Ältesten einen Knopf, eine Seidenschleife und ein vollkommen zerknautschtes und zerkautes Gummitier. Mehr und Schöneres hatte er nicht zu verschenken, und seine Großmutter nahm die Herzensgabe voll Liebe an. Das Schmuddeltier wohnte samt dem Knopf bis zu ihrem Tode auf ihrem Nähtisch.

Gaben dieser Art können auch in ordentlichen und nützlichen Weihnachtspaketen in die Fremde reisen. Sie zeigen deutlicher als vorfabrizierte Geschenke, daß sie als Gabe gemeint sind. Wenn Mutter Zweifel hat, ob der Sinn des Kindergeschenkes auch richtig verstanden wird, so schreibt sie ein Begleitbriefchen.

Die Bastelvorschläge dieses Buches zeichnen sich durch zwei Eigenschaften aus, die ganz wichtig sind: die meisten Sachen lassen sich relativ schnell herstellen. Alle Gegenstände kann man verwenden.

Punkt 1 läßt das Kind nicht ermüden und Weihnachtsarbeiten doof, weil langweilig finden, Punkt 2 macht es Mutter leicht, diese Dinge auf den Weg zu schicken. Auch wenn sie selber Arbeiten vorschlägt und sich ausdenkt, sollte sie auf diese beiden Punkte Rücksicht nehmen – und auf die Fähigkeiten der Kinder! Wie sehr sie selber mithelfen sollte, hängt von vielem ab, von der Geschicklichkeit der Kinder, von der Arbeit selbst, auch von der Zeit, die zum Basteln zur Verfügung steht. In den frühen Kinderjahren muß sie selbstverständlich vormachen und zugreifen und Arbeiten vollenden. In dieser ersten Zeit muß sie auch darauf achten, daß sie das Kind oder die Kinder nicht überfordert. Mehr als ein halbes Stündchen bleibt kein Kindergartenkind beim Kleben und Malen und Falten. Man sucht sich dann am besten Dinge aus, die rasch fertig sind und/oder der Lust der Kinder am Panschen entgegenkommen. Kartoffeldruck und Einwickelpapier bedrucken oder bemalen – das ist das Richtige! Schulkinder können sich dann ins andere Extrem verrennen. Mädchen nehmen sich vor, ganze Jacken und Pullover zu häkeln oder zu stricken, Jungen wollen Enormes bauen, und Mutter erinnert sich plötzlich an das Weihnachtsfest, an dem sie selber ein Paar Socken so auf Vaters Gabentisch drapierte, daß er die Strick-

nadeln am unfertigen Strumpf nicht gleich sehen konnte! Jetzt muß sie also bremsen. Ihr Versuch zur Mäßigung der Pläne darf aber nicht dazu führen, daß sich alle Familienmitglieder nur Gutscheine schenken: »Dies ist ein Hamsterkäfig, den ich Dir im nächsten Jahr bastele!« verspricht der große dem kleinen Bruder, und hält sein Versprechen nie. »Dies ist eine Krawatte, die Du Dir selber aussuchen kannst!« verheißt ein Zettel auf Vaters Tisch, und Vater hätte so gerne gesehen, was für einen Krawattengeschmack seine Tochter besitzt!

Geld und Gutscheine

empfangen Kinder zwar oft von fernen Tanten und Großeltern, sollten aber nicht generell als Geschenk verstanden werden. Ein Weihnachtsgeschenk ist ja kein Austausch von Zahlungsmitteln, kein Zins und keine Steuer. Wenn Omi nicht weiß, wie sich die Enkelin im letzten Jahr entwickelt hat, so sollte sie lieber Mutter rechtzeitig vorher etwas Geld mit der Bitte schicken, dem Kind ein Geschenk zu kaufen.

Gutscheine sind natürlich gut, wenn sie ein Buch oder eine Schallplatte oder ein Puzzle darstellen, das sich das Kind selber aussuchen darf. Oder wenn Kinder Gutscheine schenken, auf denen steht: »Einmal Gartenjäten für Opa« oder: »Großmutter den Nähkasten aufräumen!« Auch bares Geld kann gut sein, wenn es einen Zweck hat: »Für den Sessellift in den Skiferien« oder »Ein Paar neue Schläuche und Decken für Dein Fahrrad« oder »1 Jahr Judo-Unterricht«.

Wunschzettel

»Sparsamkeit«, hat Immanuel Kant gesagt, »in allen Dingen ist die vernünftige Handlung eines recht denkenden Menschen.« Auch dieser

Spruch entstammt dem Buch meiner Großtante. Er steht eine Seite hinter den »Zimmetsternen«, und an das, was er meint, denkt sicher mancher Vater und manche Mutter mit Stirnrunzeln, wenn sie Wunschzettel studieren.

Eigentlich sollte man sich die Wunschzettel der Kinder aufheben, denn an nichts kann man so deutlich erkennen, wie sich Kinder von Jahr zu Jahr gewandelt haben. Zuerst besteht der Zettel nur aus Gemälde. Dem kleinen Kind gehört die Welt seiner Meinung nach sowieso, und es begreift nicht, daß es sich etwas von seinem Besitz extra wünschen soll. Dann kommen Traumwünsche: »ein Pferd« oder »eine Schwester« oder »ein Haus mit einem Garten und einem Großpapa«. Dazwischen blitzt das Wunsch-Verständnis in dem Maße auf, in dem die eigenen Fähigkeiten reifen. Das beginnt bescheiden: »Buntstifte, ganz viele« oder »eine neue Tube Klebstoff«. Dann kommt gleich die Hobelbank und das Puppenhaus. Zum Schluß wird es sachlich und ein Abklatsch der weihnachtlichen Kataloge: »eine Hifianlage, Fabrikat X, die und die Teile«. Da fehlen nur noch Bestellnummer und Preis, incl. Mwst.! Und das alles soll das Christkind bringen . . .

Kleine Kinder wundern sich, wenn sie auf einer Spielzeugpackung ein vergessenes Preisschild entdecken, daß das Christkind auch im Warenhaus kauft, und große Kinder tun weiter so, als glaubten sie an den Weihnachtsmann oder das Christkind, weil alle Welt so tut. Protest und Aufklärung helfen in diesem Fall herzlich wenig. Selbst wenn man den eigenen Kindern nie verhohlen hat, daß alle Geschenke Familiengaben sind, fragen Kinder unterm Tannenbaum: »Und was hab ich vom Christkind?« Die geheimen Miterzieher um die Kinder herum sind stärker, und es scheint mir überflüssig, sich deshalb zu erregen. Es hat sicher noch keinem Kind geschadet, daß es eine Weile an den Weihnachtsmann geglaubt hat. Wichtiger ist dieses Problem:

Soll man alle Wünsche erfüllen?

Konfrontiert mit den unbefangen geäußerten Wünschen unserer Wohlstandskinder geraten manche Eltern in Rage und beschließen, gegen den Strom zu schwimmen.

Ehe man prinzipiell reagiert und handelt, sollte man folgendes bedenken: Die Aufforderung: »Schreib deinen Wunschzettel!« ist für ein Kind wie ein Schlüssel zum Paradies. Weihnachten! Alle Leute fragen: »Was bringt dir denn das Christkind Schönes?« oder sie sagen: »So ein braves Kind bekommt doch sicher etwas Schönes vom Weihnachtsmann!« Niemand spricht von den

Eltern, vom schwer schuftenden Vater, von der Mutter, die viel zu wenig Haushaltsgeld zur Verfügung hat. Warum also soll ein Kind seine Wünsche an den Weihnachtsmann auf Vaters Geldbeutel zuschneiden? Der Weihnachtsmann muß doch unermeßlich reich sein, wenn er die ganze Welt beschenkt! Überall schreien die Reklamen: Kauft! Kauft! Schenkt! Autos sind wie Weihnachtspakete verschnürt, Juwelen und Perlen glitzern und glänzen in den Läden in offenen Geschenkschachteln. Also schreibt das Kind auf, was es sich ebenso brennend wünscht wie vielleicht Vater insgeheim einen Rolls Royce. Außerdem: Vater weiß genau, was ein Rolls kostet und wert ist. Sein Kind aber hat noch überhaupt keine Vorstellung, was der Preis von einem Pferd bedeutet und wie er sich zu Vaters und Mutters Gehalt verhält. Man sollte Wunschzettel richtig lesen. Sie verraten meist ganz genau, wo das Kind steht. Ist ihm gar nichts Rechtes eingefallen, oder bahnt sich eine neue Entwicklung, ein neues Interesse an? Will es aus seiner kindlichen Ich-Bezogenheit heraus? Oder äußert es nur konventionelle Wünsche? Vielleicht können Wunschzettel den Eltern zeigen, was ihr Kind wirklich braucht, auch wenn das gar nicht auf dem Zettel steht.

• Gut: wenn von mehreren Herzenswünschen einer wirklich erfüllt wird. Aber ebenso wichtig: daß nicht nur die Wunschliste rauf und runter geschenkt wird, sondern daß es Überraschungen gibt.

• Gut: fernlebenden Verwandten und Paten rechtzeitig zu erklären, was momentan Freude machen würde. Natürlich kann man im Namen der Fernen kaufen und hinstellen, aber was ist das im Vergleich zu einem Paketchen, auf dem des Kindes Adresse steht und das

es ganz alleine auspacken kann?

• Sehr gut: Geschenke, mit denen Kinder gleich Weihnachten spielen können. Erstens sind beschäftigte Kinder »brave« Kinder, was allen Erwachsenen wohl tut, besonders wenn es viele Erwachsene in einer nicht sehr großen Wohnung sind! Außerdem – und das ist fast noch wichtiger – gibt es für ein Kind nichts Herrlicheres, als am Stephanstag in aller Frühe, wenn die Großen noch schlafen, in Pantoffeln und Morgenrock durch die stille dunkle Wohnung ins Weihnachtszimmer zu tappen und dort zu spielen. Eltern sollten es dem Kind oder den Kindern so gemütlich machen, wie es geht. Das Weihnachtszimmer sollte aufgeräumt und nicht voll leerer Gläser und voller Aschenbecher sein. Die Heizung sollte schon angedreht sein, und es gibt einen Knabberteller mit Äpfeln, Mandarinen und mürben leichten Keksen.

• Nicht gut: Sachen schenken, die das Kind doch braucht: Unterhemden, Socken, ein Wintermantel – außer, er ist besonders schick, oder es ist der erste, den sich das Kind selber aussuchen darf, und er ist nicht das einzige große Geschenk.

• Ganz schlecht: wenn Erwachsene gleich den Dank für Geschenke und diesen Dank auch im Verhältnis zum Kaufpreis erwarten. Kinder müssen sich auch mit dem Gemüt erst durch alles durcharbeiten. Sie reagieren langsam, oft etappenweise. Kleine Kinder können ohnehin mehr als zwei, höchstens drei Geschenke gar nicht verkraften und aufnehmen. Kinder reagieren außerdem unbefangen und vollkommen ehrlich. Sie sagen gar nichts zu Sachen, die sie nicht freuen, und sie kreischen vor Wonne über irgendeinen »billigen Unfug«, wie manche Tanten bitter bemerken, wenn der »Unfug« nicht von ihnen stammt. Erwachsene soll-

ten vor allem nicht auf die Wirkung ihrer Geschenke eifersüchtig sein, gar das Kind undankbar und taktlos nennen, wenn ihm das Geschenk der anderen Großmutter besser gefallen hat. Schließlich sollten die Großen wissen, daß die Liebe eines Kindes nicht vom Weihnachtsgeschenk abhängt.

Mutter sollte ihre Kinder am Ende der Bescherung an der Hand nehmen und sich mit ihnen zusammen bei Vater und Omi, bei Onkel und Opi und Tante bedanken. Dann wird es dem Kind selbstverständlich, daß und wie man sich bedankt.

Der Bedankemichs-Brief

ist für Kinder ein Kreuz und für die Erwachsenen deshalb auch. Trotzdem kann man Briefe oder Grüße und Zeichen dieser Art nicht einfach abschaffen. Erstens ist es zum Beispiel einer einsamen Großmutter oder Tante gegenüber nicht nett, gar nicht auf ein Paket zu reagieren, das sie sicher mit viel Liebe und Mühe gepackt und vorher noch zusammengesammelt haben. Sie wollen wissen, ob sich alle gefreut haben und ob für jeden das richtige ausgesucht worden war. Und zweitens möchte der Absender eines Pakets ganz gern bestätigt bekommen, daß seine Gaben heil und sicher und pünktlich angekommen sind.

Bedankemichs-Briefe sind also notwendig. Sie brauchen freilich ebensowenig wie die Weihnachtsgrüße eine Last zu werden, wenn man von der üblichen Form des Briefes abweicht. Begeisterte Fotografen werden sicher am Heiligen Abend knipsen. Da kann man den Schnappschuß von Gerti mit dem Teddybären etwas größer entwickeln lassen und braucht nur darauf zu schreiben: »So doll habe ich mich über den Teddy gefreut! Tausend Dank, Gerti.« Oder Gerti malt mit den neuen Ölkreiden vom Teddy ein Bild, auf dessen Rückseite Mutter ein paar Worte schreiben kann. Oder die Kinder malen das Weihnachtszimmer oder den Tannenbaum oder die Krippe, die sie in der Kirche gesehen haben oder die sie jedes Jahr unter dem eigenen Weihnachtsbaum aufbauen. Es gibt viele andere Möglichkeiten dieser Art, und wenn man weiß, daß sich jemand mehr über ein Telefongespräch als über einen Brief freut, so ruft man ihn am 1. oder 2. Feiertag an und läßt die ganze Familie Dankeschön sagen und alles vom Fest erzählen.

Weihnachts-
bäckerei

Keine Weihnachtserinnerung, kaum eine Weihnachtsgeschichte ohne Kuchenduft und zärtliche Beschreibung vom Pfefferkuchenbacken, vom Mandelreiben und Stollenteigkneten. Immer wieder wird das alles gebacken, was so sehr nach Kindheit riecht, nach jener Zeit, in der Weihnachten noch voll Vorfreude und Geheimnis war. Und kaum eins von den Gebäckarten ist zufällig zur Weihnachtsgabe geworden. Alle alten überkommenen Süßigkeiten besitzen ihren Sinn und sind Symbole dieses an Symbolen so reichen Festes.

Es ist schon immer zwischen den Jahren gefeiert und gepraßt worden. Es liegt wohl in der Natur des Menschen: in der langen Dunkelheit des Winters braucht er einen Trost. In Rom haben sich in der Zeit der Saturnalien, die unserer Weihnachtszeit entspricht, die Sklaven von ihren Herren bedienen lassen und von ihnen prächtige Gerichte aufgetischt bekommen. Im Winter fanden in Rom wie im alten Griechenland Feste für die Götter der Fruchtbarkeit, des Reichtums, des Weins und der Saaten statt, wobei man die Gaben dieser Götter pries, indem man sie genoß. Jenseits der Alpen brausten wilde Götterscharen im Schneesturm durch die finsteren Nächte, und unsere Ahnen haben sich vor diesem Nebelspuk tief in ihre Hütten und Höhlen zurückgezogen, haben

ungeheure Mengen von Met zu Ehren der Götter getrunken und Speiseopfer dargebracht, Gebäck in Form all jener Dinge, die die wilden Reiter und die in den zwölf Rauhnächten herumgeisternden Toten nur verlangen konnten. Aus Erleichterung darüber, daß sie verschont blieben, daß Wotan auf seinem Pferd vorübergebraust war, haben sie sicher noch mehr Met getrunken und die Kuchen in Form von Wotans Pferd, von Schwein und Vogel, Mann und Weib selber aufgefuttert.

So ist es kein Wunder, daß sich auf unseren Weihnachtstellern Christliches und Vorchristliches mischen und ergänzen und vollkommen einig sind im gemeinsamen Ziel, das Licht in der Winternacht mit Leib und Gemüt loben zu helfen.

Wenn Sie eine Brezel aus Teig schlingen, so formen Sie das Symbol für den Strick, mit dem Christi Hände gebunden waren. Die weiße zuckerüberzogene Pfeffernuß stellt den Essigschwamm dar, mit dem Christus am Kreuz die Lippen genetzt bekam. Aber schon die Spekulatius sind Erinnerungen an die Opfergaben, die Gebildbrote. Das Schwein ist der Eber des Germanengottes Freyr, Hirsch und Hahn, Fuchs und Vogel stellen Wunsch- und Dankgeschenke an die Unsichtbaren dar. Der rotbackige Apfel gehört ebenfalls zu den Dankgaben, denn mit seinen

vom Fruchtfleisch fest umschlossenen Kernen ist er ein sinnfälliges Zeichen für unbesiegbare Fruchtbarkeit.

Nuß und Mandelkern zeigen, wie fest verschlossen die Zukunft unser Geschick umhüllt, und wenn man sie vergoldet am Tannenbaum hängen sieht, so sind sie nicht nur so kostbar wie die Gaben der Heiligen Drei Könige, sie zeigen auch, daß das Leben zwei Seiten hat, eine golden strahlende und eine dunkle unbekannte.

Zucker und Gewürz sind die Zeichen für die reiche Gnade Gottes, aber auch die mythische Verheißung, daß auf jede karge Zeit des winterlichen Darbens neue Ernten und neue Reichtümer in Faß und Scheuer folgen werden.

Und die gewürzreichen Pflastersteine sind ein Abbild jener Steine, mit denen der Heilige Stephanus, der Patron des 25. Dezember, gesteinigt worden ist.

Aus den Hirten auf dem Felde hat der fromme Glaube die unfreiwilligen Erfinder des Weihnachtsgebäcks gemacht. Sie hatten nämlich Brotfladen im einfachen Erdofen, als ihnen der Engel erschien und den Weg zur Krippe wies. Über das Christkind vergaßen sie ihr Brot, doch als sie – wohl im Morgengrauen – heimgingen, da war das Fladenbrot nicht verkohlt, sondern es duftete gar lieblich. Hungrig brachen es die Hirten in Stücke, und in Erinnerung

daran backen wir heute noch kleine lieblich duftende flache Stücke.

Sie hießen Pfefferkuchen, denn als Pfeffer bezeichnete man im Mittelalter alles, was die Segelschiffe aus Indien und von den Gewürzinseln herbeibrachten und in manchen Jahren zu hohen Preisen handelten. Dieser kostbare Pfeffer – Muskat und Nelken, Kardamom und natürlich auch echter weißer Pfeffer, den Sie heute noch in manchen Rezepten entdecken – dieser Pfeffer war für das Christgebäck gerade kostbar genug. Und er diente vor allem ganz simpel dazu, die damals ja noch wilden Backzutaten so zu verpfeffern, daß man nicht schmeckte, wie kratzig und scharf der unraffinierte und ungereinigte Zucker war, wie bitter vielleicht das im nassen Herbst feucht und faulig gewordene Mehl, wie ranzig die Butter oder wie stinkend das Rüböl.

Die frühesten köstlichsten Rezepte stammen aus reichen Küchen: aus Klöstern, die über genug Honig verfügten, aus wohlhabenden Reichsstädten, die damals die Zentren des Überseehandels waren, aus dem üppigen Holland, das im Barock zu den eßfreudigsten Ländern Europas gehörte. Ihr Dezember-Heiliger ist auch bei uns willkommen, und sein Gebäck gehört auf jeden deutschen Weihnachtsteller:

Dem Heiligen Nikolaus, der am 6. Dezember gefeiert wird, sind die großen Spekulatiusfiguren gewidmet, auf denen er so auf seinem Schimmel sitzt wie Wotan einstmals auf dem schwarzen Pferde. Klausenzeug hieß nach ihm diese große Gebäckgruppe, die wieder Hirsch und Eber, Gans und Ente abbildeten, und schon vor der Zeit Karl des Großen fromme Leute zu feurigen Predigten gegen die Götzenbilder aus Mehl hinriß. Aber Kirchen und Dome hatten Wachs gebraucht, um die Heiligen in dem Lichte von vielen Kerzen zu verehren, und welche Biene gibt Wachs ohne Honig? Schließlich stammen die Lebzelten aus den Klöstern des Mittelalters, schließlich sind die Zelten, die kleinen Gebäckstücke aus Dörrfrüchten und einfachem Teig, eine mildherzige Gabe für arme Leute gewesen. So ist das Gewettere gegen die unchristliche Prasserei und die gebackenen Heidenbilder immer wieder in der Lust der Hausfrauen erstorben, etwas Gutes zu backen. Denn immer wieder haben Gottesfürchtige die Stimme erhoben, in jedem Jahrhundert haben sie laut und immer mit der Begründung ihrer Zeit gemahnt, über dem Essen und Trinken und Feiern und Geschenkeaustausch nicht den wahren Sinn des Weihnachtsfestes zu vergessen. Selbst der Weihnachtsbaum und das Umsingen wurden als »stockfinsteres Heydenthum« betrachtet und von den durchlauchtigsten Landesherren verboten.

Das christlichste aller Weihnachtsgebäcke ist hierzulande der Christstollen, das königliche Kindlein in seiner länglichen puderzuckerweißen Form, ein Abbild des Jesuskindes, das säuberlich und liebevoll in weiße Windeln gehüllt ist. Um dieses Symbol der Hauptfigur des Weihnachtsfestes ranken sich viele Geschichten. Man erfährt zum ersten Mal durch einen Steuerzettel von seiner Existenz, als im frühen Mittelalter ein Bischof je zwei Weizenstollen als Zins von den Bäckern seiner Stadt verlangte. Was dem Bischof recht war, wurde dem Landesherrn billig, und der Heilige Vater bestimmte im Jahr vor der Entdeckung Amerikas, daß zum Bau des Freiburger Doms der zwanzigste Teil eines Goldguldens von jedem zu entrichten sei, der einen Stollen backe. Ein anderer Papst gestattete den Kurfürsten Ernst und Albrecht von Sachsen, während der Adventsfastenzeit zum Stollenbacken Butter verwenden zu lassen, »Sintemalen in Euern Herrschaften und Landen keine Oehlbäume wachsen und daß man des Oehles nicht genug sondern viel zu wenig und nur stinkend habe, daß man dann teuer kaufen muß und solches Oehl allda habe, das man aus Rübsenoehl macht, daß des Menschen Natur zuwider und ungesund, durch dessen Gebrauch die Einwohner der Lande in macherlei Krankheit fallen«.

Butter hat es aber trotzdem nicht immer zum Stollenbacken gegeben. Das Schweineschmalz, das in alten Rezepten auftaucht, ist weniger eine Pikanterie gewesen als das Zeichen von Armut. Man kann tatsächlich an den Stollenrezepten ablesen, ob sie in guten und friedlichen Jahren geschrieben worden sind oder in kriegerischen Zeitläufen, in denen keine Rosinen und Gewürze von den Pfefferinseln gekommen sind, in denen Butter, Mehl und Zucker knapp geworden sind.

Deshalb gibt es auch nicht »das« Christstollenrezept. Selbst in einem Kochlexikon der Jahrhundertwende sind unter dem Stichwort »Stollen, Dresdner« fünf Variationen wiedergegeben, die eine Art von kulinarischem Durchschnitt aller Rosinenstollenrezepte darstellen. Das kurioseste der fünf Rezepte ist jenes »für große Haushaltungen«, das mit 25 kg

Kaiser-Auszugsmehl und einem Kilo Preßhefe beginnt und 10 kg Sultaninen und 13 l Milch verlangt. Daneben gibt es aber zahlreiche überlieferte Familienrezepte, die gehegt und gehütet und niemandem verraten werden. Selbst im berühmten Larousse Gastronomique wird der Stollen geführt (mit 200 g Orangeade auf 1 kg Mehl), und im Good Housekeeping Cook Book, Amerikas weitverbreitetsten Schulkochbuch, ist er ebenfalls zu finden, wenn auch mit kandierten Kirschen, Zimt und gemahlenem Muskat. Der Stollen ist international bekannt geworden, denn wenn die Dresdener auch hartnäckig darauf beharrten, daß der Stollen nur in ihrer Stadt gedeihe und schmecke, wenn sie auch mit einer Nachbargemeinde einen erbitterten Kampf um den besten Stollen geführt haben: Der Stollen hat Dresden längst verlassen, was damit zusammenhängen mag, daß sich Stollen ausgezeichnet verschicken lassen. Alle Dresdener Söhne, die in fremden Städten leben mußten, bekamen seit dem Mittelalter ihren Stollen in linnene Tücher gehüllt nachgeschickt, und in der kurzen Zeit von Deutschlands Kolonialtraum reisten Stollen schiffsladungsweise nach Afrika und in die Südsee. Heute kann man sich das Stollenbacken sogar schenken und kann allen Freunden einen Christstollen nach altem Dresdener Rezept vom

Bäcker schicken lassen. Aber vielleicht haben Ihnen die vielen Geschichten von weihnachtlichem Gebäck Lust gemacht, einen selbstgebackenen Stollen auf ein selbst mit Tannenzweigen bemaltes Holzbrett zu legen und zu verschenken. Oder eine große Spanschachtel mit Bauernrosen zu bemalen oder zu bekleben und voller Pfefferkuchen zu packen. Ab Seite 75 finden Sie Rezepte. Jetzt geht es erstmal zu den Backvorbereitungen. Das Weihnachtsbacken kann erstens ein Vergnügen machen und zweitens von beschäftigten und berufstätigen Müttern leicht bewältigt werden, wenn man sich die Sache einteilt. Dazu gehört ein Plan.

Was soll ich backen?

Das ist die erste Überlegung. Für alle, die ihren eigenen Müttern Jahr für Jahr geholfen haben, beantwortet sich diese Frage rasch. Sie haben ihren Rezeptvorrat, und sie wissen selber, wie sie was zu machen haben. Vielleicht finden Sie ein paar Seiten weiter bei den modernen Backtips neue Ideen oder Anregungen, die Ihnen Zeit sparen. Diese Tips beziehen sich nämlich auch auf Küchenmaschinen und neue Hilfsgeräte.

• Wer das ganze Jahr über regelmäßig und gerne backt, hat auch nicht allzu viele Probleme. Er weiß mit Knetteig und Rührteig Bescheid, hat keine Angst vor Hefeteig und ist auch bereit, neue Weihnachtsrezepte auszuprobieren, die etwas Arbeit machen.

• Kompliziert wird es dagegen für alle, die normalerweise entweder keine Zeit oder keine Lust, also keine Erfahrung zum und beim Backen haben, sich aber Weihnachten dem allgemeinen Backrausch entweder nicht entziehen können oder wollen. Da gibt es ein paar Rettungswege.

• Ausweg Nr. 1 ist ganz simpel: gar nicht backen, sondern kaufen. Es gibt jedes Jahr in ein paar Bäckereien oder Konditoreien der Umgebung so fabelhaftes Gebäck, daß man nicht einmal auf die Null-Acht-Fünfzehn Weihnachtskeks der großen allbekannten Keksbersteller zurückgreifen muß. Offenbar hegen auch die Bäcker Familien- und Großmutterrezepte, und es macht ihnen Spaß, diese ganz speziellen Gebäckarten besser und anders als der nächste Bäcker zu produzieren. Wer mit einem schlechten Gewissen kauft, weil er kauft statt zu backen, der soll an seine eigenen Kunden, an Mann und Kinder denken. Was haben sie im Advent lieber: eine gehetzte Mami, die nervös und teigbeklebt durch die Gegend saust? Oder eine gemütliche Mutter, die abends Geschichten vorlesen kann und beim Weihnachtsbasteln hilft? Und: was schmeckt ihnen besser: mißratene Eigenprodukte, verbrannt und zu trocken, oder zarte, mürbe, duftende Spekulatius und Printen, die ein Fachmann vermutlich mit der gleichen Liebe wie Muttern gebacken hat?

• Ausweg Nr. 2: Man tut sich mit einer Freundin zusammen und backt mit ihr gemeinsam.

• Ausweg Nr. 3: Man sucht sich einfaches Weihnachtsgebäck aus, streicht also Springerle und Aniskekse, Printen und Zimtsterne. Gerade dieses Gebäck kann man ausgezeichnet fertig kaufen. Man beschränkt sich stattdessen auf einfache Mürbteige, auf alle Würfel, für die man den ganzen Teig nur aufs tiefe Blech streicht und nach dem Backen in Quadrate schneidet. Diese Rezepte sind fast narrensicher, vor allem, wenn man die Bleche mit Folie füttert und dadurch vermeidet, daß der Teig am Blech haftet.

Für wen soll ich backen?

ist die nächste Frage. Ihre Antwort gibt an, welche Mengen und Zutaten einzuplanen und zu kaufen sind. Weihnachtsgebäck ist reich an Zucker, Honig, Fett und Nüssen. Die Süße wurde ursprünglich als Symbol der göttlichen Gnade empfunden und nach dem Adventsfasten von Herzen genossen. Sie schadete den Mägen unserer mittelalterlichen oder biedermeierlichen Ahnen außerdem sowieso nicht so sehr, weil bei Bauern, Bürgern und dem Adel alltags eher Schmalhans Küchenmeister war.

Das allgemeine Prassen und Schlemmen ist eine Folge des vorzüglich organisierten Welthandels und unserer blühenden Industrie. Wer jedoch alltags schon praßt, dem liegen die Walnußwürfel und der Stollen natürlich schon nach einem Bissen auf dem Magen, und alle Leiter von Sanatorien haben die Weihnachtsferien so gern, weil sie ihnen ab Sylvester überfütterte Herren und Damen bescheren, die sich im Januar häufiger als in allen anderen Monaten des Jahres ihren Festtagsüberfluß abhungern, abturnen oder abmassieren lassen.

Was also tun? Gar nicht backen? Nur Magerkeks aus Haferflocken und künstlichem Zucker herstellen? Das wäre einer der fürchterlichsten Vorschläge, wenn auch (fürchterlich) vernünftig. Besser erscheint es mir, nicht nur solche Kekse zu backen, die reich an Honig und Nüssen sind,

sondern auch leichte Kekse einzuplanen. Sind kleine Kinder im Haus,
so gehören auf jeden Fall die Grieß-
plätzchen, die meine Großtante
Weihnachten mit Liebesperlen
bestreute, auf den Advents- und auf
den Knabberteller, dazu noch die
sanften Herrenhuter Mürbteigkekse,
die gebackenen S und Spekulatius.
Vor allem: versuchen Sie sich dem
allgemeinen Rummel und den
Verlockungen zum Vorfeiern zu entziehen. Gewiß, Weihnachtsgebäck
schmeckt am 1. Advent am besten,
und man freut sich an den Advents-
sonntagen mehr darüber als Weihnachten selbst. Aber vier Sonntage
sind auch nur vier Tage, und mehr
sollten es nicht werden. Wenn
Männer und Kinder nicht schon im
November und Dezember mit
Zuckerzeug und Braten gemästet
worden sind, werden sie die Weih-
nachtsgenüsse nicht nur besser
vertragen, sondern sie werden sie vor
allem eher genießen können.
Außerdem muß man sich überlegen,
ob die Kekse, die man backen will,
auch allen schmecken und bekommen.
Sind Kinder im Haus, so sollte man
mit Rum und Arrak im Teig und für
die Glasur zurückhaltend sein.
Haben diese Kinder Dehnplatten zur
Zahnregulierung im Mund, so
mögen sie meistens nichts, was sich
hinter die Platte setzt und dann
drückt. Mandelkrümel und Nuß-
brocken, klebrige Füllen und harte

Teige sind in dieser Zeit besonders
unbeliebt.

Wann soll ich backen?
Das hängt davon ab, was gebacken
wird. Alle Stollen, Kletzenbrote und
Honigkuchen, alle Kuchen und
Gebäckarten mit viel Gewürzen
können und sollen vier Wochen
rasten, um ihr Aroma zu entfalten.
In jeder Familie gibt es Rezepte für
braune Kuchen, deren Teig 1 bis 24
Tage rasten und gehen muß, ehe
er gewellt und gebacken wird. Es ist
klar: das Backen sollte im weihnachtlichen Zeitplan an erster Stelle
stehen.
● Tiefkühlgeräte helfen natürlich,
diese Arbeit dadurch zu erleichtern,
daß sie in eine beliebige Zeit nach
den Herbstferien vorverlegt wird.
● Alle Gebäckarten, große Kuchen
und Kleingebäck, können gut zwei
Monate im Tiefkühlen lagern.
Ausnahme: Baisers und andere
Eiweißteige. Dieses Gebäck gehört
nicht in die Tiefkühltruhe, es wird
zäh.
● Ungebackene Teige lassen sich
ebenfalls zwei Monate tiefkühl
lagern.
● Jedes Gebäck schmeckt nach dem
Auftauen besser, wenn man es so
frisch wie möglich eingefroren hat.
Das gilt auch für gekauftes Gebäck:
nur abgekühlt verpacken und
einfrieren.
Daß man nicht den ganzen Weih-

nachtsvorrat auf einmal einfrieren kann, ist sicher selbstverständlich für jeden Gerätbesitzer. Jedes Tiefkühlgerät kann seiner Größe entsprechend nur zum Teil mit frischer Ware beschickt werden. Übersteigt man diese rund 15% des Fassungsvermögens, so steigt die Temperatur im Gerät an. Die Folge ist eine Qualitätsminderung und eine Verderbnisgefahr. Meist kann man diese 15% auch gerade an den Kontaktflächen des Gerätes unterbringen.

• So verpackt man Teig und Gebäck: Wie bei allen Tiefkühlvorräten gilt: Möglichst nicht mehr als 500 g oder Kuchen von 500 g Mehl in einem Paket einfrieren, denn sonst dauert es zu lange, bis das Gebäck eingefroren ist. Es ist auch praktischer, familiengerechte Portionsformen zu haben, denn alles, was einmal aufgetaut worden ist, muß gleich verbraucht werden. Es kann nicht noch mal eingefroren werden, und es wird schneller lasch und weich als anderes Gebäck.

• Rührkuchen und Torten sollte man deshalb in Scheiben schneiden und immer zwei oder vier Stück in einem Paketchen einfrieren. Legen Sie Folien zwischen die Scheiben, dann kann man die Stücke leicht voneinander trennen, und sie tauen einzeln schneller.

• Kleingebäck ebenfalls in Tüten oder Kartons verpacken, die etwa 250–300 g fassen. Man mischt ohne-hin gern verschiedene Weihnachtskeks im großen bunten Teller, braucht also immer viele, aber nur kleine Mengen.

• Rohe Teige, Knetteig, Hefeteig oder Quarkblätterteig, werden ebenfalls in Portionspaketen eingefroren. Einen Rührteig müßte man in die ausgefettete Kastenform füllen, weil das Backpulver sofort zu arbeiten beginnt und dann seine Wirkung verlöre. Rationeller und praktischer ist es aber, Rührkuchen gebacken einzufrieren.

• Rührkuchen und runde Tortenböden werden gleich in den Alubackformen gebacken und so tiefgefroren. Sie lassen sich darin besonders gut und bruchsicher stapeln, und wenn man sie nicht langsam tauen, sondern im Backofen servierfertig machen will, so hat man das Gebäck gleich in der richtigen Form.

• Torten und Biskuitrollen (der Jul-Stamm) ohne Backform setzt man vorsichtig auf mit Folie bezogene feste Pappe. Dann behalten sie ihre Form und brechen nicht.

• Kleines Weihnachtsgebäck kommt ebenfalls auf folienbezogene Pappunterlagen, die gerade die gewünschten Portionen beherbergen können. Oder man legt die Kekse auf ein Tiefkühltablett, friert sie unverpackt ein und füllt sie dann in Portionsbeutel. Zartes Gebäck wird ebenfalls unverpackt tiefgekühlt und dann bruchsicher in Kartons gefüllt.

● Fettreiche Kuchen halten sich ganz prinzipiell besser als trockene, alle Sandkuchenteige sind gut geeignet, besonders wenn sie mit hochwertiger Margarine gebacken worden sind.

● Fertige Bäckerprodukte und Brötchen lassen sich auch vorzüglich frieren, wodurch man auch an den Feiertagen zu frischen Brötchen kommen kann.

● Krokant, Glasuren und Schokoladenüberzüge werden erst nach dem Auftauen angebracht, denn Glasuren und Zuckergüsse werden leicht fleckig und stumpf. Krokant wird außerdem weich, wenn er taut, und rinnt davon.

● Blättrige Mandeln und gemahlene Nüsse für die Dekoration sollten möglichst auch nicht gleichzeitig mit eingefroren werden. Nüsse und Mandeln sind sehr fettreich und könnten ranzig werden. Unzerkleinert halten sie sich bei normaler Lagerung besser.

● Sollen Kuchen oder Tortenböden in Aluformen gebacken werden, ehe man sie einfriert, so werden sie lieber zu tief als zu hoch in den Ofen geschoben. Denn Aluminium leitet die Wärme schlechter als Weißblech, wodurch die Kuchen unten blasser als sonst werden können.

● Gebäck, das in der Backform eingefroren wird, wird mit doppelter Alufolie zugedeckt und zugeklebt.

● In Klarsichtfolie verpacktes Gebäck erleichtert Ihnen die Übersicht im weihnachtlichen Tiefkühlvorrat, doch empfiehlt es sich, alle Packungen außerdem zu beschriften. Es kann immer sein, daß ein Beutel in einem großen Tiefkühlgerät verloren geht, und dann niemand weiß, um was es sich handelt.

● Die Lagerzeit möglichst nicht überschreiten. Einfaches Gebäck, wie Hefebrot, einfacher Sandkuchen und Weißbrot, haben ein Lagermaximum von 6 Monaten, das fett-

reiche und nußreiche Weihnachtsgebäck sollte jedoch nie länger als 2 Monate im Tiefkühlen lagern.

● So taut man Gebäck auf: Entweder schnell im heißen Backofen auftauen oder langsam bei Zimmertemperatur. Zum Auftauen im Backofen eignet sich trocknes Gebäck ohne Überzug, Füllung oder Glasur, wie zum Beispiel Hefebrote, Kastenkuchen, Stollen, außerdem jegliches Fettgebäck.

Kleingebäck wie Kekse, Honig- oder Pfefferkuchen brauchen 5 Minuten bei 220–200° im vorgeheizten Ofen zum Auftauen.

Kleingebäck wie Brötchen oder ungefüllte Biskuitböden brauchen 10 Minuten im vorgeheizten Ofen bei 200°.

Weißbrot und flaches geformtes Gebäck wie Striezel oder Biskuitrollen brauchen bei 180–150° 40–50 Minuten.

Zum Auftauen bei Zimmertemperatur eignen sich alle weichen Gebäckarten besser. Man nimmt das Gebäck aus der Verpackung und muß es so lange tauen lassen:

Große Kuchen, Kastenkuchen, Napfkuchen, Stollen und Brote:
3–4 Stunden.

Flache Kuchen, Kleingebäck:
30–60 Minuten.

Torten, Napfkuchen und Stollen, Früchtebrot und Gewürzkuchen können noch gefroren mit einem Spezialmesser in Stücke gesägt werden, das verkürzt den Auftauprozeß erheblich. Noch besser ist es freilich, wenn man das Gebäck gleich in Scheiben einfriert, dann zerbricht es nicht beim Schneiden. Gebäck wird nach dem Auftauen gefüllt, mit Creme und Glasur überzogen und mit Puderzucker überstreut.

Ungebackene Teige müssen erst vollständig auftauen, ehe sie verarbeitet werden können. Das dauert bei den verschiedenen Teigarten:

Mürbteig und Honigkuchenteig von
500 g Mehl: 3–4 Stunden.
Selbstgemachter Hefeteig: 3–4 Stunden.
Beim Hefeteig muß man beachten:
Wenn er vor dem Einfrieren noch
·nicht gegangen ist, muß das jetzt
nachgeholt werden.

Wie schafft man die Arbeit?

Wer viel backt, backt für viele.
Warum sollen diese Vielen nicht
helfen? Mein Großvater, ehemaliger
preußischer Garde-Ulan und
·Patriarch, half Großmutter und mir
getreulich jedes Jahr, die schweren
Honig- und Sirupteige auszurollen
und auszustechen.
Die Männer und Jungen haben es
heute vergleichsweise leichter.
Unterdessen sind Küchenmaschinen
erfunden worden, und die klassische
Gebäckskala mit ihren oft umständ-
lichen Zubereitungsmethoden ist
entweder modernisiert oder durch
praktische einheimische Neuentwick-
lungen oder durch ausländische
Gebäckarten ergänzt worden.
Der langen Rede kurzer Sinn: Nicht
nur Mädchen, sondern auch Männer
sollen und können beim Weihnachtsbacken helfen. Im Barock saß auch
die ganze Familie beim Stollenbacken
um den Tisch herum. Sie mußten
noch die Butter selber schlagen, die
Rosinen verlesen, den Zucker läutern
und den Hutzucker zu Staub ver-
mahlen.

Wie bereitet man einen Backtag vor?

Man schreibt sich alle notwendigen
Zutaten auf und prüft, ob das notwendige Zubehör vom Backpinsel bis
zu den Ausstechformen vorhanden
und heil ist. Als nächstes ist dann der
Einkaufstag fällig, an dem Zutaten
jeglicher Art besorgt oder ergänzt
werden.
Schließlich gruppiert man die Arbeit
und backt immer an einem Tag die
Gebäcksorten, die durch ihre Zutaten
zusammengehören. Das spart Arbeit,
denn man braucht nur einmal
Eiweißschnee zu schlagen oder nur
einmal Nüsse zu mahlen oder nur
einmal Sirup oder Honig zu kochen.
Wer von jedem etwas backen will,
muß ungefähr eine Woche einkalku-
lieren.
● Ein Stollentag, an dem man am
Nachmittag vielleicht noch ein
Safranbrot oder Kletzenbrote machen
kann. Ist der Hefeteig für diese Brote
fertig, die Lust aber vergangen (oder
es kommt etwas dazwischen oder
man ist einfach müde), so ist das kein
Malheur, der unbearbeitete Hefeteig
wird einfach tiefgefroren.
● Ein Honigkuchentag, an dem auch
der Teig für braune Kuchen geknetet
wird. Sie müssen sowieso ruhen
und machen durch das Ausrollen so
viel Arbeit, daß man schon einen
zweiten Tag fürs Ausbacken braucht.
● Ein Mürbteigtag, an dem die
Kinder Zeit haben sollten, denn die

Sterne, Herzen, Tiere und Monde
aus Mürbteig werden gern von ihnen
mit Mandeln, Zuckerguß und Zuckerperlen verziert.
● Ein Eiweißtag für Zimtsterne und
Baseler Herzen, für Printen und
Nürnberger Lebkuchen, Makronen,
Springerle und Anisplätzchen, die
nur zubereitet werden brauchen,
weil sie über Nacht stehen müssen.
● Ein Kastenkuchentag für Früchtebrot und Torten, Bischofsbrot oder
Gewürzkuchen.
● Ein Würfeltag, an dem man ein
paar Bleche voll Schokoladen- und
Nußteige backt. Das kann man
auch im letzten Moment machen
oder wiederholen, um Lücken im
Vorrat zu füllen oder Lieblingsgebäck
zu ergänzen.
Zur Vorbereitung gehört auch, daß
man genug Kästen und Dosen zum
Aufbewahren des Gebäcks besitzt.
Am besten sind altmodische Blechdosen oder Porzellan- oder Steingut-
gefäße mit fest schließendem Deckel.
● Honigkuchen, Leckerli und Lebkuchen, die zuerst groß, hart und
splittrig sind, werden in der fest
verschlossenen Dose weich und köstlich. In manchen Familien ist es
Brauch, einen Apfel mit in die Dose
zu legen, der freilich oft ausgewech-
selt werden muß, weil er in fest
verschlossenen Dosen rasch zum
Schimmeln oder Faulen neigt.
● Mürbteig hält sich auch in gut
verschlossenen Gefäßen aus Blech

oder Porzellan am besten. Sehr fettreiche Teige sollten nicht zu lange
aufbewahrt werden, sie ranzen
allmählich. Sehr fettes Mürbgebäck,
auch Kekse mit Schokoladenglasur,
sollten durch Klarsichtfolien oder
durch Butterbrotpapierblätter Lage für
Lage voneinander getrennt werden.
● Makronen und Zimtsterne werden
steinhart, wenn sie offen liegen.
Viele mögen sie jedoch nicht so gern,
wenn sie in der Dose weich geworden
sind. Der Kompromiß: Sie werden in
einen Steintopf geschichtet, der mit
Pergament oder Alufolie verschlossen
wird. Oder man packt sie in einen
Karton mit Butterbrotpapierlagen.
Es wird gern eine Orangenschale als
Feuchtigkeits- und Aromaspender
dazu gepackt. Dann weichen die
Sterne nicht, trocknen aber auch nicht
zu sehr aus.
● Immer nur eine Gebäcksorte in ein
Gefäß tun. Das schützt das Aroma
einer jeden.

Back-Tips für alle Fälle
Zum Backen von braunen Kuchen
und Mürbteig braucht man mindestens zwei Bleche. Es tut dem Teig
nicht gut, wenn er auf noch heißes
Metall kommt, und man spart
außerdem Zeit, wenn man ein Blech
belegen kann, während ein anderes
backt. Alufolie hilft beim Weihnachtsbacken sehr: Man reißt back-
blechgroße Folienstücke von den
Rollen, legt Plätzchen und Honig-

kuchen auf diese Stücke und braucht jetzt das leer gewordene Blech nicht mehr mühsam einzeln zu besetzen, sondern legt nur rasch die volle Folie auf.

Kastenformen füttert man gleich mit Alufolie aus, weil man sich dadurch nicht nur das Saubermachen der Form spart, sondern den fertig gebackenen Kuchen gleich leicht herausnehmen und in der Folie eingewickelt aufbewahren kann.

Wenn für Kleingebäck Förmchen fehlen – zum Beispiel für Liegnitzer Bomben –, so schneidet man feste Alufolie in Quadrate und preßt diese über das Unterteil von Wassergläsern oder Bierflaschen. Die Ränder werden ordentlich umgeknifft, und die Förmchen können ohne Einfetten mit beliebigem Rührteig gefüllt werden. Danach zieht man die Folie einfach vom fertigen Gebäck ab.

Der einfachste Schokoladenguß: Man formt sich aus fester Alufolie einen Napf, füllt ihn mit in Stücken zerbrochener Vollmilchschokolade und stellt den Napf in den noch heißen Backofen. Dann kann man die geschmolzene Schokolade direkt aus dem Alugefäß auf den Honigkuchen oder über ein Gewürzbrot gießen.

Fetten Sie die Bleche mit einer Speckschwarte oder einem Backpinsel. Das geht schnell. Verwenden Sie dazu Fett, das nicht ranzig wird: Öl, Margarine oder Kokosfett.

Putzen Sie nach jedem Backgang Krümel und andere Reste mit Küchenkrepp oder einem dicken trockenen Pinsel vom Blech, sonst verbrennen die Überbleibsel und verderben die nächste Gebäcklage.

Besitzen Sie eine Marmorplatte? Das ist die beste Unterlage zum Kneten und Ausrollen, weil Marmor immer kühl bleibt, und das tut jedem Teig gut. Wenn Sie ohne Marmor backen, sollten Sie Ihre Hände von Zeit zu Zeit unter kaltem Wasser wieder kühl machen und keinen Teig länger als nötig bearbeiten.

Gemahlene und gehackte Mandeln und Nüsse können vor dem Verarbeiten etwas in Margarine angeröstet werden. Das hebt den Nußgeschmack. Mandeln und Nüsse werden niemals direkt vor dem Mahlen gewaschen, das schmiert.

Zitronen geben mehr Saft, wenn man sie kräftig rollt oder kurz in den heißen Backofen legt.

Abgeriebene Zitronen- oder Orangenschale braucht man für viele Weihnachtsrezepte. Reiben Sie ab September oder Oktober jede ungespritzte Orange oder Zitrone ab und mischen Sie die Schale mit Zucker. Jede Sorte für sich in einem verschlossenen Glas im Kühlschrank aufbewahren.

Klebrige Trockenfrüchte (Aprikosen, Feigen, Datteln) schneidet man mit einer nassen Küchenschere. Das klebt weniger.

Haben Sie viel Mürbteig zubereitet, so sollten Sie die Ausstechreste zum Schluß nicht auf Mehl, sondern auf Puderzucker ausrollen. Das macht den Teig nicht so trocken.

Haben Sie Angst, daß der Teig am Blech oder an der Form festklebt? Dann füttern Sie das Blech oder die Form mit Alufolie oder Backtrennpapier. Das empfiehlt sich besonders bei Baisers, Makronen und honigreichem Gebäck. Man braucht die Folien nicht zu fetten und kann sie ein paar Mal verwenden.

So rollt man Teige leichter aus: Kaufen Sie sich einen Wäschesprenger mit großen Löchern und füllen Sie ihn voll Mehl. Dann pudern Sie den Teig und die Tischplatte damit ein. Puderzucker füllt man dagegen in ein Sieb und reibt ihn mit einem Holzstößel durch. Auf diese Weise rieselt er ohne Klümpchen auf Kuchen und Stollen.

Die einfachste Art und Weise, Lebkuchen zu verzieren: Man legt auf die ganze Lebkuchenplatte ein Muster aus Würfelzuckerstücken, läßt über alles den Puderzucker schneien und nimmt dann die Zuckerwürfel fort. Dort wo sie gelegen haben, bleibt ein braunes Quadrat.

S-Figuren lassen sich leichter spritzen, wenn man das gefettete Blech leicht eingemehlt und dann mit einem Kochlöffelstiel S ins Mehl vorgezeichnet hat. Oder man zeichnet auf Trennpapier oder Alufolie die großen S vor.

Plätzchen verziert man am schnellsten, indem man sie nebeneinander auf den Rost legt, einen Backpinsel in Guß tunkt und einfach über alle Plätzchen wischt.

In alten Rezepten liest man: »... dann wird das Mehl zweimal gesiebt ...« Das ist heute überflüssig, denn wir heben unseren Mehlvorrat nicht mehr auf dem Dachboden in Holztruhen auf und lassen es uns nicht mehr vom Kaufmann aus Säcken in die Tüte schaufeln. Wir brauchen also nicht mehr Jutefusseln oder Holzspäne, Mehlwürmer oder andere nicht gerade geschmackshebende Zutaten auszusieben. Fertig abgepacktes Mehl ist sauber und klebt nicht. Es braucht also auch nicht gesiebt zu werden, damit es lockerer wird.

Hirschhornsalz und Pottasche gehörten in einer Zeit zur Weihnachtsbäckerei, als es noch kein Backpulver gab. Die Pottasche, ein organischer Stoff, säuert die schweren Honig- und Sirupteige für braune Kuchen nur langsam, was keine Rolle spielt, da diese Teige ohnehin gern ein paar Tage rasten sollen, damit sich ihr Gewürzaroma besser entfalten kann. In dieser Zeit verliert die Pottasche ihren stechenden Ammoniakgeschmack.

Wer Tradition liebt, wird auch heute noch braune Teige mit Pottasche zubereiten. Nötig ist es jedoch nicht. Man kann genausogut Backpulver verwenden. Auch ein Teig mit Backpulver kann mindestens über Nacht im Kühlen stehen und sein Aroma durchziehen lassen. Es ist nur wichtig, daß der Teig vor Wärme und Feuchtigkeit geschützt wird, sonst beginnen die beiden Säuren, die die Hauptbestandteile des Backpulvers sind, Natron und Weinsteinsäure, schon zu arbeiten und machen den Teig so locker, daß er sich schlecht ausrollen läßt. Diese chemische Reaktion soll erst im heißen Ofen stattfinden. Wenn Sie alte Rezepte von Pottasche auf Backpulver umstellen wollen, so brauchen Sie sich nur an folgende Faustregel zu halten: Ein Backpulver ist für Teige von 500 g Mehl gedacht. Springerle und Anisplätzchen gehören zu den Rezepten, vor denen viele Hausfrauen zurückschrecken, weil sie in Großmutters Kochbuch lesen: »Zucker und Eier rühre man eine Stunde lang . . .«

Der Grund für diese lange Rührzeit: Der Zucker muß sich vollständig gelöst haben, sonst zieht er Feuchtigkeit an und macht später das Gebäck weich.

Unsere elektrischen Handrührgeräte rühren nun wesentlich schneller und effektiver, als es Großmutter mit der Hand konnte. Wir brauchen heute also keine 60 Minuten mehr zu rühren, um die Eiercreme in den richtigen Zustand zu bringen, sondern wir sind nach etwa 10 Minuten fertig. Genaue Zeiten kann man nicht angeben, weil sich die Schneebesen der verschiedenen Handrührgeräte verschieden schnell drehen, und weil es auch auf den Zustand des Zuckers ankommt, wie rasch er sich vollständig löst. Gut ist es, feine Raffinade statt grobem Zucker zu verwenden, falsch ist es jedoch, Puderzucker zu nehmen: er klebt.

Wie setzt man Haushaltsmaschinen ein?

Ob man eine Küchenmaschine oder ein Handrührgerät besitzt, man plant sie genauso wie alles andere ein. Dazu muß man wissen, welche Mengen verarbeitet werden sollen.

• Mit dem Handrührgerät kann man Teige von 500–700 g Mehl zubereiten. Es ist also die ideale Hilfe für einen kleineren Haushalt.

• Die Küchenmaschine bewältigt Teige von 1000–1500 g, sie gehört also in den großen Haushalt, in dem oft gebacken wird. Beide Maschinen helfen, die Vorarbeiten beim Backen zu verkürzen. Wenn einem das Backen noch nicht so geläufig ist, schreibt man sich am besten vorher auf einem großen Zettel auf, welche Gebäckarten man in Angriff nehmen will und welche Vorarbeiten man koordinieren kann.

In vielen Weihnachtsteigen wird zum Beispiel Nuß- oder Mandelmehl verwendet. Es wäre mehr als umständlich, für jede 50 g extra den Mixer in Betrieb zu setzen. Schneller und einfacher ist es, wenn man die ganze Menge auf einen Schlag von der Maschine verarbeiten läßt. Ebenfalls in einem einzigen Arbeitsgang werden die Mandeln, die für den Stollen oder als Dekoration für Plätzchen bestimmt sind, im Raspelgerät der Küchenmaschine gestiftelt. Trockenfrüchte wie Rosinen, Sukkade, Weinbeeren und trockene Aprikosen werden ebenfalls auf einmal zerkleinert und dann in Gläsern aufbewahrt.

Wenn man zuerst die trockenen Zutaten zerkleinert (Mandeln und Nüsse) und dann erst die klebrigen (Rosinen und Sukkade), so spart man sich außerdem einmal Abwasch. Weiter: Vielleicht verwenden Sie für mehr als ein Gebäck Mürbteig. Dann wird der ganze Grundteig auf einmal geknetet. Danach wird er in zwei oder drei Portionen aufgeteilt, jede Portion wird nun für sich mit Zimt oder Mandeln, Schokolade oder Rosinen fertig gemacht.

Es kann passieren, daß Sie nicht alle fertigen Teige am Herstellungstag weiter verarbeiten. Dann wird der Teig in Alufolie gewickelt und in den Kühlschrank gelegt. Dort kann er ruhig ein bis zwei Tage warten, bis Sie Zeit für ihn haben.

Hefeteig

mit schweren Zutaten für Früchtebrote oder Stollen schafft die Küchenmaschine ausgezeichnet und ganz und gar. Haben Sie nur ein Handgerät, so müssen Sie zuerst den Vorteig mit allen Zutaten und nur der halben Mehlmenge in die Schüssel geben. Mit dem Knetwendel durcharbeiten, dann den Mehlrest mit der Hand dazukneten.

Es empfiehlt sich immer, Rosinen und Korinthen mit der Hand unter Teige zu kneten, denn die Rosinen werden besonders in der Küchenmaschine leicht zerrissen oder ganz und gar zerkleinert. Das macht den Teig von Früchtebrot und Stollen dunkel und auch ein wenig zu schwer.

Mürbteige

bis zu 500 g schafft der Knetwendel des Handgerätes. Für größere Mengen braucht man das Knetgerät der Küchenmaschine oder man arbeitet wieder in zwei Etappen: Man läßt sich das Fett, das Ei oder die Eidotter und ein Drittel bis die Hälfte des Mehles von dem Knetwendel des Handgerätes verarbeiten, gibt dann diesen Vorteig auf das übriggebliebene Mehl und knetet den Teig mit der Hand fertig.

Baiserteige

für Makronen und Zimtsterne werden mit dem Schlagbesen gerührt. Die Faustregel: Das Handrührgerät schafft einen Teig von 3–4 Eiweiß, für größere Mengen ist die Küchenmaschine geeigneter.

Honigteig

ist ziemlich zäh. Hier kommt man am besten mit der Küchenmaschine zu Rande. Auch wenn nur eine Menge von 500–700 g Mehl zu verarbeiten ist, gelingt er der stärkeren Maschine besser.

Beim Marzipanbacken

kann man den Grill ausgezeichnet gebrauchen. Bestreichen Sie Formen aus Rohmarzipan nach Königsberger Art mit Eiweiß und lassen Sie sie unterm Grill rasch gratinieren. Der Vorteil dieser Methode: Unter der heißen Grillschlange oder im Grillapparat trocknet der Marzipanteig nicht so schnell wie im 300° vorgeheizten Backofen. Außerdem wird die Eiweißglasur schöner und gleichmäßiger braun.

Wie backt man schnell und gut?

Die Weihnachtsbäckerei basiert vor allem auf drei Teigarten: auf dem Hefeteig, dem Knetteig (auch Mürb- oder Butterteig genannt) und dem Rührteig.
Für alle drei Teigarten sind neue Schnellmethoden im Zusammenhang mit den neuen Küchenmaschinen entwickelt worden. Suchen Sie sich die Methode aus, die Sie für Ihr Küchengerät brauchen.

Alles über Mürbteig

Der Mürbteig heißt Mürbteig, weil ihn sein Fettreichtum mürber macht als den sparsamen einfachen Knetteig. Er wird aber auch bröckeliger. Vanillekipferl vergehen einem auf der Zunge, sind aber für die Bäcker am schwersten zu arbeiten.

Sollte ein Teig aus Fett und Mehl allein schon beim Verarbeiten zu sehr krümeln, so verknetet man ihn mit 2–3 Eßlöffeln eiskaltem Wasser oder kühlem Weißwein pro 250 g Mehl. Wenn sich der Teig schlecht rollen oder ausstechen läßt, so verzichtet man auf das Ausstechen, formt eine Rolle, legt sie in Aluminiumfolie gewickelt für mindestens eine Stunde in den Kühlschrank und schneidet die Rolle dann in Scheiben. Dicke Rollen ergeben große Plätzchen, dünnere ergeben kleine.

Sehr mürben und zarten Mürbteig rollt man zwischen zwei Scheiben Aluminiumfolie oder Butterbrotpapier aus.

Jeder Mürbteig rollt sich besser, wenn er vorher etwa eine Stunde im Kühlen gelegen hat.

Vor dem Ausrollen besiebt man das Brett und den Teig mit Mehl, bei erlesenen Teigen kann man auch Puderzucker nehmen, und während des Ausrollens fährt man manchmal mit der Palette unter den Teig, damit er nicht klebt.

Teige von 250 g kann man auf einmal ausrollen, Teige von 500 g sollte man besser in zwei bis drei Partien teilen.

Der Teig soll wirklich gerollt und nicht gepreßt werden. Das Pressen nimmt dem Teig das Lockere, und wenn der Teig recht fett ist, so klebt er dann auch noch außerdem über die Gebühr.

Kleingebäck aus Mürbteig kann man auf die nicht gefetteten oder nur mit einem Fettpinsel abgebürsteten Bleche legen, denn Mürbteig ist so fett, daß er beim Backen schwitzt und sich selber auf einen Fettsockel setzt.

Beim Ausstechen sollte man so rationell wie möglich arbeiten. Es tut keinem Teig gut, wenn er immer wieder zusammengeknetet und ausgerollt wird. Bei den etwas komplizierteren Weihnachtsausstechformen – Hunde, Füchse, Schweine und anderes Getier – bleibt jedoch immer mehr Rest übrig, als wenn man nur Halbmonde aussticht. Sammeln Sie diese Reste und kneten Sie aus allen zusammen dünne Rollen für Brezeln oder Kringel. Das erspart Ihnen ein zweites Ausrollen.

Ausgestochene Figuren transportiert man mit einer Palette (Pfannenmesser) oder einem Messer mit breiter Klinge vom Backbrett aufs Backblech. Messer oder Palette werden auch von Zeit zu Zeit ins Mehl getunkt, damit der Teig nicht an ihnen haftet.

Mürbteig mit der Hand geknetet

Das im Rezept angegebene Mehl wird auf ein Backbrett gesiebt oder geschüttet, in die Mitte wird eine Vertiefung gedrückt und das Ei hineingegeben, falls das Rezept eines vorschreibt. Dann streut man

Zucker, Vanillezucker, Salz und die im Rezept angegebenen Gewürze in die Kuhle, verteilt das Fett in Flöckchen drumherum und arbeitet alle Zutaten mit Hilfe einer Gabel und danach eines Messers durch, bis sie eine leichte Bindung zeigen. Dann verknetet man den Teig rasch mit der Hand.

Mürbteig mit dem Handrührgerät verarbeitet

Das Mehl wird in eine hohe Schüssel geschüttet, alle übrigen Zutaten werden darüber verteilt und mit den Knethaken auf der niedrigen Schaltstufe verknetet. Je nach Gerät kann man zum Schluß auf höchster Schaltstufe arbeiten. Ein normaler Mürbteig ist in 3 Minuten fertig.

Mürbteig mit der Küchenmaschine gearbeitet

Das Mehl wird in die Rührschüssel der Küchenmaschine geschüttet oder gesiebt, darauf kommen Ei und andere Zutaten, dann verknetet man alle Zutaten mit den Knethaken auf niedriger Schaltstufe und arbeitet die letzten Runden auf der höchsten Schaltstufe.
Arbeitsdauer: 2–3 Minuten.

Alles über Hefeteig

Der Hefeteig ist der gemütlichste von allen Teigen, und er will es auch gern gemütlich haben, um recht zu gelingen. Die Küche und alle Zutaten sollen so warm, so gleichmäßig warm sein, wie es geht, und es darf auf keinen Fall Zugluft herrschen. Am besten gefällt es dem Teig, wenn die Luft in der Küche etwas feucht ist. Alle Backzutaten werden also mindestens eine Stunde vor Backbeginn aus Kühlschrank und Vorratskammern zusammengeholt. Gute Hefebäckerinnen wärmen auch die Steingutschüssel an, in der der Teig gearbeitet wird. Wer mit Küchenmaschinen arbeitet, braucht das nicht zu tun, denn die Kunststoffrührschüsseln nehmen die Wärme der Umgebung sofort an.

Meist arbeitet man mit frischer Hefe. Will man sie nicht gleich verbrauchen, so legt man sie auf keinen Fall in den Kühlschrank. Sie ist besser in einem Glas- oder Porzellangefäß aufgehoben, das wohl zugedeckt, aber nicht luftdicht abgeschlossen sein soll. Dann wird die Hefe normal kühl aufgehoben.

Trockenhefe

ist frische Hefe, der das Wasser entzogen worden ist. Da Hefe aber von Feuchtigkeit lebt, wird sie durch eine halbe Tasse Milch wieder so aktiv wie vor dem Trockenschlaf. Man braucht sie also nur nach Vorschrift mit Zucker und Milch anzurühren, dann hat die Trockenhefe wieder den Zustand der Frischhefe erreicht und kann normal weiter verwendet werden.
Der Inhalt von einem Beutel Trockenhefe reicht normalerweise für einen einfachen Teig von 500 g Mehl. Da der Weihnachtsstollen zu den schweren Hefeteigen rechnet, muß man meistens etwas mehr Treibmittel verwenden. Als Faustregel dient diese: 7 g Trockenhefe (Inhalt eines Beutels) entsprechen 25 g Frischhefe.
Wenn man Hefeteig mit der Küchenmaschine oder dem Handrührgerät arbeitet, entfällt der Vorteig und damit einmal Gehen. Weicher Teig geht schnell, die schweren weihnachtlichen Teige brauchen drei- bis viermal solange wie ein normaler Hefeteig für Striezel oder Weißbrot. Am einfachsten ist es, wenn man den Hefeteig während des Vorheizens auf den Herd stellt, so daß er bei 25–30° C,

der idealen Temperatur, aufgehen kann.

Hefeteig mit der Hand gerührt

Das Mehl wird in eine Schüssel gesiebt oder gelöffelt, in der Mitte wird eine Kuhle gemacht, in die man die Hefe, zwischen Daumen und Zeigefinger zerbröselt, hineingibt. Mit etwas warmer Milch und einem Teelöffel Zucker samt etwas Mehl zu einem Vorteig verrühren. Etwas Mehl darüberstreuen, als Vorteig solange an einem warmen Ort gehen lassen, bis er sich etwa verdoppelt hat. Man deckt die Schüssel dabei mit einem sauberen Küchentuch zu und achtet darauf, daß der Teig nicht durch Zugluft erschreckt wird.
Der Vorteig braucht je nach Frische der Hefe 20–40 Minuten zum Gehen. Danach wird er zuerst mit einem Holzlöffel mit etwas Milch verrührt und mit den restlichen Zutaten solange gerührt und geschlagen, bis sich der Teig vom Schüsselrand löst. Bei üppigen Teigen verrührt man zuerst Fett, Zucker und Eier und gibt diese Creme zum Vorteig.
Danach läßt man den Teig abermals gehen. Danach gibt man größere Geschmackszutaten wie Rosinen, gehackte Mandeln, Korinthen und Sukkade hinzu, knetet den Teig noch einmal durch, formt ihn endgültig und läßt ihn das letzte Mal vor dem Backen gehen.

Hefeteig mit dem Handrührgerät gearbeitet

Lauwarme Milch, Öl oder zerlassenes Fett, Zucker, Salz und Geschmackszutaten werden samt Mehl in eine hohe Schüssel gegeben. Die Hefe wird fein zerbröselt, gleichmäßig darüber verteilt: Alle Zutaten werden zuerst auf der niedrigen Schaltstufe des Handrührgeräts mit den Knethaken oder Knetwendeln verarbeitet und dann auf der höchsten Schaltstufe solange, bis sich der Teig vom Schüsselrand löst. Dann werden gröbere Geschmackszutaten, wie Mandeln, Rosinen, Korinthen usw. unter den Teig geknetet, und schließlich wird er zugedeckt und gehen gelassen.

Hefeteig mit der Küchenmaschine gearbeitet

Die Zutaten werden in der gleichen Reihenfolge wie im vorausgehenden Rezept in die Rührschüssel der Küchenmaschine gegeben. Dann bröselt man die Hefe fein und streut sie gleichmäßig darüber. Alle Zutaten werden zunächst auf der niedrigen und dann auf der höchsten Schaltstufe mit dem Knethaken solange verknetet, bis sich der Teig vom Schüsselrand löst. Dann werden die Knethaken herausgenommen, man knetet Rosinen, gehackte Mandeln und andere grobe Zutaten unter den Teig und läßt ihn zugedeckt gehen. Trockenhefe wird mit Zucker und

Milch (die Mengen sind auf den Paketen stets genau angegeben) zu frischer Hefe zurückverwandelt. Danach verwendet man sie bei allen drei Methoden genau wie frische Hefe: Man bereitet einen Vorteig, wenn man mit der Hand arbeitet, und man gießt die angemachte Trockenhefe zu den übrigen Zutaten, wenn man mit dem Handrührgerät oder der Küchenmaschine arbeitet.

Alles über den Rührteig

Die Rührteig-Bäckerin profitiert am meisten von den modernen Geräten, denn nun ist es tatsächlich ein Kinderspiel, Früchte- oder Gewürzkuchen zu backen.
Früher mußte Großmutter eine Stunde lang Butter, Zucker und Eier verrühren, denn ihr Arbeitsinstrument bestand in einem großen Holzlöffel, und es dauerte eine Zeitlang, bis man mit seiner Hilfe genug Luft in den Teig gerührt hatte. Heute rühren wir schon mit dem Schneebesen mit der Hand in 10 Minuten so viel Luft und Lockerkeit in den Teig, wie es per Holzlöffel erst nach 60 Minuten erreicht war. Wenn wir Elektrogeräte rühren lassen, so verkürzen wir die Rührstunde auf 3–4 Rührminuten. Obgleich das Rühren heute schneller und wirkungsvoller vonstatten geht, so sollte man noch immer gewisse Punkte beachten:
● Immer in eine Richtung zu rühren, empfiehlt sich auch heute noch für den, der mit der Hand arbeitet. Das Fett bildet mit der Flüssigkeit der Eier eine Emulsion, die so empfindlich ist, daß man sie nicht gefährden sollte. Das tut man am wenigsten, wenn man sie immer in einer Richtung rührt.
Das Arbeitsgerät muß genauso penibel sauber wie in Großmutters Küche sein, sonst kann lockerer Teig zusammenfallen.
Wer mit der Hand oder dem Handrührgerät arbeitet, sollte eine Schüssel mit abgerundeten Ecken nehmen, damit nicht am Boden der Schüssel unverarbeitete Zutaten absetzen.
Wer mit der Hand rührt, rührt die Creme aus Eiern, Fett und Zucker zuerst mit dem Schneebesen. Wenn man Mehl und Maizena hinzugibt, rührt sich der Teig besser mit einem Rührlöffel mit Loch.
Rührt man einen Teig mit hohen Fett- und Zucker-, aber geringen Mehlanteilen, so sollten alle Zutaten die gleiche Temperatur haben, am besten Zimmertemperatur. Auch das ist eine Garantie dafür, daß die Fett-Flüssigkeitsemulsion gut gelingt. Verarbeitet man zum Beispiel wärmeres Fett mit kalten Eiern, so kann die Emulsion gerinnen. Ist das geschehen, so stellt man die Rührschüssel in ein größeres Gefäß voll warmem Wasser und schlägt die Creme gleichmäßig und kräftig, bis sie wieder glatt ist. Danach wird die Schüssel aus dem Wasserbad genommen und weitergeschlagen, bis die Emulsion wieder kühl geworden ist.
Wenn man mit der Küchenmaschine arbeitet, gerinnt der Teig selten. Sollten während der Arbeit des Handrührgerätes Teige gerinnen, so streut man 1 oder 2 Eßlöffel Maizena oder Gustin darüber, dann wird der Teig wieder glatt.
Beim handgerührten Teig wird das Eiweiß zu Schnee geschlagen und zum Schluß vorsichtig unter den Teig gehoben. Bei den Maschinenteigen ist diese zusätzliche Lockerungshilfe überflüssig. Die Küchenmaschine rührt in den 3 oder 4 Minuten so viel Luft in den Teig, wie man auch mit Eischnee nicht in ihn hineinbekommen würde.
Bei der Küchenmaschine muß man

die Rührzeit jedoch sehr genau beachten und darf sie nicht zu lange rühren lassen, sonst wird der Teig überrührt, fällt beim Backen zusammen, und der Kuchen hat einen Klitschstreifen.

Rührteig mit der Hand gerührt

Das im Rezept angegebene Fett wird schaumig gerührt, dann werden die Geschmackszutaten hinzugegeben, danach abwechselnd Zucker, Eidotter und die Mehl-, Backpulver- und Stärkemehlmischung, die man eßlöffelweise zum Teig gibt. Zum Schluß rührt man die festen Geschmackszutaten wie geriebene Schokolade, geriebene Mandeln, kleingewiegtes Zitronat oder Orangeat dazu. Rosinen werden vorher gewaschen, gut abgetrocknet und in Mehl gewälzt, damit sie im Teig nicht nach unten sinken. Zum Schluß hebt man das steifgeschlagene Eiweiß unter den Teig.

Rührteig mit dem Hand- rührgerät gerührt

Das Fett wird in Flöckchen verteilt und in eine hohe Schüssel oder eine spezielle Backrührschüssel gegeben. Alle anderen Zutaten werden, bis auf die groben Geschmackszutaten, darüber verteilt. Mit dem Rührbesen werden nun alle Zutaten auf höchster Schaltstufe unter leichter Rührbewegung miteinander verrührt.

Zum Schluß werden die festen Geschmackszutaten unter den Teig gemischt. Sind sie sehr zahlreich, so rührt man sie lieber mit der Hand unter den Teig, denn zerrissene Rosinen färben ihn dunkel. Handelt es sich um sehr reiche Teige mit viel Fett und Eiern, ist der Teig in zwei Minuten fertig. Enthält das Rezept mehr Mehl und andere trockne Zutaten, so braucht man ungefähr 4 Minuten.

Rührteig mit der Küchen maschine gerührt

Das Fett wird in Flöckchen in die Rührschüssel gegeben, alle anderen Zutaten werden darüber verteilt. Auf höchster Stufe alles miteinander mit dem Rührbesen verrühren. Fett- und eireiche Teige brauchen $1^{1}/_{2}$–2 Minuten, Teige mit mehr festen Bestandteilen brauchen 3 Minuten. Feste Geschmackszutaten wie Mandeln, Rosinen, Zitronat, Orangeat, Walnüsse, Haselnüsse oder geriebene Schokolade werden entweder unter Betätigung des Momentschalters unter den Teig gemischt oder – falls das Gerät keinen Momentschalter besitzt – schnell mit dem Spatel unter den Teig gehoben. Werden Rührteige mit der Küchen maschine gearbeitet, so braucht man etwa $^{1}/_{3}$ weniger Backpulver als im ursprünglichen Rezept angegeben. Die Küchenmaschine rührt auch in der kurzen Zeit soviel Luft unter den

Teig, daß ein Zuviel an Backpulver dazu führen kann, daß der Teig beim Backen zusammensinkt und einen Wasserstreifen bekommt. Normalerweise wird der Rührteig höchstens dreiviertel voll in die Kasten- oder Napfkuchenform gefüllt, denn wenn man sie bis zum Rande füllte, so liefe der Teig über. Bei den besonders schweren Weihnachtsrezepten, die sehr viel Früchte und Nüsse, gemahlene Mandeln oder Rosinen enthalten, braucht man nicht mit einem so kräftigen Aufgehen zu rechnen. Es reicht, wenn ein fingerbreiter Rand frei bleibt.

Großes Gebäck

Urgroßvaters Weihnachtsstollen

Zutaten: 1 kg Mehl, 100 g Hefe, 1/4 l Milch, 250 g Zucker, 750 g Butter, nach Belieben 2 Eier, 250 g Rosinen, 250 g Korinthen, 50 g Zitronat, 50 g gemahlene Mandeln, 1/2 Teelöffel Salz, 1 Schnapsglas Rum, flüssige Butter zum Bestreichen, Puderzucker zum Bestreuen.
Zubereitung: Der Hefeteig für den Christstollen gehört zu den schwersten Teigen, die aus Hefeteig zubereitet werden. Deshalb ist es gut, wenn man alle Zutaten bereits am Vorabend des Backtages in der Küche zurechtstellt, damit sie alle miteinander durchwärmen und die gleiche Temperatur enthalten. Am besten arbeitet man den Teig so, daß man aus 50 g Zucker, der Hefe, der lauwarmen Milch und 250–300 g Mehl einen Vorteig rührt und ihn gehen läßt. Unterdessen werden Butter, Zucker, Salz, Rum und eventuell noch die geriebene Schale einer Zitrone samt den ganzen Eiern schaumig gerührt, mit etwas Mehl verrührt, und dann mit dem gegangenen Hefeteig kräftig ver-

knetet und geworfen, bis der Teig Blasen schlägt. Wenn alles Mehl verarbeitet ist, kommen die gewaschenen und gut abgetrockneten, in etwas Mehl gewälzten Rosinen und Korinthen samt allen anderen Geschmackszutaten hinzu. Es schmeckt ausgezeichnet, wenn man Rosinen und Korinthen am Vortag sorgfältig gewaschen und abgetrocknet hat und über Nacht in einer Tasse Rum hat weichen lassen. Achtung: Auch wenn Sie mit der Küchenmaschine arbeiten (siehe Seite 72), so sollten Sie Rosinen, Korinthen und Mandeln mit der Hand unter den Teig kneten. Jetzt wird der Teig leicht mit Mehl bepudert, mit einem Tuch zugedeckt und an einem warmen Ort mindestens zwei Stunden gehen gelassen. Den gegangenen Teig formt man meistens in zwei gleich große Stollen, denen man folgenderweise die typische Form gibt: Jeder Hefelaib wird in der Mitte mit dem Rollholz etwas flachgedrückt, übereinandergeschlagen, mit zerlassener Butter bestrichen und 60–70 Minuten im auf 175 Grad vorgewärmten Backofen gebacken.

Mandelstollen

Zutaten: 1 kg Mehl, 80 g Hefe, 1/4 l Milch, 125 g Zucker, 300 g gemahlene süße und 20 g bittere Mandeln, 125 g feingewiegtes Zitronat, 3 Beutel Vanillezucker, 500 g Butter, 1 Glas Rum und 1 Teelöffel Salz.
Zubereitung: Der Teig wird wie bereits angegeben gearbeitet, geformt und gebacken.

Steierisches Kletzenbrot

Zutaten für den Teig: 500 g Mehl, 40 g Hefe, 1/4 l Milch, 50 g Zucker, 50 g Butter.
Zutaten für die Füllung: 500 g Kletzen (Dörrbirnen), 250 g Trocken-

pflaumen, 250 g Feigen, 100 g
Orangeat, 100 g Zitronat, 100 g Mandeln, 100 g Haselnüsse, 100 g Walnüsse, 250 g Rosinen, 250 g Wein-
beeren, die abgeriebene Schale einer
Zitrone, die abgeriebene Schale einer
Apfelsine, 1 Teelöffel Zimt,
1 Teelöffel Nelken, 1 Glas Rum,
2 Päckchen Vanillezucker.
Zubereitung: Die Kletzen werden
fast weichgekocht, abgetropft. Im
Kletzensaft werden die Trocken-
pflaumen gekocht, bis sie den Saft
aufgesogen haben. Kletzen, entsteinte
Pflaumen, Feigen, Orangeat und
Zitronat kleinschneiden, Mandeln
und Nüsse hacken und alles mit
Rosinen, Weinbeeren, Zitronen- und
Apfelsinenschale, Zimt, Nelken,
Rum und Vanillezucker mischen.
Die Zutaten für den Teig nach den
Angaben auf Seite 72 mit der Hand
oder der Küchenmaschine zu einem
Hefeteig verarbeiten, gut verkneten
und aufgehen lassen. Der Teig wird
geteilt, unter die erste Hälfte werden
die gemischten kleingeschnittenen
Früchte geknetet. Das ist mühsam,
man hat im Anfang das Gefühl, zu
viele Früchte zu haben. Aus der
Teig-Fruchtmasse 3 Wecken formen,
die zweite Hälfte des Teiges dritteln,
dünn ausrollen und die Früchte-
wecken darin einwickeln. Mit einer
Gabel Muster in den Teig stechen
und ihn gut zugedeckt am warmen
Ort aufgehen lassen. Das dauert bei
diesem schweren Teig mehrere

Stunden. Im vorgeheizten Backofen
bei Mittelhitze etwa 90 Minuten
ausbacken. Heiß mit Milch bestreichen und vor dem ersten Anschnitt
mindestens eine Woche lang fest
eingeschlagen in Folie ruhen lassen.
Wer zum ersten Mal ein Kletzenbrot
backt, kann die Teigmenge ver-
doppeln. Das geht leichter.

Skandinavisches Safranbrot

Zutaten: 500 g Mehl, 40 g Hefe,
$^1/_8$ l Milch oder Sahne, 50 g Zucker,
eine Prise Salz, 2 Eier, 100 g Margarine oder Öl, 1 Eßlöffel Rum,
$^1/_2$ Teelöffel Safran, $^1/_2$ Tasse
gewaschene und abgetrocknete Weinbeeren oder Rosinen und 50 g
gemahlene Mandeln.
Zubereitung: Nach dem Heferezept
auf Seite 71 wird ein Teig gearbeitet,
den man gehen läßt und dann zu
einem geflochtenen Striezel verarbeitet. Der Zopf muß abermals gehen,
wird dann mit einem zerquirlten
Eidotter bestrichen und mit blättrig
geschnittenen Mandeln bestreut.
Das Brot wird in einen auf 200 Grad
vorgeheizten Backofen geschoben
und ist nach 35–40 Minuten gar.

Mohnpotize

Zutaten: 500 g Weizenmehl, 30 g
Zucker, 30 g Hefe, 1 Päckchen
Vanillezucker, 1 Prise Salz, 100 g
Margarine oder Öl, 3 Eigelb und
2 Eiweiß, $^1/_8$ l Milch.

Zutaten für die Fülle: 250 g gemahlener Mohn, 4 Eßlöffel Honig, 1 Beutel Vanillezucker, 1 Messerspitze Zimt, Weißwein, eventuell 100 g Mandeln.

Zubereitung: Man knetet den Hefeteig nach Vorschrift, rollt ihn nach dem Gehen aus und bepinselt ihn mit Margarine oder Butter.
Zur Mohnfülle läßt man den Honig heiß werden, verrührt ihn mit dem gemahlenen Mohn und den Gewürzen, gibt soviel Weißwein hinzu, wie die Fülle braucht, um nicht allzu flüssig zu werden. Wenn man mag, kann man noch eine Handvoll gemahlene Mandeln dazugeben. Dann streicht man die Fülle auf den Teig, rollt die Potize zusammen, dreht sie schneckenförmig und legt sie in den gut gefetteten Rand einer großen Springform aufs ebenfalls gefettete Blech. Die Potize wird in den auf 200 Grad vorgeheizten Backofen geschoben und braucht etwa 20 Minuten. Sie wird noch heiß mit einer Glasur aus Puderzucker und Vanille überzogen.

Tiroler Weihnachtsstrudel

Zutaten für den Teig: 500 g Mehl, 300 g Butter oder Margarine, 200 g Zucker, 4 Eigelb, eine Messerspitze Salz, abgeriebene Schale einer Zitrone oder 1 Beutel Vanillezucker.
Zutaten für die Fülle: 100 g Walnüsse, 100 g Haselnüsse, 100 g Mandeln, 70 g Datteln, 100 g getrocknete

Aprikosen, 50 g Weinbeeren, 4 Eßlöffel Rum, 200 g Honig.
Zubereitung: Aus den angegebenen Zutaten wird rasch ein Mürbteig geknetet, eine halbe Stunde im Kühlen ruhen gelassen und halbfingerdick ausgerollt. Die Nüsse werden grob gehackt, die Trockenfrüchte entkernt und kleingeschnitten, die Weinbeeren werden gewaschen. Alles wird mit dem Rum verrührt, der ausgerollte Mürbteig wird mit dem Honig bestrichen, mit den gemischten Früchten bestreut, zu einem Strudel zusammengerollt und mit der glatten Seite nach oben auf ein leicht gefettetes Backblech gelegt. Dann wird er mit einem Eigelb bestrichen, das mit einem Eßlöffel Wasser verquirlt worden ist und bei 190 Grad im vorgeheizten Ofen 45 Minuten gebacken.

Graubündener Nußtorte

Zutaten für den Teig: 300 g Mehl, 150 g Butter, 125 g Zucker, eine Prise Salz, 1 Ei, 1 Eigelb.
Zutaten für die Fülle: 300 g gemahlene Walnüsse oder Haselnüsse, 250 g Zucker, $1/_8$ l Sahne, 2 Eigelb, 2 Eßlöffel Honig.
Zubereitung: Aus den angegebenen Zutaten einen Mürbteig kneten, eine halbe Stunde ruhen lassen, knapp $2/_3$ des Teiges ausrollen, in eine leicht gefettete Springform legen und einen Rand formen. Dann röstet man den Zucker blond, gibt

gemahlene Nüsse hinzu, nimmt den Topf vom Herd, rührt die Sahne, das Eigelb und den Honig dazu, gießt die Fülle auf den Tortenboden, rollt das letzte Drittel Teig aus und deckt es als Deckel über die Torte. Den Rand gut festkniffen, den Teigdeckel ein paar Mal mit der Gabel einstechen und die Torte in dem auf 200 Grad vorgeheizten Ofen 30–40 Minuten lang backen.

Man kann den ungebackenen Tortenboden auch mit Aprikosen- oder Apfelkonfitüre bestreichen, ehe man die Fülle einfüllt. Man kann auch die Decke variieren: Man radelt aus dem Teig Streifen und flicht ein Gittermuster über der Nußfülle. Die Torte sollte 2–3 Tage ziehen können.

Makronentorte

Zutaten für den Teig: 250 g Mehl, 125 g Fett, 65 g Zucker, 1 Ei oder 1 Eigelb, 1 Beutel Vanillezucker oder die abgeriebene Schale einer Zitrone.
Zutaten für die Makronen: 4 Eiweiß, 1 Teelöffel Zitronensaft, 200 g Puderzucker, 1 Beutel Vanillezucker, 300 g gemahlene Mandeln, Dekorationen.
Zubereitung: Aus den angegebenen Zutaten einen Mürbteig kneten, eine halbe Stunde ruhen lassen, auf bemehltem Backblech ausrollen, eine Form damit ausfüttern und einen mittelhohen dünnen Rand kneten. Dann schlägt man die Eiweiß mit dem Zitronensaft steif, gibt den Zucker und den Vanillezucker löffelweise hinzu und hebt zum Schluß die gemahlenen Mandeln darunter. Kleine Kügelchen aus der Makronenmasse mit dem Teelöffel abstechen, nebeneinander auf den Tortenboden setzen, in jedes Makronenhäufchen eine kleine Kuhle drücken und einen Teelöffel steifes Gelee oder Quittenbrot oder eine halbe kandierte Kirsche hineinsetzen. Mit

diesen Dekorationszutaten kann man auch die Lücken zwischen den Makrönchen füllen. Die Torte wird bei 180 Grad im vorgeheizten Ofen 40–45 Minuten gebacken.
Den Makronenteig kann man so abwandeln, wie Sie es auf Seite 87 lesen.

Granny's Fudge Cake

Zutaten für den Kuchen: 200 g Mehl, 125 g Margarine oder Butter, 250 g Zucker, 2 Eier, 1 Tasse Milch, 125 g geriebene Kochschokolade, 1 Messerspitze Salz, 1/2 Beutel Backpulver.
Zutaten für die Schokoladenglasur: 200 g Schokolade, 2 Eßlöffel Margarine oder Kokosfett, 2 Eßlöffel Ahornsirup, 2–3 Eßlöffel Milch.
Zubereitung: Die Zutaten für den Teig werden auf einmal in eine Schüssel gegeben und mit dem Handrührgerät auf der höchsten Schaltstufe gut verrührt. Gesamtrührdauer etwa 2 Minuten. Der Teig wird in eine gut ausgefettete Springform von 24 cm Durchmesser gefüllt, 30 Minuten bei Mittelhitze im vorgewärmten Ofen gebacken, wobei der Teig nicht vollkommen trocken werden darf. Wenn Sie mit der Fingerspitze leicht darauf drücken, soll er noch weich und elastisch sein. Der Kuchen kühlt zehn Minuten auf einem Drahtuntersatz in der Form ab, wird dann aus der Form genommen und kühlt weiter auf einem Drahtuntersatz ab.
Die Zutaten für die Schokoladenglasur werden im Wasserbad oder auf der Automatikplatte schmelzen und köcheln gelassen, bis die Glasur glatt und glänzend ist. Sie soll vorm Verarbeiten leicht abkühlen.
Wer einen größeren Kuchen haben will, verdoppelt die Zutatenmengen von Teig und Glasur, backt in zwei Springformen zwei Platten aus, bestreicht einen abgekühlten Kuchen

mit der einen Hälfte der Glasur, kann noch ein paar gehackte Nüsse oder Mandeln darüber geben, setzt den zweiten Kuchen vorsichtig darüber und gießt den Rest der Glasur über das stattliche Gebäude. Natürlich sieht es auch schön aus, wenn der mit einer Schokoladenglasur gefüllte Kuchen zum Schluß mit einer weißen Puderzuckerglasur überzogen und mit Schokoladenplätzchen mit Liebesperlen oder mit kleinen Marzipanförmchen dekoriert wird.

Schichttorte

Zutaten: 500 g Mehl, 250 g Zucker, 2–3 Beutel Vanillezucker, 1 Prise Salz, 300 g Butter oder Margarine, 3 Eigelb, 2 Eiweiß.

Zubereitung: Aus diesen Zutaten wird ein Mürbteig geknetet, der eine halbe Stunde ruht. Dann wird er ausgerollt und zu zehn bis zwölf dünnen Teigplatten gebacken. Sie sollen nur leicht hellbraun werden, bleiben also nur 8–10 Minuten im auf 200 Grad vorgeheizten Ofen und erkalten etwas. Dann werden sie abwechselnd mit Johannisbeer- und Orangenmarmelade bestrichen und aufeinandergesetzt. Über Nacht beschwert man sie – wer es noch hat – mit Großmutters eisernem Bügeleisen. Danach wird die Schichttorte mit einer Puderzuckerglasur überzogen und gewinnt an Beschaffenheit und Geschmack, wenn sie vor dem

Anschnitt ein bis zwei Tage stehen kann. Variation: Man ergänzt den Teig durch 50 g gemahlene Mandeln.

Baumkuchen-Torte

Zutaten: 250 g Butter oder Margarine, 2 Päckchen Vanillezucker, 200 g Zucker, 5 Eier, 125 g Mondamin, 125 g Mehl, 1 Messerspitze Kardamom, 1 Messerspitze Zimt, 50 g abgezogene gemahlene Mandeln, 1 Eßlöffel Rosenwasser, 1 Eßlöffel Rum.

Zubereitung: Aus den angegebenen Zutaten mit der Hand oder dem Handrührgerät einen Rührteig bereiten, den Boden einer Springform von 24 cm oder 26 cm Durchmesser fetten, eine dünne Teigschicht gleichmäßig darüberstreichen und im vorgeheizten Backofen bei starker Oberhitze oder unter dem vorgeheizten Grill goldgelb abbacken. Einen weiteren Eßlöffel Teig darübergießen und verstreichen, abbacken und so weiter verfahren, bis der Teig verbraucht ist. Der Kuchen kühlt nach dem Backen aus und wird mit einem Guß überzogen und nach Belieben verziert.

Wenn man keinen Backofen besitzt, kann man den Baumkuchen auch vorzüglich in einer Kastenform im Grillapparat zubereiten.

Gerne wird die Torte auch mit 3 Eßlöffeln Aprikosenmarmelade bestrichen, mit einer Decke aus 150 g ausgerollter Marzipanrohmasse bedeckt und mit Mustern verziert, die man sich aus der restlichen Marzipanmasse formt.

Baumkuchenspitzen

entstehen folgendermaßen: Die Hälfte des Teiges wird etwa zehn Schichten hoch in einer Springform von 24 oder 26 cm Durchmesser abgebacken und gestürzt. Danach wird die zweite Hälfte des Teiges ebenso abgebacken. Beide Platten werden in 4 cm breite Streifen und diese wiederum in Dreiecke geschnitten. Dann löst man 400 g Schokoladencouvertüre im Wasserbad oder auf der Automatikplatte auf, gießt den flüssigen Schokoladenüberzug in eine mit heißem Wasser ausgespülte Porzellanschüssel, legt ein paar Gebäckstücke auf einen Bratenwender, hält den Bratenwender über die Schüssel und gießt mit einem Eßlöffel den Guß darüber. Auf diese Weise rinnt der flüssige und überflüssige Guß immer wieder in die Schüssel zurück, und es gibt kein überflüssiges Gekleckere und Geschmiere.

Sterntorte

Zutaten für den Teig: 200 g Butter oder Margarine, 175 g Zucker, 4 Eier, 125 g Mehl, 75 g Mondamin, 1 gestrichener Teelöffel Backpulver, 60 g geriebene Kochschokolade, 100 g abgezogene und gemahlene Mandeln, die abgeriebene Schale einer Orange, 1 Beutel Vanillezucker, 1/2 gestrichener Teelöffel Zimt, 1 Messerspitze gemahlene Nelken.
Guß: 125 g Schokoladenfettglasur.
Zum Verzieren: einige Mandeln.
Zubereitung: Aus allen Zutaten einen Rührteig zubereiten (siehe Seite 73), den Teig in eine nur am Boden gut gefettete Springform von 24 cm Durchmesser füllen und in den auf 175–200 Grad vorgeheizten Herd schieben. Der Kuchen ist nach 60–70 Minuten gar. Bitte machen Sie die Stricknadelprobe.
Nach dem Backen wird der Kuchen aus der Form genommen, muß abkühlen und wird dann mit der Schokoladenglasur überzogen. Mit abgezogenen ganzen Mandeln kann man die Torte nach Belieben verzieren.

Nußtorte

Zutaten: 250 g gemahlene Nüsse, 250 g Zucker, 250 g Grieß, 1 Ei, 1/4 l Milch, 1 Backpulver, 1–2 Beutel Vanillepulver.
Zubereitung: Aus allen angegebenen Zutaten wird ein Rührteig gearbeitet und in einer gut gefetteten Springform von 26 cm Durchmesser 40 Minuten lang im vorgeheizten Ofen bei 180–200 Grad gebacken. Der Nußkuchen wird mit einer Zitronen- oder Rumglasur aus Puderzucker überzogen und hält sich lange frisch.

Bischofsbrot

Zutaten: 5 Eier, 250 g Puderzucker, 250 g Margarine oder Butter, 250 g Mehl (zur Hälfte Mondamin), 1 Gläschen Rum, 50 g grob gemahlene Mandeln, 100 g Zitronat oder Orangeat oder würflig geschnittenes steifes Quittenmus, 50 g Rosinen, 1 Messerspitze Zimt.
Zubereitung: Aus den angegebenen Zutaten wird nach den Angaben auf Seite 73 ein Rührteig gerührt, in eine gut ausgefettete und ausgebröselte Kastenform gefüllt und 60–70 Minuten (Stricknadelprobe) im auf 180–200 Grad vorgeheizten Backofen gebacken. Danach wird es mit Puderzucker überpudert.

Dunkles Bischofsbrot

Man bereichert den leichten Sandkuchenteig durch 100 g gemahlene oder geriebene Vanilleschokolade und überzieht den gestürzten Kuchen mit einem Schokoladenguß.

Dunkles Früchtebrot

Zutaten für den Teig: 100 g Margarine oder Butter, 100 g Zucker, 150 g geriebene Milchschokolade, 1 Messerspitze Kardamom, ¼ Tasse Ahornsirup oder 250 g braunen Zucker, 4 Eier, 350 g Mehl, 1 Prise Salz, Saft einer halben Zitrone, ¼ Tasse Sherry, 1 Messerspitze Zimt, 1 Beutel Backpulver.

Fruchtmischung: 250 g grobgehackte Walnüsse, 250 g helle gewaschene und in Rum gequollene Rosinen, 150 g Orangeat und Zitronat, 125 g feingeschnittene getrocknete Feigen oder Datteln, 125 g kandierte Ananas oder feingeschnittene Trockenaprikosen und 125 g kandierte Kirschen.

Zubereitung: Die Fruchtmischung wird in eine Backschüssel gegeben und gut durcheinandergemengt, dann bereitet man aus den Zutaten für den Teig nach den Angaben auf Seite 73 einen Rührteig und gießt ihn über die Fruchtmischung. Man füllt diesen Teig in eine große oder zwei kleine Kastenformen, die gut gefettet und ausgebröselt oder mit Pergamentpapier oder Aluminiumfolie gefüttert sein müssen. Der Früchtekuchen backt 70–80 Minuten bei 175 Grad im vorgeheizten Ofen. Der oder die Kuchen sollen in der Form auskühlen und werden mit einer Rum- oder Zitronenglasur überzogen.

Helles Früchtebrot

Man rührt keine Schokolade unter den Teig und läßt das halbe Pfund braunen Zucker fort.

Honigbrot

Zutaten: 500 g Honig, 5 Eßlöffel Öl oder zerlassene Margarine, 1 Ei, 125 g gemahlene Mandeln, 250 g Zucker, 100 g geriebene Schokolade, 1 Teelöffel gemahlenen Zimt, 1 Messerspitze Nelkenpfeffer, die abgeriebene Schale einer Zitrone, 500 g Mehl, 1 Päckchen Backpulver, 3 Eßlöffel Milch und 75 g Zitronat.

Zubereitung: Der Honig wird auf der Automatikplatte heiß und flüssig gemacht und mit dem Fett verrührt. Dann nimmt man ihn vom Herd, läßt ihn fast erkalten und rührt nach und nach Ei, Geschmackszutaten und das mit dem Backpulver gemischte Mehl abwechselnd mit der Milch hinzu. Der Teig wird in eine gefettete, mit Pergamentpapier oder Alufolie ausgelegte Kastenform gefüllt und muß 80–90 Minuten im vorgeheizten Ofen bei 175 Grad backen.

Man kann ihn selbstverständlich auch in einer gut gefetteten und gut ausgelegten Springform backen. Er kann mit Puderzucker bestreut werden, oder man kann ihn mit einer weißen Glasur überziehen, die mit halbierten abgepellten Mandeln dekoriert wird.

Klassisches Weihnachtskleingebäck

Wiener Vanillekipferl

Zutaten: 150 g Mehl, 1 Eigelb, 50 g Zucker, 50 g Vanillezucker, die abgeriebene Schale einer Zitrone, 100 g Butter oder Margarine, 50 g gemahlene Mandeln, Puderzucker.

Zubereitung: Aus allen Zutaten wird rasch und mit kühlen Händen ein Mürbteig geknetet, zu einer Rolle geformt und kaltgestellt. Nach einer halben Stunde rollt man den Teig zu daumendicken Schlangen, formt Hörnchen, legt sie auf ein ungefettetes Blech und backt sie bei Mittelhitze in etwa 15–20 Minuten golden. Die noch warmen Kipferl werden mit Puderzucker besiebt. Achtung, sie zerbrechen leicht, eignen sich also nicht zum Verschicken.

Schwabenbrötchen

Zutaten: 250 g Butter oder Margarine, 250 g Zucker, 250 g geriebene Haselnüsse, 1 Messerspitze Zimt, 2 Eiweiß, 375 g Mehl.

Zum Bestreichen: 2 Eigelb, ¹/₂ Eßlöffel Milch.

Zubereitung: Die angegebenen Zutaten werden zuerst wie ein Rührteig gerührt und auf dem Backbrett noch rasch geknetet. Der Teig darf jedoch nicht lange geknetet werden, sonst werden die Schwabenbrötchen nicht so knusprig und zart, wie sie sein können. Den Teig eine Stunde kalt stellen. Er wird ¹/₂ cm dick ausgerollt, zu Sternen, Herzen oder Kreisen ausgestochen, auf ein gefettetes Backblech gelegt, mit dem Eigelb bestrichen, das man mit etwas Milch verquirlen kann, und bei 175 Grad im vorgeheizten Backofen blond gebacken.

Herrenhuter Mürbteiggebäck

Zutaten: 125 g Butter oder Margarine, 2 Eier, 150 g Zucker, 350 g Mehl, 100 g Mondamin, ¹/₂ Beutel Backpulver, 1 Eßlöffel Rum.

Zubereitung: Fett, Eier und Zucker werden mit etwas Mehl schaumig gerührt und dann mit dem Rest des Mehls verknetet. Den gut durchgearbeiteten Teig messerrückendick ausrollen, Formen ausstechen oder Kringel und Brezeln formen, bei 200 Grad im vorgeheizten Ofen in knapp 10 Minuten golden backen und noch heiß mit geschlagenem Eiweiß bestreichen.

Man kann das Gebäck auch mit halbierten Mandeln oder mit bunten Zuckerperlen verzieren. Es hält sich ausgezeichnet in Blechdosen und auf dem Christbaumteller.

Holsteiner Sirupkuchen

Zutaten: 500 g Zucker, 500 g Sirup, 500 g Butter oder Margarine, 1250 g Mehl, 2 Beutel Backpulver, 1 Eßlöffel Zimt, 1 Eßlöffel Kardamom, 125 g feingewiegte Sukkade, 250 g

gepellte gemahlene Mandeln, die
abgeriebene Schale einer Zitrone,
1 Messerspitze Salz.

Zubereitung: Das Fett wird auf der
Automatikplatte oder schwacher
Hitze zerlassen, dann kommt der
Sirup dazu, der Topf wird vom Herd
genommen, mit Zucker, den Gewürzen und Mehl verrührt. Dann wird
der braune Kloß auf den Rest des
Mehls geschüttet und gut durchgeknetet. Der Teig wird sehr dünn
ausgerollt, ausgestochen und auf dem
dünn mit Fett bestrichenen Blech bei
200 Grad rund 10 Minuten gebacken.

Zimtsterne 1

Zutaten: 125 g Zucker, 125 g Fett,
250 g Mehl, 2 Eier, 15 g Zimt.

Zubereitung: Aus den Zutaten einen
Mürbteig kneten, nicht zu dünn
ausrollen, Sterne ausstechen, bei
Mittelhitze in 10 Minuten backen.
Man kann sie danach mit Eiweiß
bestreichen und mit grobem Zucker
bestreuen.

Zimtsterne 2

Zutaten: 3 Eiweiß, 250 g Puderzucker,
1 Beutel Vanillezucker, 3 Tropfen
Bittermandel-Aroma, 1 Teelöffel

Zitronensaft, 1 Teelöffel Zimt, 350 bis 400 g gemahlene Mandeln, Margarine.

Zubereitung: Eiweiß mit dem Zitronensaft steifschlagen, Puderzucker sieben und löffelweise darunterschlagen. Zwei Eßlöffel voll zum Glasieren zurücklassen. Den Rest mit Gewürzen und Mandeln glatt verkneten. Auf Puderzucker dick ausrollen. Sterne ausstechen, auf ein Blech mit gefettetem Butterbrotpapier oder ungefetteter Alufolie legen und mit der Eiweißmasse glasieren. Über Nacht stehen und trocknen lassen. Bei schwacher Hitze etwa 25 Minuten mehr trocknen als backen.

Basler Leckerli

Zutaten: 2 Eiweiß, 125 g gemahlene Nüsse, 125 g gemahlene Mandeln, 250 g Puderzucker, 1 Eßlöffel Honig, 50 g feingewiegtes Orangeat, 1/2 Teelöffel Zimt, 1/2 Teelöffel Nelkenpfeffer, 1 Beutel Vanillezucker, Zucker zum Ausrollen.

Zubereitung: Nüsse und Mandeln werden mit der Hälfte des Zuckers, Orangeat, Honig und Zimt vermischt. Das Eiweiß wird steifgeschlagen, mit der anderen Hälfte des Zuckers, den man löffelweise dazugibt, weiter geschlagen und dann unter die Nußmasse gemischt. Der Teig wird auf grobem Zucker dick ausgerollt, man sticht Sterne oder Herzen aus und legt sie auf Oblaten aufs ungefettete Backblech oder auf

Alu- oder Spezialfolien, die man auf das Backblech gelegt hat. Klebt der Teig beim Ausstechen sehr, muß man die Hände mit kaltem Wasser befeuchten. So läßt sich der Teig besser behandeln. Die Sterne werden bei Mittelhitze von 180 Grad etwa 15 Minuten gebacken. Danach werden sie vorsichtig vom Blech genommen oder von der Folie gepellt und noch heiß mit Zuckerguß überstrichen, den man sich aus 125 g Puderzucker mit 1 1/2 Eßlöffeln heißem Wasser verrührt.

Wiener Branntweinkranzerln

Zutaten: 250 g Mehl, 2 Eigelb, 250 g Zucker, abgeriebene Schale einer Zitrone, 1/2 Teelöffel Nelkenpfeffer, 1 Eßlöffel Rum oder Arrak, 250 g Butter oder Margarine, 200 g geriebene Mandeln.

Zum Bestreichen: Eigelb und Weinbrand. *Zum Bestreuen:* Hagelzucker.

Zubereitung: Aus allen angegebenen Zutaten einen Mürbteig kneten, über Nacht am kühlen Ort ruhen lassen. Am nächsten Tag ausrollen, Kränze ausstechen, wobei man mit einem Weinglas und einem kleinen Schnapsglas arbeitet, die Kränze mit einer Mischung aus Eigelb und Weinbrand bestreichen, dick mit Hagelzucker bestreuen und bei 175–180° in 10 Minuten backen. Die Kranzerln sollten erst nach einer Woche gegessen werden.

etwas mit Zitronensaft. Sie können
auch eine Prise Zimt dazugeben.
Heben Sie zum Schluß die gemahlenen Mandeln unter den Schaum.
Mit 2 Teelöffeln kleine Häufchen auf
ein mit Alufolie bedecktes Backblech
oder auf Oblaten setzen und bei
100–120° im vorgeheizten Backofen
1–1¹/₂ Stunden trocknen lassen. Dies
Makronenrezept kann man vielfach
abwandeln. Ein paar Vorschläge:

Schokoladenmakronen

4 Eiweiß, 100 g geriebene Block- oder
Vanilleschokolade, 200 g Puderzucker, 250 g gemahlene Mandeln
werden mit einem Eßlöffel Zitronensaft und einer Prise Salz wie oben
verarbeitet. Die Schokoladen-
makronen werden auf einem
gefetteten Blech oder auf Trennfolie
bei 120–150° in etwa 60 Minuten
gebacken.

Nußmakronen

Anstelle von Mandeln nimmt man
gemahlene Nüsse.

Gewürzmakronen

Zum Grundrezept der Mandel-
makronen gibt man ¹/₂ Teelöffel Zimt,
eine Messerspitze Nelkenpfeffer,
eine Messerspitze geriebene Muskatnuß samt Vanillezucker sowie die
abgeriebene Schale einer Zitrone.

Ingwermakronen

Man gibt zum Grundrezept der
Makronenmasse 100 g gehackten
kandierten Ingwer.

Französische
Pomeranzennüsse

Zutaten: 3 Eier, 250 g Zucker, 250 g
kandierte Pomeranzenschalen,
50 g Zitronat, 150 g Mehl, 1 Messerspitze Backpulver.
Zubereitung: Eier und Zucker weiß
rühren, Pomeranzen und Zitronat in
nicht zu kleine Stifte schneiden,

Makronen

Zutaten: 6 Eiweiß, 500 g Puderzucker,
500 g gemahlene Mandeln.
Zubereitung: Der Makronenteig ist
eine Art narrensicherer Baiserteig,
denn wenn man beim Baiser fürchten
muß, daß die Geschichte auf dem
Backblech davonläuft, so wird der
steife Zucker-Eiweißschaum bei den
Makronen durch die Zugabe von
Mandeln oder Nüssen so aufgefüllt,
daß eigentlich nicht viel passieren
kann. Wenn Sie ganz sicher sein
wollen, so geben Sie etwas Zitronensaft zum Ei- und Zuckerschnee, denn
die Säure läßt die Eiweißbläschen
schon vor dem Backen gerinnen und
hält somit den Schaum. Makronenteig muß auf jeden Fall sofort
verarbeitet werden, sonst rinnt er mit
der Zeit davon. Schlagen Sie also die
Eiweiß steif, geben Sie löffelweise
den Puderzucker hinzu, würzen Sie

Mehl und Backpulver mischen, die übrigen Zutaten darunterrühren, kleine Häufchen auf ein gefettetes Blech setzen und bei 175° im vorgeheizten Backofen in 15–20 Minuten gelb backen.

Grießplätzchen

Zutaten: 100 g Grieß, 150 g Zucker, 100 g Mehl, 40 g Margarine oder Butter, 6 Eßlöffel Milch, 1 Beutel Vanillezucker, 1 Ei, 1 Teelöffel Backpulver.

Zubereitung: Der Grieß wird mit der Milch verrührt und mindestens eine halbe Stunde zum Quellen stehengelassen. Unterdessen werden Butter und Zucker schaumig gerührt und nach und nach mit den anderen Zutaten vermengt. Aus dem Teig entweder kleine Kugeln formen oder mit zwei Kaffeelöffeln Häufchen auf ein gefettetes Blech setzen. Am besten setzt man nur 6–8 Häufchen auf ein Backblech, da der Teig auseinanderläuft. Bei Mittelhitze blond backen. Genauso wie das Herrenhuter Mürbteiggebäck ein vorzügliches Plätzchen für den Weihnachtsteller kleiner Kinder.

Amerikanische Walnußplätzchen

Zutaten: 150 g Zucker, 250 g Margarine oder Butter, 1 Beutel Vanillezucker, 175 g Mehl, 75 g Mondamin oder Gustin, halbe Walnüsse.

Zubereitung: Der Zucker wird mit dem Fett und dem Vanillezucker weiß schaumig gerührt, dann mit Mehl und Mondamin verknetet, der Teig rastet eine halbe Stunde, dann formt man kleine Kugeln, die man flach drückt und mit je einer halben Walnuß garniert. Bei 200° im vorgeheizten Ofen etwa 15 Minuten backen, dann mit buntem Puderzuckerguß aus einem Eiweiß und 150 g Puderzucker mit Speisefarbe um die Walnuß herum mit einem Kranz dekorieren. Das geht am besten, wenn man den Puderzuckerguß in eine Spritztüte füllt.

Henriettes Honigkuchen

Zutaten: 1 kg Honig, 250 g Butter oder Margarine, 200 g gemahlene Mandeln, je ½ Teelöffel Nelkenpulver und Kardamom, die abgeriebene Schale einer Zitrone, 2 Päckchen Backpulver, 1 kg Mehl.

Zubereitung: Honig und Mehl läßt man schmelzen, nimmt den Topf vom Herd und rührt alle anderen Zutaten dazu. Mit dem Rest des Mehles durchkneten und über Nacht zugedeckt ruhen lassen. Am nächsten Tag muß man vor dem Ausrollen vielleicht noch etwas Mehl dazukneten, das hängt etwas von der Beschaffenheit des Honigs ab. Der Teig wird kleinfingerdick ausgerollt, zu Vierecken ausgeradelt, diese mit halbierten Mandeln verziert und bei 170° im vorgeheizten Ofen gelbbraun gebacken. Dies Rezept stammt von der unvergleichlichen Henriette Davidis, und ihre Honigkuchen werden dann am besten, wenn sie richtig verpackt sind: nach dem Auskühlen werden sie in Blechdosen verpackt, sonst sind sie Weihnachten hart wie ein Holzbrett.

Holländische Heiligmacher

Zutaten: 250 g Honig, 200 g brauner Zucker, 65 g Butter, $1/8$ l Milch, 1 Teelöffel Zimt, 1 Messerspitze geriebene Muskatnuß, 125 g gemahlene Mandeln, 50 g Orangeat, 50 g Zitronat, 500 g Mehl, 1 Päckchen Backpulver, Aprikosenmarmelade und Couvertüre und Mandeln.
Zubereitung: Honig, Zucker, Butter und Milch werden erhitzt, alle Gewürze, Mandeln und Geschmackszutaten werden trocken unter das Mehl gemischt. Die abgekühlte Honigmasse kommt zu den trockenen Zutaten, alles wird tüchtig durchgeknetet, ausgerollt, auf ein gut gefettetes tiefes Backblech gestrichen und im vorgeheizten Ofen bei 175–200° in 30–40 Minuten gebacken. Etwas auskühlen lassen, die Platte in der Mitte einmal durchschneiden, eine Hälfte mit Aprikosenmarmelade bestreichen, die andere Honigkuchenplatte daraufsetzen, über Nacht beschwert stehenlassen, dann in Würfel schneiden und wie die Baumkuchenspitzen mit Schokoladencouvertüre überziehen. Man kann auch einfach nur Schokoladenguß über die Heiligmacher streichen, den Teil in Würfel schneiden und mit abgezogenen halbierten Mandeln garnieren.

Mandelhalbmonde

Zutaten für den Teig: 250 g Mehl, 125 g Butter oder Margarine, 70 g Zucker, 2 Eigelb, 1 Päckchen Vanillezucker.
Zutaten für die Baiserhaube: 5 Eiweiß, 180 g Puderzucker, 50 g

Mondamin, 125 g abgezogene gemahlene Mandeln.
Zubereitung: Die Zutaten für den Teig werden zu einem Mürbteig verknetet, der Teig wird für eine halbe Stunde kalt gestellt, dann auf einem gut gefetteten Backblech ausgerollt und rund 10 Minuten bei Mittelhitze vorgebacken. Unterdessen wird das Eiweiß steif geschlagen, mit Zucker, Mondamin und gemahlenen Mandeln aufgefüllt, dann wird der vorgebackene Teig mit Aprikosenmarmelade bestrichen und mit der Baisermasse bedeckt. Wieder für etwa 10 Minuten in den mittelheißen Ofen schieben, dann noch heiß mit einem Guß aus 3–4 Eßlöffeln Zitronensaft und 150 g Puderzucker überziehen. Mit runden Ausstechern Halbmonde ausstechen.

Weiße Pfeffernüsse

Zutaten: 500 g Mehl, 500 g Zucker, 4 Eier, 100 g Zitronat, 50 g gemahlene Mandeln, die abgeriebene Schale einer großen Zitrone, 1 geriebene Muskatnuß, 1 Eßlöffel Zimt, 1 Messerspitze Nelkenpfeffer, 3 Teelöffel Backpulver.
Zubereitung: Zucker und Eier werden schaumig gerührt, dann kommen die Geschmackszutaten und das Mehl hinzu. Der Teig soll gut durchgearbeitet werden, dann formt man ihn zu Kügelchen, setzt sie auf gefettete Bleche und backt sie bei 175° rund 20 Minuten. Noch warm mit Zitronenglasur aus 250 g Puderzucker überziehen.

Spekulatius

Zutaten: 250 g Butter, 250 g Zucker, 500 g Mehl, 2 Eier, 1 Prise Salz, 100 g gemahlene Haselnüsse, 1 Prise Kardamom, 1 Prise Nelkenpfeffer, 1 gehäufter Teelöffel Zimt, 1 Beutel Vanillezucker, 1 Beutel Backpulver, 1 Teelöffel geriebene gezuckerte Orangenschale.

Zubereitung: Aus den angegebenen Zutaten wird ein Mürbteig geknetet, kleinfingerdick ausgerollt, ausgestochen oder auf gut ausgemehlte Spekulatiusmodel gedrückt, zu Vierecken geschnitten, mit dem Bild nach oben auf gut eingefettete Bleche gesetzt, schnell mit Milch bestrichen und in einem vorgeheizten Ofen bei 200° 10–15 Minuten gebacken. Mandelspekulatius entstehen, indem man die ausgestochenen Formen mit Eigelb bestreicht, das mit etwas Milch verrührt worden ist und dann mit blättrig geschnittenen oder grob gehackten Mandeln bestreut.

Nürnberger Lebkuchen

Zutaten: 2 kleine Eier, 175 g Zucker, 1 Prise Muskat, 1/2 Teelöffel Nelken, 1/2 Teelöffel gemahlener Zimt, 2 Tropfen Bittermandelbacköl, 1 Eßlöffel Rum, die abgeriebene Schale einer Zitrone, 250 g Mandeln, 125 g Zitronat, Oblaten.

Zubereitung: Die Eier werden mit dem Zucker schaumig gerührt und alle Gewürze werden hinzugefügt. Die Hälfte der Mandeln wird mit Schale gemahlen, die andere abgezogen und grob gehackt; zur Eiermasse rühren, das kleingehackte Zitronat hinzugeben, den Teig fingerdick auf große runde Oblaten streichen und auf das gefettete Blech setzen. Auf die mittlere Schiene in den kalten Ofen schieben und bei 180° etwa 20 Minuten backen. Aus 150 g Puder-

zucker und 2–3 Eßlöffeln heißem Wasser einen Zuckerguß rühren, die Lebkuchen noch warm damit bestreichen und nach Belieben mit Liebesperlen bestreuen. Man kann auch die eine Hälfte der Lebkuchen mit Schokoladenguß überziehen.

Springerle

Zutaten: 500 g Puderzucker, 500 g Mehl, 4 Eier, 2 Eßlöffel Rum, die abgeriebene Schale einer Zitrone, 2 Eßlöffel Anis, 1 Prise Hirschhornsalz.

Zubereitung: Eier und Puderzucker werden mit dem Handrührgerät etwa 10–15 Minuten lang schaumig gerührt, dann kommen die Gewürze, das in Rum aufgelöste Hirschhornsalz und nach und nach das Mehl hinzu. Der Teig wird zum Schluß geknetet und soll über Nacht rasten. Dann wellt man ihn auf einem bemehlten Brett kleinfingerdick aus, drückt ihn fest in gesäuberte und mit Mehl ausgepuderte Model, schneidet den Teig zu Rechtecken oder radelt ihn ab, pustet das überschüssige Mehl ab, setzt die Springerle mit dem Muster nach oben auf gefettete und mit Anis bestreute Backbleche und läßt die Springerle abermals 24 Stunden gut zugedeckt in der geheizten, aber nicht zu heißen Küche stehen. Dann spritzt man auf jedes Blech ein paar Tropfen Wasser, denn ausgetrocknete Springerle bekommen keine Füßchen mehr. Die Springerle

werden 30 Minuten lang bei
150–175° im vorgeheizten Ofen
gebacken, müssen von oben weiß
bleiben und von unten etwas braun
werden. Backt Ihr Herd nur gleichzeitig mit Ober- und Unterhitze, so
decken Sie die Springerle von vornherein mit Pergamentpapier oder
Alufolie zu. Ein paar Tage in offener
Dose aufbewahren, damit sie weich
werden.

Thorner Kathrinchen

Zutaten: 500 g Honig, 500 g Zucker,
500 g gemahlene Mandeln, 600–750 g
Roggenmehl, 16 g Pottasche, 1 Glas
Arrak, 12 Nelken, 12 weiße Pfefferkörner, 1/2 Muskatnuß, je 1/2 Teelöffel
Zimt, Kardamom und Mazisblüte.
Zubereitung: Der Honig wird mit
dem Zucker aufgekocht, gerührt bis er
lauwarm ist, dann kommen die
gemahlenen Gewürze, die Mandeln,
die in Arrak aufgelöste Pottasche und
das Mehl hinzu, alles wird gut
durchgeknetet und der Teig muß
eine Nacht im Warmen aufgehen.
Dann wird er einen halben Tag kühl
gestellt, zu fingerdicken länglich-
viereckigen oder runden Kuchen
ausgestochen oder mit den typischen
Kathrinchenformen zu Kleeblättern
ausgestochen. Das Gebäck kommt auf
gefettete, leicht bemehlte Bleche,
kann nochmals ruhen und wird 20
Minuten lang bei 175° im vorgeheizten Ofen gebacken. Noch warm
mit einem Guß aus Puderzucker,

Eiweiß und Zitronensaft bestreichen
oder mit einem Schokoladenguß
versehen.

Anisplätzchen

Zutaten: 4 Eier, 250 g Zucker,
1 Eßlöffel Anis, 250–300 g Mehl.
Zubereitung: Eier und Zucker rührt
man mit dem Schneebesen des
Handrührgerätes solange schaumig,
bis die Creme weiß ist. Dann mengt
man den Anis und das gesiebte Mehl
dazu, achtet darauf, daß der Teig
nicht zu steif wird und setzt auf das
mit Fett bestrichene Blech mit
einem Teelöffel kleine runde Häufchen. Glattlaufen lassen, am
folgenden Tag bei nur 150–160°
backen, sodaß die Füßchen goldgelb
werden. Wenn es geht, wird nur die
Unterhitze eingeschaltet. Die
Anisplätzchen werden heiß vom
Backblech gelöst oder gleich auf Backtrennpapier gebacken, von dem man
sie ohne Schwierigkeiten abpellen
kann.

Bethmännchen

Zutaten: 250 g abgezogene gemahlene
Mandeln, 250 g Puderzucker, 40 g
Mondamin, 2 Eiweiß.
Zum Verzieren: 2 Eigelb, 100 g
abgezogene halbierte Mandeln.
Zubereitung: Mandeln und Puderzucker mischen und zusammen ein
zweites Mal mahlen. Mondamin und
dann steifgeschlagenes Eiweiß
darunterheben, aus der gut durch-

gearbeiteten Masse Kugeln formen, auf ein gefettetes Backblech setzen, mit Eigelb bestreichen und an jede Kugel 3 Mandelhälften drücken, so daß ein Dreispitz entsteht. Die Bethmännchen zudecken, am nächsten Tag 20–25 Minuten bei schwacher Mittelhitze backen.

Spritzgebackenes

Zutaten: 250 g Butter oder Margarine, 250 g feiner Zucker, 125 g gemahlene Haselnüsse, 375 g Mehl, 1 Ei, 1 Beutel Vanillezucker.

Zubereitung: Aus allen Zutaten wird ein Rührteig gearbeitet, der eine Stunde lang rasten soll. Dann füllt man ihn portionsweise in eine Kuchenspritze mit Sterntülle und spritzt ihn in Form von S auf ein gefettetes Blech. Fällt es Ihnen schwer, aus der freien Hand ein S zu formen, so bedecken Sie das Blech mit Backtrennpapier und zeichnen Sie sich vorsichtig mit dem Bleistift S vor. Bei Mittelhitze in ungefähr 10 Minuten blond backen. Wenn man will, kann man die gebackenen Buchstaben mit den Spitzen oder zur Hälfte in flüssigen Schokoladenguß tauchen.

Hefekerle

Zutaten: 500 g Mehl, 30 g Hefe, ¼ l Milch, 1 Ei, ⅛ l Keimöl, 50 g Zucker, 1 Prise Salz.

Zum Bestreichen: Eigelb, etwas Wasser.

Zum Belegen: Enthäutete Mandeln, Korinthen, Zitronat.

Zubereitung: Aus den angegebenen Zutaten einen Hefeteig (siehe Seite 71) bereiten, gehenlassen und in vier Teile teilen. Jedes Teil zu einem Rechteck ausrollen, mit dem Handrücken den Kopf formen, mit dem Messer Arme und Beine einschneiden und zurechtdrücken, dann die Figur auf ein gefettetes Backblech legen. Eigelb und Wasser verrühren, die Hefekerle damit bepinseln. Mit Mandeln, Korinthen und Zitronat belegen, so daß ein Gesicht entsteht. Bei 200–250° im vorgeheizten Backofen 20–25 Minuten backen. Selbstverständlich können aus diesem Hefeteig beliebige andere Figuren gearbeitet werden.

Modernes Weihnachtskleingebäck,

das bei der Zubereitung Zeit und Arbeit spart und sich gut verschicken läßt:

Walnußwürfel

Zutaten: 250 g Margarine oder Öl, 600 g brauner Zucker, 3 Eier, 400 g Mehl, 1 Beutel Backpulver, 1 Beutel Vanillezucker, 600 g Walnüsse.

Zubereitung: Lassen Sie das Fett in einem Topf auf schwacher Hitze zerschmelzen oder heiß werden, nehmen Sie den Topf vom Herd, rühren Sie den braunen Zucker, das Ei, das mit Backpulver vermischte Mehl, das Gewürz und die grob gemahlenen Nüsse dazu. Dann füllen Sie den Teig in das gut gefettete tiefe Blech (Fleischpfanne). Die Walnußwürfel werden 20–25 Minuten im vorgeheizten Ofen bei Mittelhitze gebacken und noch warm in Würfel geschnitten.

Wenn man es sich einfacher machen will, füttert man das Backblech mit Aluminiumfolie. Dann kann man die Würfel nach dem Backen leichter herausheben.

Nach Belieben werden die Walnußwürfel mit weißem Zuckerguß oder mit braunem Schokoladenguß dekoriert und mit Nüssen oder Mandeln geschmückt.

Brownies

Zutaten: 100 g Kochschokolade, 1 Tasse Margarine oder Öl, 3 Tassen

Zucker, 6 Eier, 2 Tassen Mehl,
1 Beutel Backpulver, ½ Teelöffel
Salz, je eine Prise Zimt und Kardamom, 1½ Tassen gemahlene Nüsse,
1 Tasse kleine Rosinen, 1–2 Beutel
Vanillezucker.

Zubereitung: Das Fett auf dem Herd
auf der Automatikplatte oder auf
schwacher Hitze zerschmelzen, dann
rührt man die zerbrochene Schokolade und den Zucker hinzu, rührt, bis
alles zerschmolzen ist und der Zucker
sich aufgelöst hat. Geschmackszutaten und mit Backpulver vermischtes Mehl unter die vom Herd
genommene Fettzuckermischung
rühren, zum Schluß die gemahlenen
Nüsse dazugeben. Man kann Hasel-
oder Walnüsse verwenden. Die
Rosinen sind gebrüht und gewaschen
und etwas in Rum getränkt worden
und kommen zum Schluß zum Teig.
Der Teig wird auf das gut gefettete
tiefe Backblech gefüllt und mit dem
Spachtel glatt gestrichen. Er muß
eine halbe Stunde im auf 180° vorgeheizten Herd backen und noch
heiß in Würfel geschnitten werden.
Brownies kann man mit einfacher
Puderzuckerglasur bestreichen, man
kann ihnen eine Schokoladenglasur
geben oder eine Sirup-Schokoladenglasur. Auch die Brownies können
im mit Aluminiumfolie ausgelegten Blech gebacken werden.
Sie schmecken gut frisch, können
also im letzten Moment gebacken
werden.

Butterscotch Brownies

Zutaten: ½ Tasse Butter oder Margarine, 2 Tassen brauner Zucker,
2 Eier, 1½ Tassen Mehl, 1 Beutel
Backpulver, 1 Messerspitze Salz,
1 Beutel Vanillezucker, 1 Prise Zimt,
1 Tasse grob gehackte Walnüsse.

Zubereitung: Lassen Sie das Fett bei
schwacher Hitze zerschmelzen,
nehmen Sie den Topf vom Herd und
rühren Sie den Zucker dazu, bis er
sich völlig aufgelöst hat. Dann
kommen die beiden Eier dazu, das
mit den trocknen Zutaten verrührte
Mehl, zum Schluß die zerkleinerten
Walnüsse, die mit dem Vanillezucker
überstreut worden sind. Der Teig
wird auf ein gut gefettetes tiefes Blech
gestrichen (das auch mit Alufolie
ausgelegt sein kann) und in den auf
Mittelhitze vorgeheizten Ofen
geschoben. Die Brownies sind nach
20–25 Minuten gar und dürfen nicht
überbacken werden. Die Oberfläche
soll noch matt sein, sonst werden sie
zu trocken. Sie werden heiß in
Rechtecke geschnitten und dann
abgekühlt.

Schokoladenriegel

entstehen, wenn Sie unter diesen
Teig noch 200 g Schokoladentropfen
heben.

Schokoladencookies

Zutaten: ⅓ Tasse Butter oder Margarine, 1 Tasse Zucker, 1 Tasse
brauner Zucker, 2 Eier, 2 Beutel

Vanillezucker, 3 Tassen Mehl,
1 Beutel Backpulver, ½ Teelöffel
Salz, 1 Tasse grob gehackte Wal- oder
Haselnüsse, 2 Tassen Schokoladentropfen oder Schokoladenwürfel.
Zubereitung: Alle Zutaten vom Fett
bis zum Salz werden in eine Schüssel
gegeben und mit dem Handrührgerät in zwei Minuten zu einem Teig
verarbeitet. Dann hebt man die
Nüsse und die Schokoladenstücke
darunter, setzt mit zwei Teelöffeln
Teighäufchen, die etwas Platz zum
Breitlaufen haben sollen, aufs
ungefettete Backblech. 8–10 Minuten
im mittelheißen vorgeheizten Ofen
backen, bis sie braun, aber noch weich
sind. Etwas abkühlen lassen, dann
vom Blech nehmen.
Man kann die Nüsse durch die
gleiche Menge gewaschener, in Rum
geweichter Rosinen ersetzen.
Man kann den ganzen Teig auch in
das gut gefettete tiefe Backblech
füllen, glatt streichen, im mittelheißen Ofen 20–25 Minuten backen
und dann in Riegel schneiden.
Auch diese Cookies können auf
Alufolie gebacken werden.

Dicke Plätzchen

Zutaten: 150 g Margarine oder
Butter, die abgeriebene Schale einer
Orange, 60 g Zucker, 2 Eier, 300 g
Mehl, 1 gestrichener Teelöffel Back-
pulver, 150 g Mondamin, 1 Eßlöffel
Rum, 125 g abgezogene gemahlene
Mandeln, 1½ Teelöffel Zimt,

1 Messerspitze Kardamom, 1 Messerspitze Nelkenpfeffer, 1 Messerspitze
Muskat, evtl. 3 Eßlöffel Sahne.
Zubereitung: Aus Fett, Zucker,
Orangenschale und Eiern einen Vorteig rühren, mit dem Mehl verkneten,
das mit allen anderen Zutaten
verrührt worden ist. Sollte der Teig
zu fest sein, kommt die Sahne dazu.
Den Teig ruhen lassen, 1½ cm dick
ausrollen und möglichst mit solchen
Formen ausstechen, bei denen es
keinen Abfall gibt: kombinierte Aus-
stecher, runde Ausstechformen, mit
denen man in senkrechter Reihe
Halbmond an Halbmond aussticht.
Sie können auch mit dem Backrädchen Vierecke oder Rhomben
ausradeln. Die dicken Plätzchen
kommen auf ein gefettetes Backblech
und sollen bei 200° backen. Etwas
abkühlen lassen, mit buntem Zuckerguß überziehen, der mit halbierten
abgezogenen Mandeln dekoriert
wird.

Aachener Häubchen

Zutaten: 175 g Butter oder Margarine,
175 g Zucker, 1 Beutel Vanillezucker,
3 Eier, 150 g Mondamin, 75 g Mehl,
je ½ gestrichener Teelöffel Backpulver
und Zimt, je eine Messerspitze
Kardamom, Nelkenpfeffer, geriebene
Muskatnuß, 100 g abgezogene
gehackte Mandeln, 1–2 Eßlöffel
Rosenwasser.
Zum Guß: 150 g Puderzucker,
1–2 Eßlöffel Wasser.

Zum Verzieren: Belegkirschen.
Zum Backen: Alufolie, 45 cm breit.
Zubereitung: 7,5 cm breite Streifen von der Folie abschneiden, in Quadrate teilen, jedes Quadrat über einen Flaschenhals stülpen, die 4 Ecken etwas zurückbiegen, die Förmchen auf ein ungefettetes Backblech setzen.

Aus allen angegebenen Zutaten mit dem Handrührgerät auf höchster Schaltstufe einen Rührteig zubereiten, wobei Mandeln und Rosenwasser zuletzt unter den Teig gemischt werden.

Die Förmchen gut halbvoll mit Teig füllen und im auf 200–225° vorgeheizten Herd 15–20 Minuten backen. Die Förmchen danach auf einen Rost geben, erkalten lassen, dann mit Guß überziehen und mit Belegkirschen verzieren.

Lebkuchenteige für Pfefferkuchenhäuser und ausgestochene oder ausgeschnittene Figuren

Teig Nr. 1

Zutaten: 500 g Honig, 250 g Zucker, 250 g Palmin, 1 kg Mehl, 50 g Kakao, je 10 g Zimt und Kardamom, 5 g Nelkenpulver, 2 Eier, 2 Eßlöffel Rosenwasser, 10 g Pottasche.

Das ist ein moderner Lebkuchenteig, der Fett und Eier enthält, also außer der Pottasche soviel natürliche Treibmittel, daß man ihn gleich verarbeiten kann. Selbstverständlich kann man ihn einen halben Tag im Kühlen ruhen lassen, damit sich die Aromen besser entfalten. Der Teig bleibt nach dem Backen weich, so daß es keine Mühe macht, die Teile, die sich beim Backen etwas verformt haben, heiß nachzuschneiden. Da der Teig aber an sich weich ist, ist es ratsam, größere Figuren wie Engel oder Weihnachtsbäume mit Zuckerguß auf ein Stück zugeschnittene Pappe zu kleben.

Teig Nr. 2

Zutaten: 300 g Honig, 100 g Zucker, 450 g Mehl, am besten Roggenmehl, je 20 g Zimt, Kardamom und Nelkenpfeffer, 2 Eßlöffel Rosenwasser, 1 Messerspitze Backpulver. Dieser Teig ohne Fett und Eier wird gleich ausgerollt und ausgestochen oder in Figuren geschnitten und bleibt über Nacht auf dem Blech liegen. Dann wird er gebacken und dekoriert.

Teig Nr. 3

Zutaten: 750 g Sirup, 250 g Margarine, 200 g Zucker, 1 kg Mehl, 15 g Pottasche, 2 Eßlöffel Rosenwasser, je 15 g Zimt, Kardamom und Nelken. Dieser Sirupteig soll zwei Tage ruhen, wird dann ausgerollt, in Figuren gestochen oder geschnitten, mit Milch bestrichen und gebacken.
Zubereitung: Für alle Teige wird

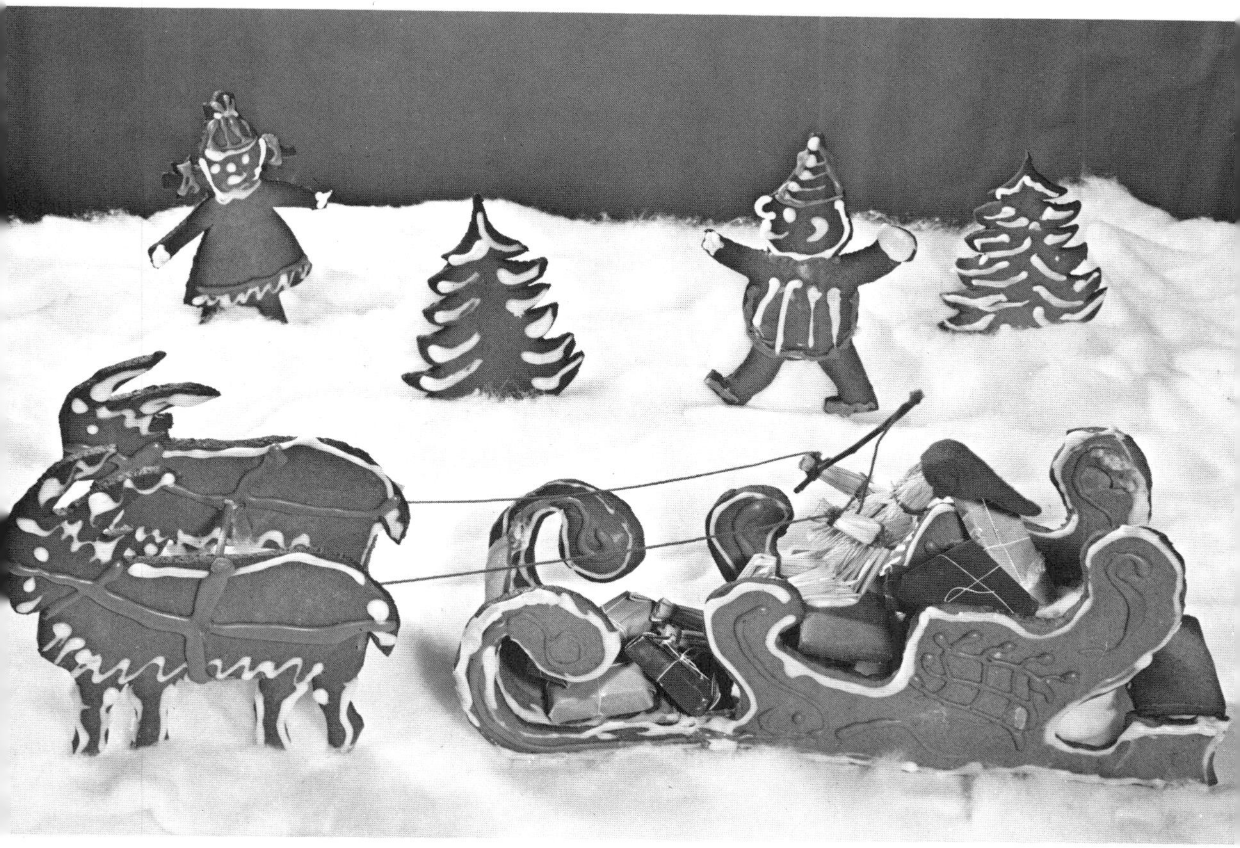

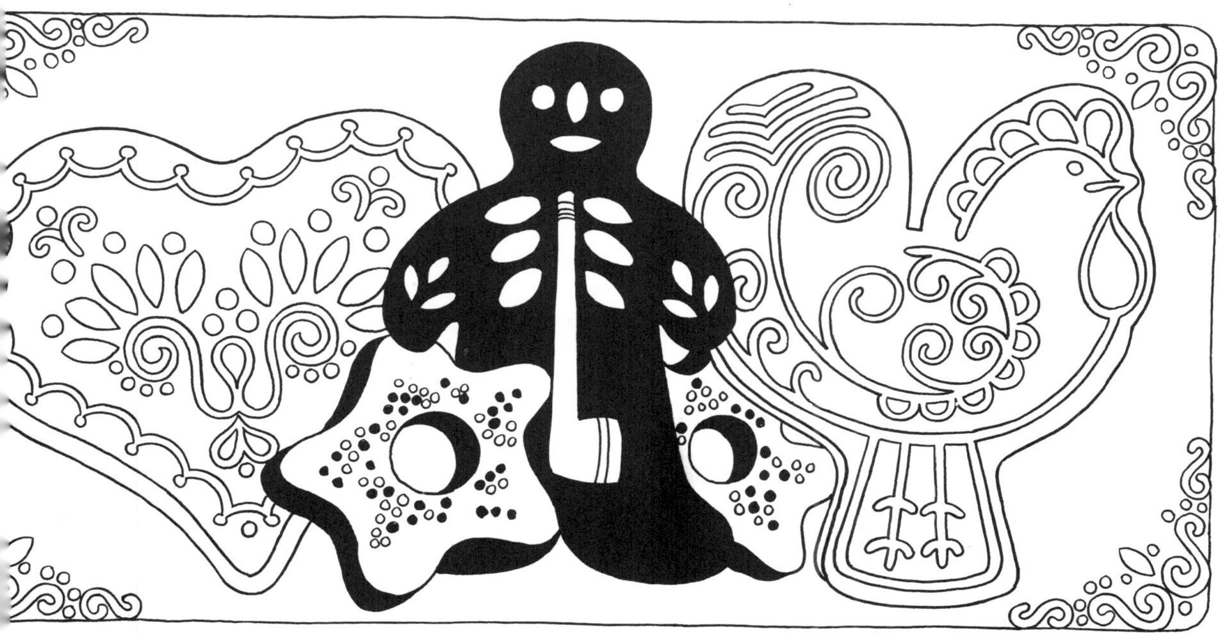

zuerst der Honig oder der Sirup mit Zucker und Fett erhitzt, verrührt und abkühlen gelassen. Dann kommen Mehl, Gewürze und andere Geschmackszutaten dazu, wenn das Rezept Eier vorschreibt, werden diese dazugegeben, Backpulver ist mit dem Mehl vermischt worden und Pottasche wird mit dem Rosenwasser aufgelöst und ebenfalls dazugegossen. Aus all diesen Zutaten wird ein glatter Teig geknetet, 1–2 cm dick ausgerollt und dann in Formen gestochen oder geschnitten.

Zum Schneiden nimmt man ein Küchenmesser und fährt um vorher angefertigte Pappschablonen von Tannen, Weihnachtsengeln, Tieren, Menschen oder anderen Weihnachtsformen. Man kann die Gebäckstücke auch mit einem Backrädchen ausradeln.

Die fertigen Stücke werden mit der Palette vorsichtig auf ein leicht gefettetes Blech gesetzt, im auf 200–225° vorgewärmten Ofen 15–20 Minuten gebacken, ebenso vorsichtig vom Blech genommen und abgekühlt verziert. Kompliziert geformte Gebäckstücke lassen sich am besten aufs Blech und wieder vom Blech herabtransportieren, wenn man sie auf ein Stück Alufolie legt.

Die Verzierung: Lebkuchengebäck wird am liebsten mit weißem Zuckerguß verziert, weil sich das Weiß so schön vom Braun abhebt. So bereitet man den Guß vor: 750 g Puderzucker werden mit 3 Eiweiß verrührt, dann formt man sich Spritztüten aus festem Pergamentpapier (15 x 35 cm) und schneidet der Tüte die Spitze ab. Schneidet man nur die äußerste Spitze ab, so kann man ganz feine Linien spritzen, schneidet man mehr ab, so wird der Spritzstreifen dicker. Den Zuckerguß färbt man mit Speisefarben nach Belieben und Notwendigkeit des Gebäckstücks so bunt wie man es mag.

Englische Mince-pies

Zutaten: 250 g Mehl, 1 Prise Salz, 175 g Schmalz oder Margarine, 1 Eßlöffel Wasser, 1 Dose Mincemeat.

Zubereitung: Aus Mehl, Salz, Fett und Wasser einen Knetteig arbeiten, am kühlen Ort ruhen lassen, dann dünn ausrollen, Tortenförmchen damit ausfüllen, mit dem Mincemeat füllen und mit einem Teigdeckel verschließen. Der Deckel wird mit Wasser bestrichen, mit der Gabel zwei- bis dreimal durchstochen und mit Zucker bestreut. Dann backt man die kleinen Weihnachtspasteten etwa 30 Minuten bei Mittelhitze. Sie schmecken auch aufgewärmt gut. Wer Mincemeat selbst herstellen möchte, schält 500 g saure Äpfel, schneidet sie klein, mischt sie mit 250 g Rosinen, 250 g Weinbeeren, 750 g feingewiegtem Rinderfett, 750 g Zucker, je 50 g kandierte Orangen- und Zitronenschalen, Saft und geriebene Schale einer Zitrone,

$^{1}/_{2}$ Teelöffel geriebene Muskatnuß,
$^{1}/_{8}$ l Weinbrand und läßt diese
Mischung 2–3 Wochen im Kühlschrank ziehen. Es lohnt sich nicht,
kleinere Mengen Mincemeat her-
zustellen, weil die Mischung sonst zu
trocken wird und im Geschmack
abfällt. Diese Menge reicht für einen
Mürbteig aus 1 kg Mehl.

Liegnitzer Bomben

Zutaten: 250 g Honig, je 125 g Zucker
und Butter oder Margarine, 1 Beutel
Vanillezucker, je $^{1}/_{2}$ Teelöffel Zimt,
gemahlene Nelken, Kardamom und
Ingwerpfeffer, 1 Prise Salz, 1 Eßlöffel
Rum, je 125 g Korinthen und grob
gehackte Nüsse oder Mandeln, je 65 g
Orangeat und Zitronat, 1 Ei, 350 g
Mehl, 100 g Stärkemehl, 1 Beutel
Backpulver.
Zum Guß: 250 g Schokoladencouvertüre.
Zubereitung: Honig, Zucker und Fett
werden auf der Automatikplatte
oder schwacher Hitze zerschmolzen,
dann wird der Topf vom Herd
genommen, die Gewürze, das Ei, der
Rum und das Mehl kommen hinzu,
der Teig wird gut gerührt und in
runde, gut ausgefettete Formen gefüllt.
Man benutzt dazu entweder faust-
große Napfkuchenformen oder kleine
gebrauchte gut gesäuberte Konser-
vendosen, die ursprünglich 500 g
gefaßt haben. Oder man faltet Ringe
aus fester Aluminiumfolie, die
ungefähr 10 cm hoch und 10 cm im
Durchmesser messen. Man fettet die
Ringe innen aus, stellt sie auf ein
gefettetes Backblech und füllt den
Teig hinein. Die Liegnitzer Bomben
werden 45–55 Minuten bei Mittelhitze im vorgeheizten Herd gebacken.
Nach dem Abkühlen werden die
Bomben mit flüssigem Schokoladenguß überzogen und können außerdem mit abgezogenen ganzen
Mandeln dekoriert werden. Hat man
nur kleine Backformen zur Ver-

fügung, so füllt man den Teig in
diese kleinen Förmchen und setzt
danach immer zwei mit Aprikosenmarmelade aufeinander. Dann wie
oben beschrieben mit Schokoladenguß
überziehen.

Helenenschnitten

Zutaten: 400 g Mehl, 200 g Butter
oder Margarine, 120 g Zucker,
60 g geriebene Schokolade, 150 g
geriebene Mandeln, 2 Eier, 2 Beutel
Vanillezucker.
Zur Fülle: 150 g gemahlene Mandeln,
150 g Zucker, 2 Eiweiß.
Zur Glasur: 150 g Puderzucker,
2 Löffel Zitronensaft.
Zubereitung: Aus den Zutaten wird
ein Knetteig gearbeitet und eine
Stunde zum Ausruhen in die Kälte
gestellt. Der Teig wird rechteckig
ausgerollt, in zwei Hälften geteilt;
auf eine Hälfte wird die Fülle
gestrichen, die aus den geriebenen
Mandeln mit Puderzucker und
Eischnee verrührt worden ist. Dann
bestreicht man den Rand der
gefüllten Platte mit Eiweiß, deckt die
zweite Platte darüber, drückt sie mit
den Fingern auf die untere Platte und
backt den Teig 45 Minuten bei
Mittelhitze im vorgeheizten Ofen.
Nach dem Backen schneidet man den
Teig sofort in längliche Schnitten,
die man gleich mit Glasur überzieht.

Weihnachts-
küche

Die Gerichte, die man zu Weihnachten auftischt, sind auch heute noch stärker der Tradition unterworfen als andere Festmahlzeiten. In Deutschland siegen immer noch Karpfen und Gans, der Vogel des Heiligen Martin und der Fastenfisch aus dem Mittelalter, vor allem anderen, oft vor der Vernunft.

Denn beide Gerichte machen Arbeit, weil sie im oder bis zum letzten Moment zubereitet werden müssen und komplizierte Zutaten haben. Zur Gans muß die Sauce gekocht werden, in manchen Familien besteht man auch noch auf selbstgemachten Kartoffelknödeln als Beilage. Zum Karpfen gehören Salzkartoffeln und geschlagene Butter, und wenn der Karpfen im Verhältnis zur Zwei- bis Drei-Stunden-Gans relativ rasch gar ist, erfordert er vielerlei Hilfsgerät und Töpfe, so daß die Küche nach der Mahlzeit wie eine Hotelküche aussieht. Mutter muß nach dem Essen das gute Kleid ausziehen und in die Kittelschürze fahren. Kein Wunder, daß Hausfrauen stöhnen, wenn sie an Gans und Karpfen in Verbindung mit Weihnachten denken.

Wer fest in der Tradition wurzelt und ihr auch Weihnachten zu dienen gewillt ist, der braucht diese beiden klassischen Rezepte:

Karpfen blau

Ein Spiegelkarpfen von 1–2 kg wird vom Fischhändler ausgenommen und von der Hausfrau vorsichtig von innen und außen gewaschen, ohne daß die äußere Schleimhaut des Fisches verletzt wird. Schwanzflossen mit der Küchenschere stutzen, Karpfen von innen salzen. Während im Fischkessel ein Sud aus ungefähr 3 l Wasser, 1 Eßlöffel Salz, 1 Glas Weißwein, 2 Zwiebeln, 1 Lorbeerblatt, 2 Zitronenscheiben, 12 Pfefferkörnern, 1 Nelke, 1 kleingewürfelten Mohrrübe, 1 Petersilienwurzel kocht, übergießt man den Karpfen mit $1/4$ l kochendem Weinessig. Dann wird er ans offene Fenster gestellt, damit er schön blau wird. Danach gibt man den Fisch samt dem Essig in den Fischsud und läßt den Sud wieder kochen. Dann wird die Hitze sofort vermindert, und der Fisch zieht je nach Größe noch auf schwacher Hitze 20–30 Minuten darin. Er wird beim Anrichten mit Zitronenscheiben und krauser Petersilie dekoriert, und man ißt ihn mit geschlagener Butter oder zerlassener Butter oder mit Holländischer Sauce oder frischgeriebenem Meerrettich, den man entweder mit fest geschlagener ungesüßter Sahne mischt oder nur mit einer Prise Zucker und etwas Zitronensaft würzt. Zum Karpfen gibt es Salzkartoffeln oder Petersilienkartoffeln, grünen oder Gurkensalat und Weißwein. Der Nachteil: Am Festtag selbst viel Arbeit, Geschirraufwand und Abwasch.

Die Weihnachtsgans

Eine vom Geflügelhändler vorbereitete und von der Hausfrau innen gesalzene oder gefüllte Gans von 4–5 kg wird in $1/2$ l kochendes Wasser in die Fleischpfanne gelegt. Der Dampf, der sich beim Braten entwickelt, läßt das Fett herausschwitzen. Die Gans wird bei milder Hitze von 175° angebraten. Auch das geschieht, damit das Fett gut heraustreten kann. Nach einer Stunde wird sie gewendet und mit einer Strick- oder Sticknadel seitlich und unterhalb der Keulen eingepickst, damit das Fett weiter herauslaufen kann. Jetzt wird die Hitze auf 200° hochgestellt, so daß das Wasser fast verkocht und die Kruste bräunt. Eifrig begießen und eventuell noch etwas heißes Wasser oder Fleischbrühe nachgießen. Nach der halben Garzeit schöpft man schon oft einen Teil des Gänsefettes ab. Kurz bevor man den Vogel herausnimmt, gießt man 2 Eßlöffel kaltes Wasser über den Braten, damit die Haut schön knusprig wird. Die Sauce wird entfettet, indem man sie mit etwas angerührtem Maizena, mit einem Beutel Bratensauce oder weißer Sauce bindet.

Bratzeit: Eine Gans von 4–5 kg braucht $2^{1}/_2$ bis 3 Stunden.

Eine gefüllte Gans

wird wie oben gebraten, braucht jedoch eine etwa 30 Minuten längere Garzeit.

Gänse-Füllen

Ganze Äpfel, mit Schale, nur das Kernhaus ausgestochen, und Beifuß. Beifuß ist das Gewürz, das fettes Fleisch bekömmlicher macht.

- Äpfel, Backpflaumen und Rosinen $2:2:1$ gemischt.
- Die angedünstete, kleingeschnittene Gänseleber, gemischt mit etwa einer Tasse Semmelbröseln, reichlich gehackter Petersilie, 250 g Beefsteakhack, Pfeffer, Fleischwürze, Thymian, Majoran und entweder einem halben grob gewürfelten Apfel oder zwei Scheiben gekochten grob gewürfelten Sellerie.
- Eine halbe Tasse grob gehackte und etwas angedünstete Zwiebeln, eine halbe Tasse Semmelbrösel, zwei Tassen grob gehackte Apfelstücke, Salz, Zucker, Pfeffer, Zimt und Nelkenpulver.

Zur Gans gibt es Rotkohl mit Äpfeln, Zwiebeln, Nelken, Pfeffer, Schmalz, Zucker und Salz geschmort, oder Rosenkohl und Kastanien.

Beilagen: Salzkartoffeln oder rohe oder gekochte Kartoffelklöße und die Sauce vom Gänsebraten. Man trinkt zur Gans Rotwein oder Bier.

Der Nachteil: Gänsefleisch ist fett und schwer. Die Mahlzeit erfordert am Festtag viel Arbeit, Geschirraufwand und Abwasch.

Der Ausweg: Man teilt sich innerhalb der Familie die Arbeit. Beim einen findet die Bescherung und das Kalte Bufett am Heiligen Abend statt, beim anderen das Festessen mit Gans oder Karpfen am 1. Feiertag. Das klappt natürlich nicht immer, denn es setzt voraus, daß sich die Familie so einig ist, daß man die Arbeiten tatsächlich delegieren und verteilen kann.

Praktischer ist es immer, Gans und Karpfen zumindest in anderer Form zu servieren. Ein paar Beispiele von Gerichten, die mindestens so schmackhaft sind, aber wesentlich weniger Arbeit machen:

Die Tiefkühlgans

Nutzen Sie die Tiefkühlabteilung Ihres Kühlschrankes oder nutzen Sie Ihr Tiefkühlgerät aus. Braten Sie zwischen dem 15. und 23. eine 4–5 kg-Gans $2–2^{1}/_2$ Stunden lang. Kühlen Sie sie ab, wickeln Sie sie in Folie und frieren Sie sie ein. Die Gans sollte möglichst nicht länger als eine

Woche tiefgekühlt aufgehoben werden, denn ihr Fleisch ist fett, und fettes Fleisch neigt dazu, nach zwei bis vier Wochen Tiefkühlen ranzig zu werden.

Bereiten Sie aus dem Bratfond eine Sauce fertig zu und frieren Sie sie auch ein. In der kurzen Zeit verändern sich weder die Gewürze, noch die Stärke des Mehls oder des Stärkemehls.

Dann brauchen Sie am 24. oder 25. nur die Gans, so kalt und starr wie sie ist, in den mittelheißen Ofen zu schieben und 1–1¹/₂ Stunden nach-zubraten. Die Sauce wird gleich mit im Ofen oder auf der Automatik-platte des Elektroherdes oder auf der kleinen Flamme des Gasherdes heißgemacht.

● Schnelle Beilagen: Tiefgekühlte Kartoffelklöße, Kartoffelbrei aus der Schachtel, Semmelknödel aus der Schachtel, Rotkohl aus der Dose, am Tag vorher schon mit angedünsteten Zwiebeln, Schmalz und Äpfeln in einem schönen feuerfesten Geschirr zurechtgemacht, so daß auch dieses Mahlzeitbestandteil nur in seiner Servierschüssel warm zu werden braucht.

Tiefkühlgans auf andere Art

Braten Sie die Gans wie oben und lassen Sie sie abkühlen, während Sie aus dem Bratfond eine etwas aus-giebigere Sauce kochen. Lösen Sie der Gans dann das Fleisch von den Knochen und geben Sie es in die Sauce. Abschmecken und tiefkühlen. Der Vorteil: Extrem wenig Arbeit am 24. oder 25. Dezember. Sie brauchen die Saucen-Gans nur in 30 Minuten auf schwacher Hitze auf dem Herd heiß werden zu lassen, machen Kartoffelbrei dazu oder reichen Salzkartoffeln. Außerdem ist das Fleisch magerer, weil die Pelle entfällt und die Sauce entfettet wor-den ist. Dazu braucht man nur das kalte erstarrte Fett, das oben schwimmt, mit dem Küchenmesser oder der Gabel abzuheben.

● Schnelle Beilagen: Siehe oben.

Schnelle Gans

Eine Gans säubern, von innen salzen und mit Gewürzen ausreiben, von außen hauchdünn mit Öl bepinseln. So wie sie ist, in den vorgeheizten Ofen schieben und die vorge-schriebene Zeit – 2–3 Stunden, je nach Gewicht – braten, ohne zu begießen usw. Ob die Gans auf dem Rost oder in der Kachel liegt, ist gleichgültig.

Auf ähnliche Weise kann man den Karpfen modernisieren. Man kocht ihn nicht im letzten Moment, sondern man schneidet den Fisch in Stücke, löst die Gräten aus, zieht die Pelle ab (das macht das Fischgericht magerer) und säubert, salzt und säuert die Stücke mit Zitrone.

Jetzt muß man nur noch wissen, daß diese vorbereiteten Stücke in 20 Minuten gar sind, wenn man sie in einer Sauce dünstet.

Beim Dünsten hat man zwei Möglichkeiten: Man dünstet den Karpfen am Festtag in einer vorbereiteten Sauce. Oder man gart ihn schon vorher, läßt ihn in der Sauce abkühlen, friert das Gericht ein – dann kann man einen Monat oder eine Woche vorarbeiten – oder stellt es in den Kühlschrank. Dann kann man den Fisch ein bis zwei Tage vor der Mahlzeit zubereiten.

Am Festtag ist der Tiefkühlfisch in 30 Minuten in seiner Sauce getaut und heiß. Der Kühlschrankfisch braucht nur ca. 10 Minuten, um heiß zu werden.

● Beilagen: Kartoffelbrei (Schachtel) oder Salzkartoffeln, schon am Morgen oder Vortag geschält und in Wasser aufgehoben. Das zieht zwar Mineralien und Vitamine aus, aber man ißt Weihnachten ja nicht unbedingt nur der Gesundheit und der Vitamine wegen. Bekämpfen Sie ein eventuell auftretendes schlechtes Gewissen mit einer Apfelsine.

Ein paar Rezepte:

Karpfen in Bier

Die vorbereiteten Fischstücke werden mit einer großen gepellten und geviertelten Zwiebel, 2 Lorbeerblättern, 1 Kräuterstrauß, 1 Prise Salz, ein paar zerdrückten Pfefferkörnern, Nelkenpfeffer und einem Stück Margarine in eine Kasserole gelegt, mit so viel hellem Bier übergossen, daß sie gerade bedeckt sind, auf starker Hitze aufgekocht, dann 20 Minuten auf schwacher Hitze gar gedünstet. Dann hebt man die Fischstücke vorsichtig aus dem Sud, gibt sie in eine vorgewärmte Schüssel, seiht die Flüssigkeit durch, schmeckt sie ab und bindet sie mit etwas angerührtem Stärkemehl oder einem Beutel weißer Sauce. Sie wird über die Fischstücke gegossen, und wenn das Gericht nicht vorbereitet ist, so kann es im auf 100° angeheizten Backofen eine Weile warmstehen.

Karpfen in Bischof-Sauce

Man läßt 2 Eßlöffel Margarine schmelzen, gibt 3 feingehackte Zwiebeln dazu, dünstet sie blond, verrührt einen Eßlöffel Mehl dazu, gießt ¼ l Rotwein und ¼ l Fleischbrühe dazu, würzt die Sauce mit der hauchdünn abgeschnittenen Schale einer Zitrone und einer Apfelsine, kocht die Sauce einmal auf, schmeckt sie ab, legt die Fischstücke hinein und dünstet sie in 20 Minuten gar. Man kann den Fisch in dieser Sauce servieren, kann die Fischstücke auch herausnehmen, die Sauce durchpassieren und eventuell nachbinden.

Karpfen auf böhmische Art

Man ergänzt 3 gewürfelte und in Margarine angedünstete Zwiebeln durch 6 entgrätete, feingehackte Sardellen, 1 Eßlöffel Mehl und 2 Eßlöffel Kapern, verrührt alles mit dem Saft einer Zitrone und einer Tasse Fleischbrühe, legt die Fischstücke auf diesen Sud und läßt sie garen. Danach hebt man die Fischstücke vorsichtig aus dem Topf, legt sie auf eine heiße Platte und löffelt das Zwiebelmus darüber.

Karpfen à la Chambord

Die Karpfenstücke werden nicht nur gesäuert und gesalzen, sondern mit Speck oder Schinkenscheiben gespickt. Dann legt man sie in eine Kasserole, die mit Speck und Schinkenscheiben ausgelegt ist, bedeckt sie mit Pfefferkörnern, Nelken, einem Lorbeerblatt, 2–3 in dünne Scheiben geschnittene Zwiebeln, einem kleingewürfelten Bund Suppengrün und grobgehackter Petersilie. Man gießt je ¼ l Weißwein und Fleischbrühe darüber, deckt den Fisch zu und läßt ihn 45 Minuten im mittelheißen Ofen garen. Man kann ihn in der letzten Viertelstunde mit einem Stück Alufolie zudecken, damit die Fischstücke nicht zu sehr austrocknen, und man kann das Fischfleisch durch Champignons, Fischklößchen, Krabben oder Langustenschwänze, kleingewürfeltes Hühnerfleisch oder Schinkenwürfel ergänzen. Die Sauce wird mit etwas saurer Sahne gebunden.

Karpfen auf englische Art

Der Fisch wird in Portionsstücken im Fischsud (siehe oben) gedünstet, dann aus dem Sud genommen und erkalten gelassen. Das kann am Vortag geschehen. Kurz vorm Essen werden die Stücke in Mehl gewälzt, gepfeffert oder mit geriebenem Muskat gewürzt und in der Pfanne oder auf einem gut ausgefetteten Backblech im Herd von beiden Seiten knusprig gebraten. Dazu gibt es Zitronenscheiben und eine Sardellensauce.

Karpfen auf dem Rost

Der Karpfen wird ganz gelassen, vom Fischhändler geschuppt und ausgenommen. Die Hausfrau stutzt die Flossen mit der Küchenschere, wäscht den Fisch von innen und von außen, füllt den Bauch mit Salz, Pfeffer und reichlich gehackten grünen Kräutern, näht den Bauch mit Zwirnsfäden zu, legt den Fisch eine halbe Stunde in eine Marinade aus Öl, Salz, Pfeffer, Zwiebeln und gehackter Petersilie, schiebt ihn dann auf dem Rost in den auf 200° vorgeheizten Ofen, brät ihn von beiden Seiten, wobei er immer nach dem Wenden mit dem Öl der Marinade begossen wird, holt den Fisch nach 30–40 Minuten aus dem Ofen und reicht ihn mit Salzkartoffeln und einer Kapernsauce.

Karpfen in Most

Man gibt 375 g zerbröselten braunen Pfefferkuchen, eine mit 5 Nelken besteckte Zwiebel, 100 g Zucker, 1 Lorbeerblatt, feingewiegtes Suppengemüse, 6 zerdrückte Pfefferkörner in eine Kasserole, gießt mit einer Flasche Most auf, kocht die Sauce kräftig durch, bis die Zwiebel weich geworden ist, gibt die vorbereiteten Karpfenstücke samt 100 g Margarine in die Sauce, läßt den Fisch 20 Minuten gar dünsten, hebt ihn vorsichtig aus der Sauce heraus, streicht diese durch ein Sieb, schmeckt ab, bindet und gießt sie wieder über den garen Fisch.

Bemooster Karpfen

Ein Karpfen wird am Vortag entweder im Ganzen oder in Portionsstücken in einem Fischsud gedünstet, herausgenommen und erkalten gelassen. Von Gräten und Haut befreit, wird er auf eine Platte gelegt und mit der folgenden Remoulade bedeckt: 2 Zwiebeln werden fein gewiegt, mit 4 zerdrückten hartgekochten Eidottern, 3 Eßlöffeln Senf, 4 Eßlöffeln Öl, Salz, 1 Prise Zucker, frisch geriebenem Pfeffer, etwas Estragonessig und reichlich frischen grünen Kräutern verrührt. Man kann den Fisch außerdem mit Petersilie, hartgekochten halbierten Eiern, Krabben, Muscheln aus der Dose, Krebsfleisch und ähnlichem garnieren.

Vorspeisen und Dessert

sollte man wie bei allen großen zu Hause und ohne Personal ausgerichteten Festen fix und fertig im Kühlschrank, Tiefkühlgerät oder in der Speisekammer stehen haben. Zur Wahl stehen für den Beginn der Mahlzeit alle erstklassigen Dosensuppen wie Schildkrötensuppe, Mockturtlesuppe, klare oder gebundene Ochsenschwanzsuppe, doppelte Kraftbrühe, Champignon- oder Geflügelcreme. Diese Suppen brauchen nur aus der Dose in eine

Kasserole gefüllt und aufgewärmt zu werden. Für diese Suppen braucht man nicht extra eine Suppenterrine aus dem Schrank zu holen. Die heiße Suppe wird in der Küche in kleine Suppentassen oder Kaffeetassen gegossen und dann jedem auf der Untertasse auf den Platzteller gestellt. Der Kaffeelöffel liegt als Suppenlöffel gleich auf der Untertasse. Wer alte Platzdeckchen oder kleine runde Spitzendecken von der Großmutter geerbt hat, kann sie für dieses Essen wieder hervorholen und zwischen Untertasse und Platzteller legen. Wer Kinder hat, läßt sich von ihnen aus grünem blanken Weihnachtspapier oder aus Aluminiumfolie Spitzendeckchen schneiden. Zur Suppe reicht man entweder gar nichts oder kleine heiße Käsekekse, aufgebackene Brötchen oder Salzstangen (auch aus der Tiefkühltruhe) Das Getränk zu diesen Suppen ist ein trockener heller Sherry, der ebenfalls schon in die Gläser geschenkt wird, ehe man die Weihnachtsgäste zu Tisch bittet. Eine andere Möglichkeit: Frieren Sie eine Platte mit Canapés, luxuriös belegten talergroßen Weißbrotstücken, ein. Oder bereiten Sie kleine Fleischpasteten oder Käsetörtchen, Pizzen oder Piroggen vor, die man 20–25 Minuten backt oder aufbackt. Oder reichen Sie eine französische Vorspeisenplatte mit verschiedenen hauchdünn geschnittenen Hartwürsten, Cornichons und halben hartgekochten oder gefüllten Eiern. Füllen Sie Ragouts in Muscheln und backen Sie sie auf. Bereiten Sie ein Blech Blätterteigquadrate vor, die mit Fleischfülle oder Käse belegt oder bestrichen werden und nur rasch gebacken werden müssen. Oder bereiten Sie ein Krabbengelee oder Blätterteigpastetchen vor, die man fertig kaufen kann und nur mit einer würzig abgeschmeckten Fülle aus Kalbfleisch, Hühnerfleisch, Pilzen und ähnlichem zu füllen braucht. Oder kaufen Sie eine fertige Geflügelgelatine oder eine Paté aus dem Feinkostgeschäft oder eine besonders gute Sülze oder einen Geflügelsalat von Ihrem Schlachter. Oder machen Sie diese köstliche Vorspeise selbst:

Fleischmousse

700 g kaltes, gekochtes oder gebratenes Fleisch werden entweder zweimal durch den Wolf gedreht oder in der Küchenmaschine zerkleinert. Dieses Fleisch wird mit $1/4$ l kalter dicker weißer Sauce verrührt, die man nach dem Kochbuch oder mit Fertigsauce zubereiten kann, und mit den zum Fleisch passenden Gewürzen abgeschmeckt.
● Wenn man Schinken oder Schweinefleisch verwendet, nimmt man Rosmarin oder zwei zerdrückte Wacholderbeeren.
● Zu Rindfleisch passen Estragon oder Thymian oder Majoran.

- Zu Hühnerfleisch nimmt man Curry oder Petersilie.
- Wildfleisch würzt man mit Knoblauch, Zwiebeln oder Trockenpilzen. Danach wird ein Beutel gemahlene weiße Gelatine nach Vorschrift aufgelöst und in einem halben Liter gut gewürzter Fleischbrühe verrührt. Diese Mischung wird zum Fleisch in der Sauce gegeben, in eine Schüssel gefüllt und im Kühlschrank halb erstarren gelassen. Dann schlägt man $^1/_4$ l ungesüßte Sahne steif und rührt sie vorsichtig unter die halberstarrte Mousse. Dann kommt die ganze Geschichte wieder in den Kühlschrank und ist nach etwa zwei Stunden fertig.

Diese Menge reicht für 8–10 Personen als Vorspeise. Die Creme wird entweder in eine große Schüssel gefüllt oder gleich in festliche Vorspeisengläser. Man kann sie außerdem noch dekorieren: Ein gefächertes Gewürzgürkchen oder ein paar winzige Würfel von dem verwendeten Fleisch, eine hartgekochte Eischeibe, ein paar Krabben oder Olivenringe krönen das Ganze.

Die Nachspeisen

vorzubereiten ist fast noch leichter. Da gibt es Dosenfrüchte und Eis, man kann Obstsalat oder Schokoladencreme im Kühlschrank stehen haben, eine Fruchtgrütze oder aufgetaute Himbeeren, zu denen es eine Sauce aus $^1/_4$ l Sahne, etwas Rum und 2 Eßlöffeln tiefgekühlten Himbeeren gibt, die miteinander im Mixer püriert und geschlagen werden. Man kann Windbeutelchen aus vorgefertigtem Brandteig gebacken haben und mit Vanilleeis und Sahne servieren, es kann Baisers mit Schokoladeneis und Sahne gefüllt geben, Petit fours (gekauft) zum Mokka oder einen Teller voll frisch gebackener Vanillekipferl. Ein paar klassische und köstliche Desserts:

Pischinger Torte

Man verrührt 125 g weiche Butter oder Margarine mit 125 g Puderzucker, 3 Eßlöffeln Kakaopulver und einem Dotter. Mit dieser Creme werden die Oblaten aus einer Packung Karlsbader Oblaten bestrichen, aufeinandergesetzt, beschwert und über Nacht rasten gelassen. Am nächsten Morgen überzieht man die Torte mit einer Glasur. Dazu kocht man eine Tafel Vollmilchschokolade mit 2 Eßlöffeln Wasser auf, gibt 125 g Puderzucker und etwas Rum dazu und kocht, bis die Mischung Blasen schlägt. Mit dem Schneebesen kräftig schlagen, bis die Schokolade etwas ausgekühlt ist, und dann über die Torte streichen.

Trifle

Zerbröseln Sie 2–3 dicke Scheiben Sandkuchen oder Biskuitkuchen (Reste) und schütten Sie die Kuchenbrocken in eine große Glasschüssel. Mit Sherry nach Belieben stark oder schwach tränken. Ein halbes oder ein ganzes Glas Himbeermarmelade durchrühren, so daß sich die Marmelade gut streichen läßt, und auf die Kuchenbrocken streichen. Jetzt wird die Schüssel mit einem Teller oder einem Deckel zugedeckt, und die Vanillecreme wird zubereitet: Dazu kocht man nach Vorschrift aus $^1/_2$ l Milch, Zucker und einem Beutel Vanillepuddingpulver einen Pudding, verbessert ihn, indem man 2–3 Eigelb unter die heiße Puddingmasse rührt und den steifgeschlagenen Schnee der Eier vorsichtig darunterzieht. Die Vanillecreme wird noch heiß auf die Himbeeren gefüllt, und nun wandert der Trifle ins Kühle. Es tut ihm gut, wenn er über Nacht stehen kann. Im letzten Moment streicht man $^1/_4$ l steifgeschlagene, etwas gesüßte Sahne auf die Vanillecreme. Der Trifle wird eiskalt serviert.

Creme Bavaroise

Für die Bayerische Creme quirlt man
1/4 l Sahne, oder halb Sahne, halb
Milch, mit 3 Eigelb und 125 g
Zucker im Wasserbad, bis eine dick-
liche Creme entsteht. Das dauert
etwa 10–15 Minuten. In diese Creme
rührt man einen Beutel nach Vorschrift gelöste Gelatine, gießt sie in
eine Glasschüssel, stellt sie in den
Kühlschrank, läßt sie fast erstarren,
was etwa zwei Stunden dauert, und
rührt dann 1/4 l geschlagene Sahne –
wenn man will, auch die drei steifgeschlagenen Eiweiß – darunter, stellt
die Creme wieder ins Kühle und läßt
sie ganz und gar erstarren.
Diese Nachspeise reicht für 8 Personen, man kann die Creme stürzen
oder in der Schüssel servieren (was
einfacher und gefahrloser ist).
Auf jeden Fall muß die Creme halb
erstarrt sein, ehe man Sahne und
Eischnee darunterhebt, sonst steigt
das Eiweiß nach oben und setzt sich
als Schaumschicht ab.
Die Bavaroise wird nach Geschmack
gewürzt. Man rührt mit der auf-
gelösten Gelatine zusammen entweder etwas ausgeschabtes Vanille-
mark in die Creme oder 100 g
geriebene Koch- oder Vollmilchschokolade, etwas starken Kaffee oder
eine kräftige Portion Rum.
Wenn man sie noch köstlicher
anrichten will, so dekoriert man sie
mit aufgetauten Tiefkühlhimbeeren
oder -erdbeeren oder mit Borken-
schokolade, oder man vervollständigt
sie zur Scheideltorte, die man heute
meistens vornehmer als

Charlotte Russe

bezeichnet. Dazu wird eine Glasform
ganz und gar mit Biskotten ausgelegt,
mit der Bavaroise gefüllt, erstarren
gelassen und gestürzt.
Für die Charlotte Russe verrührt man
die Bavaroise gern mit 500 g gut
abgetropften eingemachten Erdbeeren
oder Himbeeren und serviert Erdbeersaft oder Himbeersaft dazu.

Zitronencreme

Man rührt 4 Eigelb und 100 g
Zucker, bis die Creme weiß ist, gibt
8 Eßlöffel Zitronensaft, 1 Eßlöffel
Apfelsinensaft und 4 Blatt oder einen
halben Beutel gemahlene Gelatine
– je nach Vorschrift aufgeweicht –
hinzu. Diese Masse kommt in den
Kühlschrank, und wenn sie zu
gelieren beginnt, zieht man 1/4 l
steifgeschlagene Sahne darunter.
Man kann auch nur das steifgeschlagene Eiweiß unterheben oder die
Sache besonders üppig machen und
Sahne und Eischnee unter die Creme
heben. Sie wird dann etwas leichter.

Orangencreme

entsteht, wenn Sie 8 Eßlöffel Orangensaft und 1 Eßlöffel Zitronensaft
verwenden.
Diese Creme hat insgesamt den
Vorteil, etwas leichter zu sein.

Mousse au Chocolat

250 g Kochschokolade wird mit 3 Eßlöffeln Wasser oder Sahne vorsichtig in einer Kasserole geschmolzen. Etwas abkühlen, dann 3 Eigelb dazurühren. Wenn die Masse ganz kalt geworden ist, werden die 3 Eiweiß zu Schnee geschlagen und daruntergehoben. Die Mousse wird auf in Rum geweichte Löffelbiskuits oder Makronen oder in einen Steintopf gefüllt und mindestens einen halben Tag ziehen gelassen. Schlemmer ziehen nach dem Eischnee noch $1/8$ bis $1/4$ l geschlagene Sahne unter die Creme, aber das ist dann eine Schokoladencreme, und keine Mousse au Chocolat mehr.

Torrone molle

Je 125 g Butter, Puderzucker und Kakao werden mit einem Eigelb, 1 Teelöffel Kaffeepulver und 1 Ei cremig gerührt, dann kommen 125 g gepellte und gemahlene Mandeln dazu. Diese Creme wird abwechselnd mit 125 g Leibnizkeks oder Löffelbiskuits in eine mit Alufolie oder Klarsichtfolie ausgelegte Kasten- oder Rehrückenform gefüllt. Im Kühlschrank erstarren lassen, erst direkt vorm Essen herausholen und mit einem heißen Messer in dünne Scheiben schneiden.

Der Hauptgang

kann schon am Heiligen Abend festlich sein, wenn alles drum herum vorbereitet ist.

Ein großer Braten

besitzt so viele Vorteile, daß man ihn Gans und Karpfen vorziehen sollte. Denn

* man braucht nicht in der Küche zu zu stehen. Der Braten bleibt eine bestimmte Zeit bei bekannter Temperatur im Ofen, steht dann nur noch 15 Minuten im offenen Ofen, damit sich der Saft in ihm wieder setzen kann und beim Anschneiden nicht herausfließt.

Große Braten lassen sich leicht tranchieren und anrichten. Sie machen satt und brauchen nur Weißbrot und Gemüse oder Gemüsesalat als Begleitung.

* Große Braten ergeben kaltes Fleisch, willkommene Mahlzeiten für die nächsten Tage.
* Große Braten kann man von vornherein kalt servieren: Das Roastbeef, der Kassler Schweinerücken, der Rehrücken, das alles schmeckt köstlich zu Saucen und Salaten.
* Große Braten lassen sich leicht servieren. Man baut ein Bufett um sie herum auf und kann auf diese Weise auch in einer kleineren Wohnung größere Gästescharen bewirten.

Allgemeine Bratregeln

Das Fleisch wird gesäubert, wenn es notwendig ist, dann mit Öl und Gewürzen, Rosmarin oder Majoran und Thymian eingerieben, aber nicht gesalzen. Auf den Rost oder eine flache Bratform legen, in den auf 250° vorgeheizten Ofen schieben, nach 10 bis 15 Minuten auf 200° hinunterschalten, die vorgeschriebene Zeit zu Ende braten.

* Mageres Fleisch mit dünnen Scheiben fetten Speck belegen oder umwickeln. Das spart das Begießen und schützt das Fleisch vorm Austrocknen.
* Fettes Fleisch oder Fleisch mit einer Fettschicht mit dieser nach oben auf den Rost legen. So begießt sich das Fleisch von selber.
* Stark bräunendes Fleisch wird mit einem Blatt Aluminiumfolie vor dem Verkohlen geschützt.

Auf diese Weise braten sich Roastbeef, Rinderfilet, Schweinefilet, ausgelöster Schweinerücken,

Frikandeau (Stück aus der Kalbskeule) und anderes mehr.

Bratzeiten

Die angegebenen Zeiten gelten für Braten von 1 kg:

Roastbeef rosa	35–40 Minuten
Roastbeef durch	40–45 Minuten
Rindsfilet, Ochsenfilet	30–35 Minuten
Hackbraten	40–45 Minuten
Schweinsfilet	30 Minuten
Schweinerücken	70 Minuten
Kalbskeule, Nierenbraten	70–90 Minuten
Kalbsrücken	60 Minuten
Hammelkeule, Hammelnacken	90–100 Minuten
Hammelbraten	90–100 Minuten
Rehkeule, Rehschulter	60–80 Minuten
Rehrücken	35–40 Minuten
Hasenrücken	30–35 Minuten
Hasenkeule	50–60 Minuten
Wildschweinfilet	35–45 Minuten
Wildschweinkeule, Wildschweinrücken	80–90 Minuten

Ist der Braten schwerer, so müssen pro weiteres 1/2 kg etwa 10 Minuten dazugerechnet werden. Sie können die Bratzeit auch nach der Faustregel berechnen: Für je 1 cm Bratenhöhe braucht man 9–10 Minuten Bratzeit. Man kann den Bratfond mit etwas Fleischbrühe und Maizena oder mit saurer Sahne zu einer Sauce kochen. Nötig ist es nicht, denn gut und nicht zu lange gebratenes Fleisch ist in sich saftig, und die Gemüsesalate sind ebenfalls reich an natürlicher Frische.

Reichen Sie den Braten kalt, so paßt zu Rind und Kalb eine Remouladensauce, zu Schwein und Wild die Cumberlandsauce.

Cumberlandsauce

Von der echten Cumberlandsauce kann niemand sprechen, denn überall haben sich leichte Variationen entwickelt. Das bekannteste Rezept: Die Schale einer unbehandelten Apfelsine hauchdünn abschälen, in winzige Streifchen schneiden, mit kochendem Wasser überbrühen und gut abtropfen lassen. 200 g Johannisbeergelee (1 Glas) mit dem Schneebesen rühren, bis es schlank ist, dann die Orangenschalenstückchen, 2 Teelöffel scharfen Senf, den halben Saft der Apfelsine und 1 Glas Rotwein oder Portwein dazurühren. Die Sauce darf nicht zu flüssig sein, und sie wird in der Konsistenz und im Geschmack besser, wenn sie über Nacht steht. In England schneidet man 1–2 Chalotten, kleine Zwiebeln, in sehr feine Würfelchen und überbrüht sie genauso wie die Orangenschale. Mit allen anderen Zutaten und nur mit Portwein verrühren.

In älteren Rezepten fehlen die Chalotten, dafür wird noch ein Eßlöffel Olivenöl mit allem anderen verrührt.

Wer die Sauce gern etwas schärfer

gewürzt hat, kann mit Pfeffer oder gemahlenem Ingwer abschmecken. Will man die Sauce etwas leichter machen oder verlängern, so verrührt man sie im Verhältnis 1:4 mit festem Rindfleischjus.

Remouladensauce

Zuerst rührt man eine Mayonnaise aus 2 Eigelb, 1 Teelöffel scharfem Senf, Salz, Pfeffer, 1 geriebene Zwiebel, 1 Prise Zucker und Gewürz nach Geschmack. Das kann Majoran sein oder Paprikapulver oder Curry. Jetzt wird das Öl zuerst sparsam tropfend, dann im Strahl dazugerührt. Am schnellsten rührt sich die Mayonnaise mit dem Handrührgerät oder im Mixbecher der Küchenmaschine. Man braucht für die beiden Eigelb entweder ½ l Öl, kann Oliven- oder Maiskeimöl nehmen, und würzt zum Schluß mit 2 Eßlöffeln Essig oder Zitronensaft.
Die Mayonnaise wird ausgiebiger und leichter, wenn man nicht nur die Eigelb, sondern die ganzen Eier verquirlt. Dann kann man sie freilich nicht stehen lassen, weil sich das Eiweiß nach einer Weile absetzt und die Sauce dünn macht.
Leichter wird die Sauce auch, wenn man ½ l Mayonnaise mit ¼ l erkaltetem Maizenabrei verrührt. Oder wenn man zu ¼ l Mayonnaise einen Becher Joghurt gibt.
Zur Remoulade wird die Mayonnaise, wenn man sie mit einer Tasse frisch gehackten grünen Kräutern vermischt. Man kann auch ein oder zwei hartgekochte zerdrückte Eidotter dazugeben.

Salate zum Braten

● Rosenkohlsalat, der eins zu eins aus gedünstetem Rosenkohl und Leipziger Allerlei (gut abgetropfter Inhalt einer Dose) mit Essig und Öl oder mit einer Mayonnaise gemischt wird.

● Selleriesalat zu gleichen Teilen aus gekochtem Sellerie, Äpfeln und Zwiebeln gemischt, zuerst in einer Marinade ziehen gelassen, dann mit Mayonnaise unterhoben.
● Reissalat mit Champignons und Erbsen.
● Kartoffelsalat mit Sellerie, Äpfeln, weißen Bohnen und Gewürzgurken.

Warme Gerichte zum Braten

Reis mit Erbsen. Reis mit Aprikosen und Zwiebeln. Reis mit Kräutern. Man verwendet für diese Gerichte garen Reis, am Vortag gekocht, wärmt die Beilagen aus Dosen im Saft oder in Butter und schwenkt den Reis darin, bis er heiß ist. Oder man stellt eine feuerfeste Schüssel 30 Minuten zum Braten in den Ofen. Genauso kann man kleine Nudeln verwenden und wärmen: Nudeln mit Mais und Erbsen. Nudeln mit Tomaten. Nudeln mit roten Bohnen und Kichererbsen. Nudeln mit Zwiebeln und Paprikaschoten.
Ein paar spezielle Bratenrezepte, die jedem Weihnachtstisch Ehre machen:

Schinkenbraten

Bestellen Sie 2–3 kg Schinken mit Schwarte rechtzeitig beim Schlachter und bitten Sie um ein schönes Stück aus der Unterschale. Lassen Sie die Schwarte gleich vom Schlachter zisilieren, das bedeutet: in schräge Rechtecke schneiden. Dann zieht sich die Schwarte beim Braten nicht zusammen, und außerdem kann das Fett während der Bratzeit besser ausschwitzen. Sie ersparen sich damit die Arbeit, den Braten immer wieder begießen zu müssen. Soll Ihr Braten eine knusprige Kruste bekommen, so brühen Sie die Schwarte vor dem Braten mit heißem Wasser ab, damit sie vom eigenen Fett befreit ist, und der Honig, mit dem Sie die Schwarte anschließend bepinseln wollen,

nicht gleich wie Wasser abperlt. Eine Frage, die vor dem Kauf entschieden werden muß: Wollen Sie das Fleisch mit oder ohne Knochen braten? Ein ganzer Schinken wiegt 5–7 kg. Wenn Sie sich also einen halben Schinken bestellen, können Sie wählen, ob Sie ihn mit oder ohne Knochen wünschen. Ohne Knochen tranchiert sich der Braten leichter. Mit Knochen bleibt das Fleischstück meistens besser in Form.

Sie heizen den Ofen auf 250° vor, bestreichen das Fleisch auf der schwartenlosen Seite mit Öl, bepudern es mit Pfeffer oder gemahlenem Rosmarin und setzen es auf den Rost, der über die tiefe Fleischpfanne gelegt wird. 10–15 Minuten brät der Schinken bei dieser hohen Temperatur an, dann wird auf 175° hinuntergeschaltet. Ein großer und dicker Braten wie der Schinken bleibt saftiger, wenn er lange und bei einer niedrigeren Temperatur braten kann. Für den halben Schinken rechnet man pro 500 g Gewicht 30–35 Minuten Bratzeit. Das bedeutet bei einem Braten von 2 kg 140 Minuten, bei einem Braten von 3 kg maximal 180 Minuten Bratzeit. Lassen Sie Ihren Schinken also friedlich 2½–3 Stunden braten, Sie brauchen sich nur um ihn zu kümmern, wenn Sie die Schwarte in der letzten Stunde mit Honig knusprig machen wollen. Dann pinselt man alle 10 Minuten schnell frischen Honig darüber.

Halten Sie auf jeden Fall ein großes Stück Alufolie bereit, mit dem während des Bratens die Schwarte abgedeckt werden kann, falls sie dunkel zu werden droht. Zum Karamelisieren der Schwarte mit Honig muß man die Folie freilich wieder abnehmen.

Vorm Servieren und Tranchieren steht der Braten 15–20 Minuten im ausgeschalteten und geöffneten Ofen, um Saft zu sammeln.

Wenn Sie am nächsten Tag mit dem Bratfond etwas anfangen wollen, lassen Sie ihn an diesem Abend da, wo er ist, und kümmern sich nicht um ihn. Er hält sich sowieso bis morgen im Backblech, ohne schlecht zu werden.

Wenn Sie warme Beilagen zum Weihnachtsbraten geben wollen, öffnen Sie Dosen mit feinen Gemüsen, 500-g-Dosen für eine kleine, 1000-g-Dosen für eine große Gästeschar. Stellen Sie die geöffneten Dosen 30 Minuten vor dem Bratende mit in den Herd. Man braucht sich dann nur dicke Topflappenhandschuhe anzuziehen, die heißen Dosen aus dem Herd zu holen, abzugießen, in vorgewärmte Schüsseln zu füllen und mit etwas Salz, Zucker, Butter und frisch gehackten Kräutern zu schwenken. Zum Warmbleiben wieder in den Herd stellen, Kartoffelflockenpulver in heiße Wassermilch rühren, die man mit Salz, Pfeffer, Muskat und Zwiebelpulver gewürzt

hat. Damit ist das Weihnachtsessen fertig.

Kaum Arbeit am Abend des 24. Dezember haben Sie, wenn Sie die Arbeit auf den Vormittag verlegen. Öffnen Sie die Gemüsedosen, gießen Sie sie ab, schütten Sie den Inhalt in Salatschüsseln, salzen, pfeffern, zuckern Sie das Gemüse, geben Sie Thymian oder fein verriebenen Oregano dazu, schwenken Sie alles mit Rotweinessig und bestem Öl. Zudecken und ziehen lassen. Am Nachmittag, möglichst vor der Bescherung, wird gekaufte, selbst-

gemachte oder leichte Mayonnaise unter den Salat gehoben. Die Beilage: Weißbrot.

Arbeit am Abend: Braten aus dem Ofen ziehen, Weißbrot aufschneiden. Ob mit warmen oder kalten Beilagen: Zum Schinken gehört ein herber Rotwein.

Kalter Schinken an den Feiertagen

Sie haben den Schinkenbratenrest mit dem Anschnitt in seinen Bratfond gelegt. So bleibt das Fleisch saftig. Hat es am Weihnachtsabend

etwas Warmes zum heißen Schinken gegeben, so servieren Sie am ersten Feiertag Salate dazu. Mischen Sie sich nach dem Rezept für den 24. einen oder zwei Gemüsesalate. Oder geben Sie zum Braten:

Waldorfsalat

Äpfel, Sellerie und Walnüsse in Mayonnaise.

Zigeunersalat

Eingelegte Paprikaschoten, Zwiebelscheiben, Gewürzgurkenscheiben, Tomaten, alles in Marinade.

Bohnensalat

Weiße Bohnen, Kartoffeln, Äpfel, Sellerie, Perlzwiebeln in leichter Mayonnaise.
Haben Sie am 24. Dezember Salate geboten, so schmeckt jetzt zum kalten Fleisch ein warmes Gericht.

Risibisi

4–5 Tassen gekochten Reis mit einer Dose Erbsen (Dose, abgegossen) mischen und in das tiefe Backblech schütten, mit dem Bratfond vom Schinken vermischen und alles heiß werden lassen und durchschwenken. Mit Curry oder reichlich Petersilie würzen und mischen. Zu diesem Gericht schmeckt Bier.

Bauernschmaus

Lassen Sie den Bratfond im Ofen heiß werden und braten Sie darin in Scheiben geschnittene Pellkartoffeln. Sind sie gut angebraten, schieben Sie sie etwas zusammen und legen halbierte, mit Pfeffer, Salz und geriebenen Zwiebeln gewürzte Tomatenhälften drumherum. Weiterbacken, bis die Tomaten gar sind.

Rosenkohl

Dünsten Sie soviel Rosenkohl, wie Sie brauchen, kochen Sie inzwischen aus dem Bratfond mit Sahne und etwas Maizena oder mit Portwein und Maizena eine Sauce und reichen Sie sie mit Kartoffelbrei (aus der Packung) oder Kartoffelklößen (aus dem Tiefkühlfach) zu Gemüse und kaltem Schinken.
Der Rest vom Schinkenbraten wird in Scheiben geschnitten, in Folie gepackt und in das Tiefkühlfach gelegt. Zum Sylvesterabend können Sie aus dem aufgetauten, in Streifen geschnittenen Fleisch köstlichen Salat bereiten.

Rinderbraten mit Yorkshire Pudding

Kaufen Sie mindestens drei Pfund Roastbeef im Stück, möglichst 2 kg. Wenn der Braten kleiner ist, lohnt es die Mühe nicht, und der Braten wird außerdem zu trocken. Lassen Sie die Knochen nicht auslösen und das würzige Fett nicht abschneiden. Ölen Sie das Fleisch und pudern Sie es mit feingeriebenem Majoran oder mit Thymian. Legen Sie das vor-

bereitete Fleisch in eine ovale Bratform und schieben Sie es in den auf
250° vorgeheizten Herd. 10–15
Minuten anbraten, wobei das Fleisch
so auf seinen kurzen Knochen steht,
daß die Fettseite nach oben zeigt.
Nach 15 Minuten wird der Ofen auf
200° heruntergeschaltet und der
Braten weitere 60–65 Minuten
gebraten. Ist das Fleisch schwerer als
drei Pfund, so rechnet man pro Pfund
20–25 Minuten mehr.
Der Teig für den Yorkshire Pudding
ist vorher fertig: 2 Eier werden
mit dem Handrührgerät schaumig
gerührt, dann kommen ½ Teelöffel
Salz, etwas geriebener Muskat, etwas
frisch gemahlener Pfeffer, ¼ l Milch
und 100 g Mehl dazu. Der Teig
muß mindestens eine Stunde im
Kühlen rasten. Eine halbe Stunde
vorm Ende der Bratzeit nimmt man
das Fleisch aus der Bratschüssel,
gießt den Yorkshire-Puddingteig in
das heiße Fett, schiebt die Schüssel
auf den Boden des Backofens und das
Fleisch auf dem Rost darüber. So
betropft es den aufgehenden Pudding
von oben mit seinem kräftigen Saft.
Braten und Pudding sollen etwa
10 Minuten im abgeschalteten Ofen
stehen. Zum Rinderbraten gibt es
einen Salat aus Tomaten, Kopfsalat
und Kräutern, den Yorkshire-
Pudding, den man mit einem scharfen
Messer in Rhomben schneidet, und
einen edlen Bordeaux.

Gekochter Kassler

Dieses Gericht gelingt besonders gut,
wenn man einen Schnellkochtopf
(Pressure Cooker) besitzt. Man kauft
sich auf jeden Fall mindestens
1,5 kg Kassler, wäscht es, legt es
in den Schnellkochtopf oder in einen
großen Kochtopf, gibt 2–3 gepellte
Zwiebeln, eine ganze geschabte
Mohrrübe, ½ bis 1 geschälte Sellerieknolle, 2 Lorbeerblätter, 12 Pfefferkörner und eine Prise Zucker dazu.

Mit Wasser auffüllen, bis das Fleisch
fast bedeckt ist. Kein Salz hinzugeben, weil das Fleisch selbst genug
Salz enthält. Im Schnellkochtopf
ist es in 30 Minuten gar, im Kochtopf
braucht es zwei friedliche Koch-
stunden. Im Sud erkalten lassen,
dann erst herausnehmen und
zu Gemüsesalaten oder gedünstetem
Dosengemüse servieren.
Die mitgekochte Sellerieknolle ist
eine ausgezeichnete Basis für einen
Salat, da sie durch die Kassler Brühe
besonders würzig geworden ist.
Aus der Brühe kann man köstliche
Reis- oder Nudelsuppen kochen.

Kassler im Teig

Bereiten Sie einen Hefeteig aus
200 g Mehl, 200 g Milchpulver, 20 g
Hefe, ½ Teelöffel Salz, 1 Eigelb
und etwa ¼ l Wasser zu und lassen
Sie ihn einmal gehen. Das gut
abgetropfte, entbeinte Kassler Fleisch,
1000–1500 g, wird gleich mit scharfem Senf eingepinselt, mit grobem
Zucker bestreut und mit ein paar
Blättern Rosmarin belegt. Dann rollt
man den Teig aus, legt das Fleisch
in die Mitte, bestreicht den Rand
des Hefeteigs mit Eiweiß und wickelt
ihn fest um das Fleisch. Mit der
glatten Seite nach oben auf
ein gefettetes Blech setzen, mit ver-
quirltem Eigelb bepinseln und
30–40 Minuten bei Mittelhitze
(180–200°) backen.
Oder Sie kneten einen Mürbteig aus
500 g Mehl, 300–350 g Margarine,
1 Teelöffel Salz, 1 Eigelb, 50 g Reib-
käse, 1 Teelöffel fein verriebenem
Majoran oder gemahlenem Kümmel,
lassen ihn etwas ruhen und rollen
ihn dann zu einem länglichen
Rechteck aus. Etwas Teig für die
Verzierung aufbewahren. Streuen Sie
jetzt den Inhalt einer 200-g-Dose
Maiskörner, gut abgetropft, auf den
Teig, breiten Sie sie gleichmäßig
aus und rollen Sie einmal leicht mit

der Teigrolle darüber. Jetzt wird
das gekochte Kasslerfleisch, 1,5 kg,
mitten auf den Teig gesetzt, mit
Käsescheiben bedeckt und in den Teig
eingeschlagen. Die Enden liegen
unter dem Braten, damit sich beim
Backen nichts löst. Auf der Oberfläche
werden drei Kreuze nebeneinander
eingeschnitten, damit der Dunst
entweichen kann, aus dem Teigrest
werden Halbmonde oder Sterne
ausgestochen, auf die Teighülle
gesetzt, alles mit Eigelb bepinselt
und rund 40 Minuten im mittelheißen vorgeheizten Ofen gebacken.
In beiden Fällen kann der Teig
mitgegessen werden, man braucht
also nur noch einen Salat und
Cumberlandsauce dazu zu servieren.
Man trinkt einen kräftigen Bordeaux
aus dem Médoc oder St. Emilion
dazu.

Die Weihnachtspute

Der Puter oder Truthahn ist das
größte Hausgeflügel und wird
2 bis 15 kg schwer. Sein Fleisch ist
ziemlich trocken und fettarm, so daß
es den Magen an den Feiertagen
nicht so stark wie Gänse- oder
Entenfleisch belastet. Es empfiehlt
sich, als Weihnachtsbraten eine Pute
von 3–5 kg zu wählen, sie ist nicht
zu gewaltig, und sie ergibt trotzdem
genug Fleisch für eine warme
Mahlzeit, eine kalte Mahlzeit und
Salate oder Klöße.
Man bekommt den Truthahn brat-

fertig, muß jedoch ein paar Extra-
Dressierregeln beachten:
• Die Halsöffnung muß – auch
wenn der Kropf nicht gefüllt wird –
geschlossen werden. Dazu zieht man
die Haut auf den Rücken und
befestigt sie dort mit einem Holzstift,
oder man näht sie mit einem
Zwirnsfaden fest. Die Bauchöffnung
wird ebenfalls sorgfältig verschlossen.
• Die Flügel werden nach oben
gebogen und auf dem Rücken verschränkt befestigt. Man kann dazu
wieder Holzstäbchen benutzen oder
Dressierklammern.
• Die Keulenenden werden entweder
zusammengebunden oder durch
einen Schlitz in der Schwanzhaut
gezogen, so daß sie fest am Körper
liegen.
Nachdem der Vogel so vorbereitet ist
und sich nichts mehr lösen und
schwarz verbrennen kann, wird er
mit Öl oder flüssigem Fett bepinselt,
innen gesalzen und zumindest mit
Kräutern oder Zwiebelpulver aus-
gepudert, falls er nicht gefüllt wird.
Dann läßt man 100 g Fett heiß
werden, gießt es in die Bratpfanne
oder das Bratblech, legt das Tier
mit der Brust nach oben hinein und
brät es je nach Größe lange und
langsam oder rasch und stark.
Es braucht während des Bratens nur
mit dem flüssigen Fett von Zeit
zu Zeit wieder begossen zu werden,
wenn es bei 190–200° brät. Bei

den größeren Tieren kann man
ein Stück Aluminiumfolie auf sie
decken, falls die Haut zu stark bräunt.

Bratzeiten für Puten oder Truthähne

Puter (3–4 kg)	2¹/₂–3¹/₂ Stunden
Puter (4–6 kg)	3¹/₂–4 Stunden
Puter (6–8 kg)	4¹/₂–5 Stunden
Puter (8–10 kg)	5¹/₂–6 Stunden

Bei dieser verhältnismäßig langen
Bratzeit wählt man eine Ofen-
temperatur von 165–170°. Bei dieser
milden Hitze wird das Tier gar
und trocknet während des Bratens
nicht aus. Das ist gerade bei diesem
Vogel sehr erstrebenswert.

Gefüllter Truthahn

Der Vogel wird innen gut gesäubert
und trocken getupft, mit Fülle oder
Fleischfarce gefüllt, wobei man
die Bauchhöhle nicht zu voll stopfen
soll, weil das Tier sonst beim Braten
platzt. Dann wird die hintere
Öffnung zugenäht und die Bratzeit
etwas länger als gewöhnlich
berechnet. Beim Puter kann man
entweder die ganze Bauchhöhle oder
nur den Kropf füllen, das heißt
die lose Hautfalte zwischen Brust
und Hals.

● Ein Truthahn braucht je Kilo etwa
zwei Tassen Fülle. Einen Rest Fülle
kann man neben dem Teig garen.

Puterfüllen

- 750 g Bratwurstbrät, 750 g gekochte und gepellte Maronen (Eßkastanien), 200 g Würfelspeck, 1 Glas Cognac, 70 g zerlassene Butter, die fein-geschnittene Truthahnleber und 250 g Hühnerleber. Mit Salz, Pfeffer, 1 Prise Zucker und Majoran würzen.
- 2 geriebene Brötchen, 2 gehackte Zwiebeln, 2 grob gehackte Äpfel, reichlich fein gewiegte Petersilie, 700 g gepellte, gekochte, gehackte Maronen, die Truthahnleber, geriebener Muskat, Pfeffer, Salz und soviel Weißwein, wie die Fülle braucht.
- 200 g eingeweichte, getrocknete und fein gewiegte Aprikosen, 2 Tassen gekochter Reis, 1/2 Tasse Sherry, Salz, Zucker, Pfeffer, 2 grob gewiegte Zwiebeln, 1 Tasse Fett und eine beliebig große Prise Curry.
- Herz, Leber und Magen des Tieres werden mit 200 g Schinkenspeck und 200 g magerem Rindfleisch durch den Wolf gedreht. Mit 20 grob gehackten Mandeln, 50 g ein-geweichten und gut abgetrockneten Weinbeeren, 1 Ei, 1 Tasse Semmel-mehl, 1 Teelöffel Currypulver, Saft und Schale einer halben Zitrone, 1 Glas Rum, Salz und weißem Pfeffer mischen.
- Gleichviel gekochte, gepellte Kastanien, Äpfel und Zwiebeln mit Semmelbröseln und Korinthen mischen, mit Salz, Pfeffer, Tomaten-püree, fein gewiegter Petersilie, Thymian oder Basilikum oder Oregano, zerlassener Butter und etwas Sherry mischen. Statt Sherry kann man auch Zitronensaft nehmen.

Es ist am praktischsten, ein großes Tier schon tranchiert aufzutragen. Man löst dazu die rechte und die linke Brusthälfte ab und schneidet sie in Scheiben. Sollte das nicht reichen, so nimmt man noch einen oder zwei Schenkel dazu, die ebenfalls soviel Fleisch enthalten, daß man Scheiben davon schneiden kann. Der gefüllte Truthahn braucht keine Beilage, höchstens etwas Weißbrot oder einen frischen grünen Gemüse-salat.

- Beilagen zum ungefüllt gebratenen Truthahn: jede Art von Reis mit Gemüse, Reispilaw, Tomatenreis, Spinatreis; warmer Kartoffelsalat mit Speck- und Zwiebelwürfeln; weiße Bohnen in Tomatensauce.

Den Bratfond kann man mit Rotwein oder Sahne zu einer Sauce kochen und zu Kartoffelbrei servieren. Dann kann man einen Gemüsesalat zum Truthahn reichen.

Reste vom Truthahn

Sie sind überaus willkommen, denn besonders das helle Fleisch läßt sich vorzüglich zu Salaten verarbeiten. Man mischt gleichviel Champignons, Maiskörner, feine Erbsen und Truthahnfleischwürfel, schwenkt alles in Essig und Öl, würzt mit Oregano, Pfeffer und Salz und läßt

die Mischung ziehen. Zum Schluß
mit etwas Mayonnaise vermengen.

Truthahnklöße

Dazu mischt man 170 g Mehl mit
15 g Backpulver, gibt 350 g durch-
gedrehtes Fleisch, $\frac{1}{4}$ l Milch und ein
geschlagenes Ei dazu. Alles gut
verrühren, mit einem Eßlöffel Klöße
abstechen und in Fleischbrühe etwa
15 Minuten simmern lassen.

Truthahngelee

500 g Truthahnreste ohne Haut und
Knochen werden in 2 Eßlöffel
Essig, 5 Eßlöffel Öl, Salz, Zucker,
Pfeffer und Paprika 1–2 Stunden
mariniert. Dann bereitet man aus
einem Beutel gemahlener Gelatine
nach Vorschrift mit $\frac{1}{2}$ l klarer,
kräftig abgeschmeckter Fleischbrühe eine Geleeflüssigkeit. Wenn sie
anfängt zu gelieren, gießt man die
Hälfte in eine Glasschüssel, legt
das Truthahnfleisch darauf, garniert
es mit Eischeiben, Tomatenscheiben,
Olivenscheiben, mit Pilzen und
Fleischklößchen, Paprikaringen und
Blumenkohlröschen. Den Rest
der Gelierflüssigkeit zugießen und
ganz und gar erstarren lassen.

Gebackener Truthahn

Ein gutes Rezept für die übrig
gebliebenen Keulen. Man schneidet
das Fleisch von ihnen ab, zieht die
Haut ab, schneidet das Fleisch in
fingerlange und -dicke Streifen,
paniert es zuerst in Mehl, zieht es
durch zerschlagenes Ei, wendet es
dann in Semmelbröseln um und
backt es rasch von allen Seiten golden
aus.

Truthahnragout

Bereiten Sie aus einem Rest Bratfond
oder aus einem Beutel Fertigsauce
eine beliebige Grundsauce, lassen Sie
kleingeschnittenes Truthahnfleisch
darin heiß werden und ergänzen Sie
das Ragout beliebig mit Pilzen,
anderem Fleisch, kleingewürfelter
Zunge und Fleischklößchen.

Andere Länder – andere Sitten, sagt
man, aber die Unterschiede der
Weihnachtssitten sind heute nicht
mehr so groß wie noch vor einer
Generation. Und je mehr sich die
Arbeitsbedingungen überall ändern,
je mehr sich die Wirtschaftsstrukturen
der einzeln Länder einander
angleichen, desto austauschbarer
werden die Dekorationen und die
Zutaten der arbeitsfreien Tage.
Es gibt aber nicht nur den Plumpudding und die Maronencreme auch
bei uns in Dosen, man kann sich
also nicht nur ein englisches oder ein
französisches Weihnachten fertig
zubereitet und garantiert unverderblich kaufen, unsere Weihnachtssitten
sind genausogut in alle Welt
hinausgewandert. In Madrid stehen
Weihnachtsbäume auf den Plätzen
der Stadt, Springerle und Dresdner
Stollen findet man in argentinischen
Kochbüchern und in afrikanischen
Lebensmittelgeschäften, und indische
Kinder malen Weihnachtsmänner
zwischen Palmen und Lotos-
blumen.
Mancher bedauert es, daß alles aus-
tauschbar zu werden beginnt.
Mancher empfindet es als Anregung,
fremdes Weihnachtsgewürz in die
Nase zu bekommen und von
anderen Sitten zu erfahren. Weil
man oft auch etwas so Vertrautes wie
das Weihnachtsfest mit etwas
Unbekanntem bereichern möchte,
finden Sie zum Abschluß noch ein
paar Weihnachtsrezepte aus anderen
Ländern, und ich möchte diese
Sammlung mit einem Rezept
beginnen, das in zwei Ländern
zu Hause ist, und das man auch in
russischen Kochbüchern entdecken
kann. In Hamburg und Dänemark

gehört ein Salat zum Essen am
Heiligen Abend, der sich wohl aus
einer Fastenspeise entwickelt hat und
im Lauf der Zeit so verändert und
bereichert worden ist, daß er sehr
wohl als Hauptmahlzeit am
Heiligen Abend vor der Bescherung
stehen und ausreichen kann. Er
besitzt außerdem den Vorteil, daß er
der Hausfrau wenig Arbeit am Abend
selber macht.

Hamburger Heringssalat

Gleichviel Salzhering, Kalbfleisch,
Äpfel, Pellkartoffeln, gekochter
Sellerie, Gewürzgurken, eingelegte
Rote Beete werden gewürfelt, mit
gehackten Zwiebeln, Kapern und
einer Marinade aus einem Teil Essig
und fünf Teilen Öl samt Pfeffer,
Salz und Zucker geschwenkt. Gut
durchziehen lassen, eventuell noch
einmal mit dem Saft aus dem
Gurkenglas oder mit etwas von dem
Essig, in dem die Rote Beete eingelegt
gewesen sind, tränken, mit gehackten,
gekochten Eiern garnieren und zu
Brot und Bier servieren.
● In Dänemark wird dieser Salat
auch mit süßsauer eingelegten
Heringen oder mit Bismarckheringen
zubereitet, während er
● in Rußland zuerst nur in seiner
Marinade zieht und dann mit einer
gehörigen Portion saurer Sahne
durchgeschwenkt wird.
In Dänemark steht dieser Salat samt
anderen Köstlichkeiten auf dem

Weihnachtsbufett

Dazu gehören außerdem Sülze und
Würste, verschiedene eingelegte
Fische, Fleischklößchen, entweder
heiß und frisch gebraten, oder in
einer Sahnesauce auf einem Rechaud,
vor allem der große Schinken – als
Erinnerung an den Juleber – oder
zumindest ein kalter Schweinerücken-
braten, manchmal mit Äpfeln und
Backpflaumen gefüllt. Dazu läßt man
am besten den Fleischer mit seinem
langen spitzen Messer von beiden
Seiten durch die Kotelettreihe stechen
und stopft dieses Loch zu Hause
mittels eines langen Kochlöffels mit
Apfelstücken, Pflaumen und Rosinen,
bis der Schlitz voll ist. Man kann
die Früchte so verwenden, wie sie
sind, man kann sie auch vorher mit
Zimt und Ingwer, etwas Rum oder
Sherry würzen. Es spielt keine Rolle,
ob der Braten ausgelöst ist oder
noch auf dem Knochen sitzt, man
brät ihn nur 20–30 Minuten länger
als einen normalen Rückenbraten
und bei 190° statt bei 200°. Der fertige
gefüllte Schweinebraten wird kalt
oder warm aufgeschnitten.
Zum Heringssalat und zum Schinken
gibt es den Julschnaps, einen
kräftigen Klaren, und Bauernbrot.

Dieses Bufett am Weihnachtstag,
dem 25. Dezember, ist noch eine Erinnerung an das alte keltische »offene
Haus«, und es ist für alle Besucher
gedeckt, die man nur erwarten kann.

Geht man abends aus, so richtet man ein Bufett aus Orangen, Clementinen, Äpfeln, Weihnachtsgebäck, Safranbrot, Stollen und Kaffee und Tee – auf Stövchen – her, an dem sich den ganzen Nachmittag lang die Teegäste erquicken können.

Zum Schinken aß und ißt man in Dänemark und im übrigen Skandinavien wie in Frankreich neun- oder siebenerlei Beigaben, denn diese beiden Zahlen besaßen magische und mythische Bedeutung: In sieben Tagen wurde die Welt erschaffen,

neun ist drei mal drei, also eine Vollendung der Heiligen Zahl. Deshalb besteht der Heringsalat aus siebenerlei Zutaten, und zum Schweinefleisch gibt es sieben verschiedene Breie als Beilage: Linsen-, Erbsen- und Bohnenpüree, Kastanienpüree, Kartoffelbrei, Apfelmus und Zwiebelmus. Das Kochfleisch der französischen Weihnachtsküche wird mit sieben bis neun Gewürzen gesotten, und die Pfefferkuchen huldigen mit ihrem Reichtum an Anis bis Zimt dem gleichen Prinzip der segensreichen Zahl.

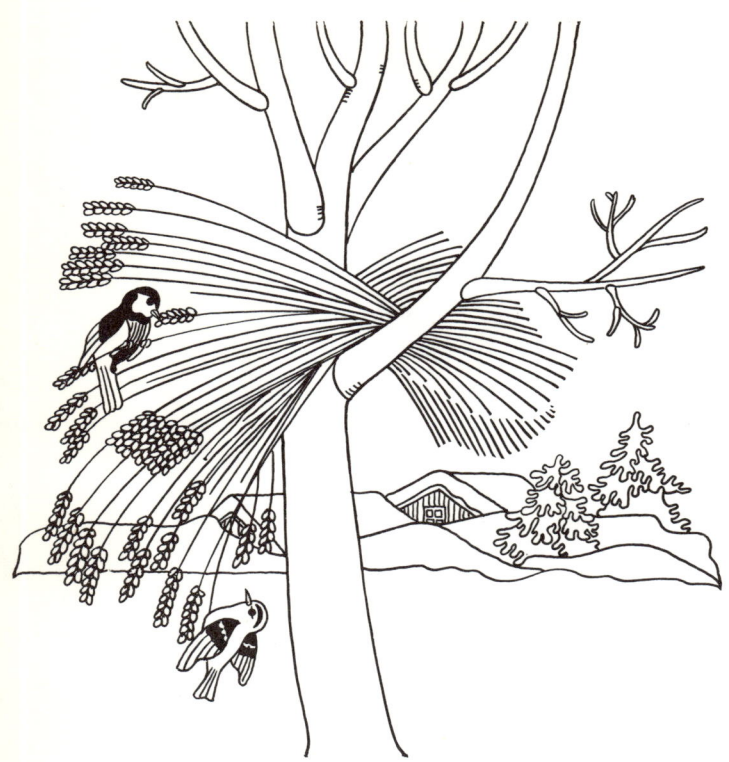

Weihnachtsgrütze

serviert. Das ist ein Milchreis mit
gehackten und mit einer ganzen
Mandel. Die Grütze wird aus halbtiefen Satten gelöffelt, man macht
sich in der Mitte ein Loch, gießt
flüssige Butter hinein, streut Zucker
und Zimt über den Brei und kann
außerdem noch Himbeer- oder
Erdbeersaft dazu nehmen. Wer die
Mandel in seiner Portion entdeckt,
bekommt die »Mandelgabe«, er kann
sich etwas wünschen, was in
Erfüllung geht.

Danach bekommen die Vögel die
Weihnachtsgarbe, ein Büschel Korn-
ähren, das an eine lange Stange
gebunden und in den Schnee oder
die Erde gerammt wird. Wer keinen
Garten hat, bindet die Stange mit
der Weihnachtsgarbe an das Balkon-
geländer.
In vielen skandinavischen Familien
ißt man wie bei uns Rotkohl und
Gänsebraten oder gebratenen
Schweineschinken. Die

Weihnachtsgans

ist eigentlich der englische Weihnachtsbraten, was auf die Legende
zurückgeht, daß Elizabeth I. am
Heiligen Abend des Jahres 1588
gerade eine Gans verspeiste, als die
Nachricht von der Zerstörung der
Armada, der spanischen Kronflotte,
eintraf. Zur Erinnerung an diesen
englischen Sieg über die bisherigen

Auch in Schweden gibt es auf dem
Weihnachtstisch einen Schinken, ein
gekochtes Stück aus der geräucherten
Schweinekeule. Man gibt ihn schon
am Abend des 24. Dezember, serviert
ihn heiß auf einem Holzbrett oder
einer Platte zu Brot und Salaten, und
reicht ebenfalls die Brühe dazu, in
der er gekocht worden ist. Sie wird
würzig abgeschmeckt und in einem
Suppenkessel auf einem Rechaud auf
das Bufett gestellt.
Wer am Heiligen Abend vom Tanz
um den Weihnachtsbaum müde und
hungrig wird, macht eine Pause und
bedient sich an diesem Bufett.
Früher begannen die Eßvorbereitun-
gen im nördlichen Europa mit dem
Backen vom Julbrot und dem Brauen
vom Julbier, und der vierte Advent
war der Tag, an dem das ganze Haus
weihnachtlich geschmückt wurde.
Am Heiligen Abend wurde den Kindern nach der Messe ihre

Herrscher der Sieben Meere war die Gans zumindest solange das englische Weihnachtsgericht, bis Mexiko entdeckt und im Richmond Park die Truthähne für den königlichen Tisch gezüchtet wurden.

Der Weihnachtsbaum, der schon 1444 in England erwähnt worden ist, geriet im Lauf des Mittelalters wieder in Vergessenheit und wurde erst 1841 durch den deutschen Prinzgemahl der Queen Victoria wieder eingeführt. Heute leuchtet jedes Jahr eine große Tanne neben der Nelson-Säule auf dem Trafalgar Square in London, und man zieht am Spätnachmittag und Abend des 24. dorthin, um Carols, Weihnachtslieder zu singen. Die Tanne stammt immer aus Norwegen und ist ein Zeichen des Dankes für die Hilfe Englands im Zweiten Weltkrieg. An vielen normalen englischen Tannen stecken keine Kerzen. Sie sind der Sitte nach den Weihnachtsbäumen in katholischen Familien vorbehalten.

Gans, Puter, Plumpudding und Trifles werden am 25. Dezember aufgetischt, denn am 24. lassen nur die Kinder ein Briefchen an Santa Claus den Kamin emporflattern und hängen erwartungsvoll die Strümpfe auf. In den Büros gibt es meistens eine feucht-fröhliche Weihnachtsfeier.

Das beste englische Weihnachtsdessert: der Trifle, dessen Rezept Sie auf Seite 111 finden.

Das bekannteste englische Weihnachtsdessert:

Der Plumpudding

Er wurde früher wochenlang zu Hause vorbereitet und gekocht, ganz früher sogar in zwölffacher Ausführung: ein Pudding für jeden der zwölf Monate in Erinnerung an die zwölf Apostel. Heute kann man den Plumpudding in Dosen kaufen.

Falls Sie ihn selber zu kochen versuchen wollen, hier ist das Rezept: Man mischt 150 g Mehl, je 1 Teelöffel geriebene Muskatnuß, Zimt und Salz, 200 g weißen oder braunen Zucker, die abgeriebene Schale einer Zitrone und einer Orange und 125 g gemahlene Mandeln in einer Schüssel, gibt 2 Pfund gemischte Trockenfrüchte (Rosinen, Korinthen, Sultaninen, kandierte Früchte, Sukkade), 1 grob gewürfelten Apfel, 150 g Semmelbrösel, 4 Eier und 1 Glas Rum oder Brandy dazu. Schließlich wiegt man 250 g Rindertalg fein und verrührt den Teig zu einer möglichst glatten Masse. Diese füllt man in ein mehlbestreutes Tuch, bindet es an allen vier Zipfeln zusammen und läßt es zuerst 4–6 Stunden, dann noch einmal 2–3 Stunden vor dem Essen im heißen Wasser kochen. Man kann den Teig genausogut in eine große oder zwei mittelgroße gut ausgefettete und ausgebröselte Puddingformen füllen und diese zuerst 4–6 und dann 2–3 Stunden im Wasserbad kochen. Je länger der Weihnachtspudding kocht, desto schwärzer und glatter sieht er aus, und das ist das Zeichen für einen wohlgelungenen Pudding. Zwischen dem ersten und zweiten Kochen sollen mindestens drei Wochen liegen. In dieser Zeit wird der Plumpudding in der mit einem Tuch oder mit einem Stück Butterbrotpapier zugebundenen Form im Kühlschrank aufbewahrt.

• Ein etwas leichteres Rezept: 250 g Sukkade und gezuckerte Orangen- und Zitronenschalen werden fein gehackt, 750 g Rosinen und Korinthen werden gewaschen und klein gehackt, 125 g kandierte Kirschen werden in Viertel geschnitten und 125 g gepellte Mandeln gemahlen. Sie werden mit 375 g feingewiegtem Rindertalg, 375 g

Semmelbröseln, 8 Eiern, 1 Prise Salz,
¼ l Ale oder dunklem Bier und
6 Eßlöffeln Rum oder Brandy zu
einem Teig gerührt. Er wird in eine
gut gefettete Puddingform gefüllt,
die man mit dem Deckel oder mit
einem eingefetteten Butterbrotpapier verschließt und 6 Stunden im
Wasserbad kocht. Zwei Wochen im
Kühlen rasten lassen, am Weihnachtstag noch einmal 6 Stunden
kochen.
Zum Servieren übergießt man den
Weihnachtspudding mit angewärm-
tem Branntwein, entzündet ihn und
trägt ihn in seiner blauen Waberglut
auf. Dazu gibt es entweder eine
Vanillesauce, eine Fruchtsauce, die
aus Aprikosenmarmelade besteht,
die mit Rum schlank gerührt worden
ist, oder Rumbutter, zu der man
gleichviel Butter und braunen Zucker
schaumig rührt, mit Zimt oder
Muskatnuß würzt und mit 4–5 Eßlöffeln Rum aromatisiert. Diese
Creme kommt in den Kühlschrank
und kann vor dem Servieren noch
einmal durchgerührt werden.
Ähnlich schwer ist der bekannte
englische Früchtekuchen,
in dem ebenso wie im Plumpudding
eine getrocknete Bohne oder Erbse
eingebacken wurde, und den es am
letzten Abend der Zwölf Nächte,
dem 6. Januar gab. Heute wird
dieser Tag in England noch als
»kleines Weihnachten«, little Christmas, bezeichnet, weil am Dreikönigs-

Tag früher das Hauptfest samt
Bescherung stattgefunden hat.
In beiden Gerichten, dem Weihnachtspudding und dem Früchtekuchen, preist man mit der Vielfalt
der Zutaten den Reichtum der
Schöpfung. Das gilt auch für die
Punsche, mit denen man sich nach
den üppigen Mahlzeiten labt.

Wassail

12 Äpfel in braunem Zucker mit
Zimt, Muskat und Ingwer 30 Minuten dünsten, dann in eine Glasbowle
füllen, 1 Tasse Zucker mit 1½
Tassen Orangensaft erhitzen, 2 l Ale
oder Bier dazugeben, 15 Minuten
ziehen lassen, ohne daß die Flüssigkeit ins Kochen gerät. Dann wird
sie heiß über die Äpfel gegossen, die
leise zischend emporsteigen und
schwimmen.

Wassail mit Apfelwein

Die Äpfel wie oben vorbereiten,
2 l Apfelwein heiß werden lassen,
mit Zimt, 1 Eßlöffel Zucker, ¼ l
Sherry und einer in dünne Scheiben
geschnittenen Zitrone würzen,
rühren, bis sich der Zucker aufgelöst
hat, zudecken und auf ausgeschal-
teter Platte noch 3 Minuten ziehen
lassen. Dann wird der Apfelwein
über die Äpfel gegossen.

Die skandinavische Version des
Weihnachtspunsches ist der Glögg,
und in den nördlichen Staaten der

USA bereitet man den Egg Nog, eine Mahlzeit für sich, und sicher nur zu ertragen, wenn man einen langen Heimweg durch Eis und Schnee vor- oder hinter sich hat.

Glögg

Je eine Flasche Sherry, Madeira und Port, 1/2 Flasche Rotwein mit Nelken, Zimt, 1 Tasse gewaschenen Rosinen und 1 Tasse gepellten, blättrig geschnittenen Mandeln erhitzen und über mit Cognac flambierte Zuckerwürfel gießen.

Egg Nog

6 Eiweiß mit 1/2 Tasse Zucker und 1 Teelöffel Zitronensaft schaumig rühren, 6 Eigelb mit der anderen halben Tasse Zucker schaumig rühren, beide Massen verrühren, 1/2 l steif geschlagene ungesüßte Sahne dazugeben, langsam je 1/2 l Milch, Rum und Whisky dazuquirlen.

In Frankreich beginnt Weihnachten am Abend des 24. mit der Messe, nach der man die Reveillon, die weihnachtliche kleine Nachtmahlzeit, zu sich nimmt. Diese Mahlzeit wird für alle, die gar nicht oder erst am ersten Weihnachtstag in die Kirche gehen, am Abend des 24. zum Festessen. Man geht oft ins Restaurant, aber Familien mit Kindern nehmen ein Festmahl zu Hause ein. Am Mittag des 25. gibt es auf jeden Fall in der Familie ein festliches Weihnachtsessen.
Im Restaurant beginnt man das Essen am Heiligen Abend mit Austern und Chablis und ißt danach Gänseleberpastete und gebratenen Truthahn oder gebratene Gans. Derb, aber klassisch sind die weiße oder schwarze Wurst: Der Boudin blanc besteht aus Hühnerfleisch, der Boudin noir ist eine kräftige Blutwurst.
In der Familienküche lebt das Mas,

ein köstlicher Pot au feu wieder auf, zu dem in einem großen Suppenkessel ein Hahn gekocht wird, der das Jahr symbolisiert, dazu zwölf andere Fleisch- und Gemüsesorten, die die zwölf Monate darstellen. In anderen Gegenden besteht dieses symbolische Essen, bei dem man das Jahr verzehrt, aus einem Hahn, dem Jahr, aus zwölf Feldhühnern, die die Monate repräsentieren, aus dreißig Eiern und dreißig Trüffeln, die die Tage und die Nächte des Monats sind. Dazu trinkt man Rotwein.

Pot au feu

In 5 l kalter Fleischbrühe (Würfel) setzt man einen Schinkenknochen mit 1/2 Pfund Schinkenfleisch daran, 3 mit je 3 Nelken gespickte gepellte Zwiebeln, 1 Sellerieknolle, 1 Stange Lauch, 12 Pfefferkörner und 2 Lorbeerblätter auf. Zugedeckt zum Kochen kommen lassen, während man die anderen Zutaten vorbereitet: 1 Hahn oder 1 Poularde wird in Portionsstücke geteilt und abgehäutet, 750 g Rindfleisch aus der Schulter oder Hochrippe und 500 g Lamm- oder Kalbfleisch aus der Brustspitze werden gewaschen und leicht gepfeffert. Das Fleisch kommt in die kochende Brühe, simmert zwei Stunden lang leise vor sich hin, wird dann aus der Brühe genommen, diese wird durchgeseiht, mit 500 g klein gewürfelten Wurzeln, weißen Rüben, Thymian und Majoran wieder aufgesetzt und weitere 30 Minuten gekocht. Unterdessen schneidet man das Fleisch klein, streicht das Suppengemüse durch ein Sieb und gibt beides wieder in die Suppe. Mit 1/2 Teelöffel Safran wird der fertige Fleischtopf gelb gefärbt, dann schmeckt man ab und reicht die Suppe zu Weißbrot. Der Pot au feu kann vorgekocht und abends nur heiß gemacht werden. Man trägt ihn im großen Steinguttopf oder in der

Terrine auf und schöpft ihn in Suppentassen oder -teller oder in rustikale Sachen mit Henkel. Auch dazu trinkt man Rotwein. Danach gibt es Käse und ein Dessert. Die weihnachtlichen Nachspeisen sind in Frankreich besonders köstlich. Zwei davon, die Torrone molle und die Mousse au chocolat finden Sie auf Seite 113.
Für den klassischen Weihnachtsbaumstamm, die Bûche de Noël, gibt es mehrere Rezepte. Das leichteste basiert auf einer Biskuitrolle:

Bûche de Noël 1

Für den Biskuitteig 4 Eiweiß mit 4 Eßlöffel kaltem Wasser mit dem Schneebesen des Handrührgerätes auf höchster Schaltstufe steif schlagen, 200 g Zucker und 1 Päckchen Vanillezucker unter Weiterschlagen einrieseln lassen, auf niedrige Stufe umschalten, 4 Eigelb nacheinander leicht unter die Eiweißmasse ziehen und dann 80 g Mondamin, 80 g Mehl und 1 gestrichenen Teelöffel Backpulver, gut miteinander gemischt, darunter heben. Die Biskuitmasse auf ein mit gefettetem Pergamentpapier ausgelegtes Backblech streichen und im auf 200–225° vorgeheizten Ofen 12–15 Minuten backen. Danach wird die Platte auf ein sauberes Küchentuch gestürzt, das Papier abgezogen, die Ränder der Platte flach gedrückt, damit sie sich besser rollen läßt, 1/2 Glas gut vorgerührte Aprikosenmarmelade auf die Platte gestrichen und mit Hilfe des Küchentuches zur Roulade gerollt.
Diesen Baumstamm kann man auf zweierlei Art und Weise zurechtmachen: Man bestreicht ihn mit zerlassener Schokoladencouvertüre oder mit einer Schokoladenbuttercreme und zieht mit der Gabel Rillen, so daß die braune Masse wie Borke aussieht.
Oder man schlägt 3 Eiweiß steif, läßt 150 g Puderzucker hineinrieseln, streicht und tropft diese Masse auf die Biskuitrolle und schiebt sie in einen mittelheißen Ofen. 10 Minuten bei schwacher Hitze hoch im Ofen backen, dann die Hitze eventuell noch einmal 3–5 Minuten stark stellen, damit sich die weiße Schneeglasur braun wie eine Rinde färbt.

Bûche de Noël 2

Verrühren Sie je 100 g Puderzucker und Margarine oder Butter mit 3 Eidottern zu einer Creme, geben Sie 100 g geriebene Koch- oder Vollmilchschokolade und 250 g geriebene Mandeln oder Biskuitkrümel dazu. Mit Vanillearoma und 1 Teelöffel Pulverkaffee würzen, in eine mit Alufolie oder Saran ausgefütterte Rehrückenform füllen, im Kühlschrank über Nacht erstarren lassen, stürzen und mit Puderzucker bestreuen, so daß der braune Stamm wie schneebestäubt aussieht.

Bûche de Noël 3

Zwei Pfund Kastanien werden geschält und enthäutet, in 30 Minuten in Salzwasser gar gekocht, abgetropft, durch ein Sieb gestrichen oder durch den Fleischwolf gedreht. Das Kastanienmus wird mit 100 g Butter oder Margarine, 250 g in etwas Milch geweichter Koch- oder Vollmilchschokolade, 1 Prise Salz und 1 Beutel Vanillezucker verrührt. Der Brei wird in eine mit Saran ausgelegte Rehrückenform gefüllt, abgekühlt, gestürzt, vom Saran befreit und mit Zuckerguß oder Schlagsahne oder Puderzucker oder einem Überzug aus Schokoladencreme zum Baumstamm verwandelt.

In Italien, wo man wie in England und Frankreich früher am 6. Januar feierte und bescherte, gibt es jetzt auch den Babbo Natale, den Weihnachtsmann, aber kaum Adventskränze und Tannen, weil Italien ein Land mit anderen Baumsorten ist. Wenn die nordische Tanne auch über den Umweg über die amerikanischen Soldaten im Winter 1945 Italien erobert hat, so bleibt die Krippe die Hauptsache und der Mittelpunkt des italienischen Weihnachtsfestes. Diese Krippen sind oft naive Kunstwerke aus Gips, die sich seit Generationen vererbt haben und ganze Dörfer darstellen. Sie werden am 24. aufgebaut und nach der Mitternachtsmesse enthüllt. Oft wird das eine Feier, die in der Öffentlichkeit stattfindet. Man zieht durch die Straßen, folgt den Dudelsackbläsern aus den Abruzzen und schaut in der Kirche beim Enthüllen der Krippen und auf den Straßen beim Feuerwerk zu. Am 25. feiert man um so privater. In der Frühe finden die Kinder und die Erwachsenen ihre Geschenke dort, wo sie am Vorabend Salz und Hafer für den Esel und Süßigkeiten für den santo bambino hingestellt hatten.

Dann strömt die Familie nach der Kirche zusammen und tafelt und feiert bei Muscheln und Spaghetti, Braten und Salat, Panettone, einem riesigen, etwas trocknem Rosinenklöben, oder dem harten Weihnachtsnougat, Torrone, und Spumante, dem italienischen Schaumwein.

Torrone

1 Tasse Honig wird in einem Topf mit einem festen Boden heiß gemacht, mit 3 steifgeschlagenen Eiweiß vorsichtig verrührt, dann werden 1 Tasse Zucker mit $1/4$ Tasse kaltem Wasser unter ständigem Rühren in einem kleinen Topf gebräunt. Diese Mischung kommt zur Honigmasse und wird langsam erhitzt, bis sich ein harter Ball bildet, wenn man einen Tropfen dieser Masse ins kalte Wasser fallen läßt. 1 Tasse gepellte, grob gehackte Mandeln, $1/2$ Tasse grob gehackte Haselnüsse, $1/2$ Tasse grob gehackte Pistazienkerne, 1 Eßlöffel geriebene Orangenschale, 1 Prise Zimt, 1 Beutel Vanillezucker und $1/4$ Tasse Sukkade oder kleingeschnittene kandierte Kirschen darunterheben, alles gut vermischen und in Alufolienförmchen füllen (siehe Seite 113). Wenn die Nougatmasse abgekühlt ist, wird die Folie abgepellt, und die Nougatstücke werden in Puderzucker gewälzt.

Die russische Weihnachtsmahlzeit fand früher in der Nacht vom 5. zum 6. Januar am Ende von vierzig sehr strengen Fastentagen statt und war wegen der Störgerichte, der mit Äpfeln gefüllten Gänse und der ebenfalls mit Äpfeln gefüllten Spanferkel in saurer Sahne zu Weizengrütze weltberühmt. Diese Gerichte sind auch heute noch der Mittelpunkt der festlichen Weihnachtsmahlzeiten, die jedoch am 31. Dezember stattfinden, an dem

Tag, an dem das Väterchen Frost, eine Art von Weihnachtsmann, die Kinder beschert. Zum Tee am Nachmittag reicht man frische heiße

Piroggen

Dazu wird ein Hefe- oder Mürbteig aus 300 g Mehl, 150 g Fett und 1 Dotter geknetet und ausgerollt, zu Kreisen ausgestochen, die auf der einen Hälfte mit einer Farce oder nur mit Schinkenwürfeln in Dill und etwas saurer Sahne belegt, zugeklappt, am Rand zusammengedrückt und auf gefettetem Blech im heißen Ofen 15–20 Minuten gebacken werden.

Besonders gut schmecken Piroggen aus Quarkblätterteig, der aus gleichviel Mehl, Margarine oder Butter und trocknem Magerquark wie ein Knetteig verarbeitet wird. Füllen: Kaviar, gedünsteter und mit Speckwürfeln gemischter Kohl, Pilze, Früchte, süßer Quark, der auch mit Mandeln und Rosinen gemischt sein kann, Fischfleisch oder Fischpastete. Zum Nachtisch ißt man gern Nußtorte.

Weihnachtsnußtorte

Einen Mürbteig kneten aus 400 g Mehl, 200 g Margarine, 100 g Zucker, 1 Ei, 1 Eigelb, 1 Prise Salz und 1 Beutel Vanillezucker. Relativ dick ausrollen, in eine Springform geben, den Rand hochkneten, den Boden mit Aprikosen- oder Himbeermarmelade bestreichen und mit diesem Guß füllen: 200 g Zucker werden mit der abgeriebenen Schale einer Zitrone und 4 ganzen Eiern schaumig gerührt. Dann kommen 200 g gemahlene Mandeln dazu, und die Torte wird in den auf 180° vorgeheizten Ofen geschoben. Sie braucht 60–80 Minuten, um gar zu werden und sollte im ausgeschalteten, offenen Backofen kalt werden. Man kann sie gut 14 Tage lang aufheben, dann gewinnt der Belag eine marzipanähnliche Beschaffenheit.

Im amerikanischen Weihnachten mischen sich die verschiedenen europäischen Traditionen, wobei einheimische Nahrungsmittel die klassischen Rezepte der Holländer und Deutschen, Italiener und Engländer bereichert oder verändert haben.

Man schmückt Haus, Haustür und Garten mit überschäumender Fantasie und Gründlichkeit: Christmas is a decoration.

Am 24. geht die ganze Familie am Nachmittag in die Kirche, danach ziehen die Kinder von Haus zu Haus, singen Weihnachtslieder und werden mit Gingerbreads (Lebkuchen) und Christmas Cookies (Weihnachtskeksen) belohnt.

Die Erwachsenen laden sich zum Egg Nog oder zum Drink ein, und in der Nacht reist Father Christmas auf

seinem Schlitten durch die Nacht.
Am Morgen des 25. ist – manchmal
noch im Pyjama – große Bescherung,
danach gibt den Brunch, eine Mahlzeit die aus dem Frühstück, breakfast,
und dem lunch, dem Mittagessen,
kombiniert ist.

Christmas brunch

Man deckt den Tisch festlich mit
roter oder grüner Leinendecke und
Weihnachtsläufern, reicht Kaffee,
Tee, Orangensaft oder Kakao. Es gibt
Toast und andere Brotsorten,
gebratene Würstchen oder Pfannkuchen mit Ahornsirup oder Spiegeleier oder Knusperflocken mit Milch,
Joghurt oder Müsli, selbstgemachte
Pasteten, eingelegte Fische, Würste
und Marmeladen, Käse und Obst.
Alle warmen Speisen und Getränke
stehen in Thermosgefäßen oder auf
Warmhalteplatten.
Beim warmen Mittagessen am ersten
Feiertag regiert der Truthahnbraten
mit seinen verschiedenen Füllen.
Abends werden Familie und Freunde
zum Buffet-Dinner eingeladen, bei
dem die warmen Gerichte wieder auf
Rechauds und Wärmplatten stehen.
Beliebt ist der Truthahn auch in
diesem Fall, zu dem es genau wie
beim Mittagessen Reis in irgendeiner
Form gibt, oft mit Gemüsen oder
Früchten wie Ananas oder Aprikosen
gemischt. Das Getränk: Punsch.
● Eine klassische Weihnachtssuppe
aus dem amerikanischen Süden:

Krabbensuppe

Zu einer Mehlschwitze mit geriebener Zitronenschale kommen 2–3
hartgekochte und zerdrückte oder
fein geriebene Eier, darüber wird
1 Liter heiße Milch gegossen und mit
Salz, Pfeffer und Zucker gewürzt.
Die Suppe kocht auf und wird ein
paar Minuten lang unter ständigem
Rühren kochen gelassen, schließlich
kommen ein knappes Pfund

Krabbenfleisch und $1/8$ l ohne Zucker
geschlagene Sahne dazu. Mit Worchestersauce und Madeira oder
Sherry würzen und zu knusprig geröstetem Weißbrot servieren.
● Eine klassische Vorspeise aus dem
Mittelwesten:

Pilzsalat

Dazu kocht man zwei hauchdünn
geschnittene Zwiebeln mit 1 Tasse
Weißwein und $1/4$ Tasse Estragon-Essig, Salz, Pfeffer, Thymian und
Knoblauchpulver 10 Minuten, schüttet ein Pfund frische, in Scheiben
geschnittene Champignons dazu, läßt
alles noch einmal aufkochen,
schwenkt Pilze und Sauce gut durch,
deckt den Topf zu und stellt ihn vom
Herd. 5 Minuten ziehen lassen,
dann mit $1/2$ Tasse Olivenöl und
2 Eßlöffeln Zitronensaft, eventuell
noch etwas Salz und reichlich Dill
(aus dem Glas) würzen. Zugedeckt in
der Glasschüssel 12 Stunden kühl
stehen lassen, dann mit einem Becher
saurer Milch mischen, üppig mit
frischer Petersilie bestreuen und zu
Graubrotscheiben servieren.
● Ein klassisches Weihnachtshauptgericht aus Hawaii:

Huhn Luau

2 Hühner in Portionsstücke schneiden, überflüssige Haut und Knochen
herauslösen oder abschneiden, Fleisch
in Mehl, Pfeffer und Salz wälzen
und in heißem Öl von allen Seiten
gar braten. Eine große Packung
Tiefkühlspinat tauen und abtropfen
lassen, mit Sahne, Maizena, Pfeffer
und Fleischbrühe binden, und das
Fleisch auf dem Spinat anrichten.
Dazu gibt es Kokosnußsauce, wozu
man Kokosnußsaft (Warenhaus)
heiß macht und mit einem Beutel
Weißer Sauce bindet.
● Ein klassisches Weihnachtsdessert
aus dem Süden:

Steeple Cream

1 Beutel weiße gemahlene Gelatine
nach Vorschrift quellen und erhitzen,
mit 4 Eßlöffeln Zucker in $^1/_2$ l
Sahne rühren, $^1/_2$ Tasse hellen Ahornsirup dazurühren, mit 1 Prise Salz
und 1 Tropfen Bittermandelöl würzen. In eine Glasschüssel gießen und
in den Kühlschrank stellen. Wenn
die Creme zu gelieren beginnt, rührt
man eine Tasse fein gemahlene,
gepellte Mandeln darunter.

Christmas Dinner

Das große Familien-Essen wird im
Grandma-Stil gekocht und serviert.
Es beginnt oft mit einer

Muschelsuppe

Dazu kocht man 3 Dutzend Muscheln
in Wasser und Wein mit Zwiebeln
und Pfefferkörnern in 5 Minuten
gar, oder man verwendet 1 Dose
Limfjord-Muscheln in Saft. Zuerst
dünstet man 1 Stange geputzten,
in Ringe geschnittenen Lauch (Porree)
in etwas Margarine oder Öl an,
gibt den Inhalt einer 250-g-Dose
Muscheln samt Saft oder 36 frisch
gekochte Muscheln mit 1 Tasse
Kochflüssigkeit hinzu, läßt sie heiß
werden, verrührt 2 Tassen Milch und
2 Tassen Sahne mit den Muscheln,
salzt, pfeffert und würzt mit 1 Prise
Zucker und Zwiebelsalz, schmeckt
die Suppe mit etwas Weißwein ab
und serviert sie mit Paprikapulver
und gehackter Petersilie bestreut.

Schinken-Steaks in Sherrysauce

Eine halbe Tasse trockener Sherry
wird kurz vors Kochen gebracht.
250 g in dünne Scheiben geschnittene
frische Pilze (Champignons) dazugeben und zugedeckt 5–7 Minuten
garen. In dieser Zeit werden 4 finger-
dicke Scheiben gekochter Schinken,
mit Öl und Honig bestrichen, von
beiden Seiten je 5 Minuten gegrillt.
Die Sauce mit Fleischwürze und
Pfeffer abschmecken, auf die Steaks
löffeln, mit Petersilie bestreuen,
auf einer heißen Platte zu Salat und
Weißbrot reichen.

Erdbeeren in rosa Champagner

Eine Grapefruit und 2 große Orangen
pellen, von allen Häuten und
Kernen befreien, in Würfel schneiden,
zuckern, mit 1–2 Paketen gerade
getauten Erdbeeren mischen, etwas
ziehen lassen. Im letzten Moment
mit etwas rosa Champagner über-
gießen, den Rest zum Dessert trinken.

Der Weihnachts- abend

Man feiert ihn um so besser, je mehr man ihn bedacht und vorbereitet hat. Das bezieht sich auf beides, auf seinen Inhalt und Stil und auf seine Organisation.

Ob man sich nun auf das Christen- oder das Familienfest eingestellt hat, man kann sich mit seinen Kindern und seiner Familie auf beides freuen und kann dieses und jenes Weihnachtsfest würdig, schön und gemütlich vorbereiten und feiern. Ob man die Christmette oder den Weihnachtsgottesdienst besucht, spielt in bezug auf den Zeitpunkt der Bescherung keine Rolle. In evangelischen Kirchen finden die Gottesdienste am Nachmittag statt, in katholischen kurz vor Mitternacht – in jedem Fall kann man die Bescherung in die Zeit der klassischen Abenddämmerung legen.

Familien mit kleinen Kindern

richten sich in der Zeit und im Aufwand der Bescherung nach diesen jüngsten Mitgliedern der Familie. Babys und Krabbler freuen sich am Licht der Kerzen und am allgemeinen Trubel, der gerade in die Zeit fällt, in der sie selbst besonders aufgekratzt und kregel sind. Sie freuen sich auch, wenn sie ein oder zwei Geschenke aus viel raschelndem Seidenpapier auswickeln dürfen. Etwas, das klingelt oder ein anderes sanftes (der armen Eltern wegen) Geräusch pro-duziert, etwas, an dem man ungefährdet beißen und nuckeln kann, oder etwas zum Knuddeln und Liebhaben macht sofort und intensiv Freude und beschäftigt das Kind, dem die allgemeine Stimmung des Wohlwollens, das milde und so interessant flackernde Kerzenlicht und das Knistergeräusch beim Paketeauspacken ohnehin mehr Spaß machen als das Geschenk selbst. Da das Kind noch keinen Begriff von Mein und Dein besitzt, erfaßt es auch das Wesen von Geschenken noch nicht.

Das ändert sich natürlich rasch. Mit zwei oder drei weiß ein Kind ganz genau: »Das ist mein Auto!«, und es freut sich, wenn es ein Paket auspacken darf, das die Omi oder die Patentante ganz speziell für das Kind gepackt hat.

In diesem Alter beginnen die Kinder auch schon Lieblingskleider zu schätzen, und sie begreifen, daß besondere Gelegenheiten besondere Kleider rechtfertigen oder erfordern. Sie ziehen sich also genauso gern wie die Erwachsenen schön und festlich an. Das sollte jedoch kein Freibrief für diese Erwachsenen sein, Kinder fein herauszustaffieren, keinesfalls so fein, daß sie nicht mehr spielen können. Denn nur ein Kind, das unter dem Tannenbaum mit dem neuen Klingelauto auf dem Teppich herumrutschen kann, ist ein friedliches Kind und spart Mutter über-

flüssige und ärgerliche Befehle, die doch nicht befolgt werden können, weil neue Spielzeuge stärker wirken als Mutters Schrei: »Paß auf dein neues Kleid auf!«

Kleine Kinder, etwa bis zur Schulzeit, teilen das Fest für die Familie in zwei Hälften. Zuerst kommt die Bescherung mit dem Kind oder den Kindern und das Abendessen der Kinder. Es sollte im Kinderzimmer stattfinden oder in einer Eßecke in der Küche, damit das Kind Ruhe hat. Die Aufregung wird seinen Appetit ohnehin dämpfen, ob es nun noch sein Fläschchen bekommt oder schon allein sein Abendbrot verzehrt. Mutter sorgt vor und hält die Portion klein, serviert Zwei- bis Sechsjährigen vielleicht nur eine Scheibe Brot und einen Obstsalat oder ein Würstchen, das das Kind aus der Faust essen kann, und danach ein Eis. Mutter hat ohnehin darauf geachtet, daß das Kind noch gar keinen oder nur einen mit leichtem Gebäck bestückten Knusperteller bekommen hat und daß Großmutter, Tanten und Patentanten keine oder nur wenig Süßigkeiten schenken.

Auch ein kleines Kind hat mehr von einem bleibenden Geschenk als von einem Marzipanbrot. Es erinnert sich viel besser und dankbarer an Weihnachten, wenn dieses Fest sichtbare Spuren in seinem Alltag hinterläßt. Noch leben Kinder nicht aus dem Abstrakten, noch müssen sie im wahrsten Sinne des Wortes begreifen, um sich in der Zeit zurecht zu finden. Das fällt ihnen leichter, wenn sie Richtpunkte besitzen, wenn sie sagen oder von Mami erzählt bekommen können: »Den Leuchterengel hat mir Tante Uschi letzten Weihnachten geschenkt. Das Bärchen hat mir Großpapa an dem Weihnachten geschenkt, als es so doll geschneit hat.«

Zuckerzeug und Schokolade werden gefuttert und vergessen, und Mutter muß mit des kleinen Schätzchens Verstopfung oder Bauchgrimmen kämpfen.

Nach der Kindermahlzeit kommen die Kleinen ins Bett, und das fällt ihnen am leichtesten, wenn sie nicht das Gefühl haben müssen, das Beste zu verpassen.

Die Erwachsenen sollten deshalb in Ruhe ein Glas Sherry oder Sekt trinken, wenn das Kind ins Bett gebracht wird. Vielleicht holen Vater und seine Geschwister in dieser Pause die älteren Familienmitglieder mit dem Auto oder in der Taxe, denn für greise Großtanten ist das Gewusele der Kleinkindbescherung ohnehin oft zuviel.

So treffen sich die Erwachsenen gegen 19 Uhr wieder, vielleicht findet jetzt ein zweiter Teil der Bescherung statt, denn da man kleinen Kindern beim Auspacken helfen und ihnen erklären muß, welches Spielzeug wie funktioniert, haben zumindest die Eltern kaum Zeit gehabt, während der Kinderbescherung schon richtig an die eigenen Gabentische zu gehen. Zwischen 19 und 20 Uhr gibt es das Weihnachtsessen oder das Weihnachtsbufett.

Das Weihnachtsessen am großen Familientisch

ist schön, aber man muß Platz dafür haben. Der Tisch wird schon am Nachmittag gedeckt, und der Rotwein steht geöffnet auf dem Seitentisch oder in Karaffen auf dem Eßtisch. Der Weißwein wartet im Kühlen, aber nicht im Kühlschrank, und wird erst kurz vor dem Essen geöffnet. Die Hausfrau bittet zu Tisch, auf dem der erste Gang bereits wartet: Eine kalte Vorspeise auf kleinen Tellern, die wiederum auf dem Platz- oder Hauptteller stehen, oder eine Tasse mit heißer Suppe. Unentbehrliche Hilfe: Der Teewagen. Auf ihm rollt das benutzte Vorspeisengeschirr in die Küche, dort wird es in den Abwasch oder in die Spülmaschine geräumt, dann wird unten das fertige Dessert samt Besteck und Tellern hingestellt, oben prangt das Hauptgericht mit allem Drumherum. So braucht die Hausfrau nur einmal in die Küche zu entschwinden.
Gibt es nach dem Essen Kaffee, so sollte die Hausfrau den Teewagen voll Geschirr und Speiseresten in der Küche entladen. Dann breitet sie eine hübsche Decke über den Teewagen, stellt Mokkatassen, Kanne (möglichst auf einem Stövchen), Zucker und Sahne darauf und rollt ihn in das Weihnachtszimmer, wo er so stehen bleibt, daß sich jeder von ihm bedienen kann.

Das Weihnachtsbufett

hat viel Vorteile. Alles steht auf ihm parat, jeder bedient sich selbst, und die Hausfrau hat mehr Ruhe.

Ein Bufett besteht aus einem großen Tisch oder Eßtisch, der mit einer Seite an die Wand gestellt wird. Ist das Bufett klein, so steht der Tisch mit einer Längsseite zur Wand. Müssen viele Menschen um es herumwandern, so stellt man den Tisch mit einer Schmalseite an die Wand. Hat der Tisch eine empfindliche Platte, so deckt man ein Molton- oder ein altes Leinentuch darüber und legt dann erst die eigentliche Decke darauf, die nach altem Brauch grün oder rot sein kann. Ein Bufett wird gerne mit einem Strauß, einem Arrangement oder etwas anderem dekoriert, das der Gelegenheit entspricht und groß genug ist. Sie können also einen Tannenstrauß mit Kugeln, Stechpalmen, Strohsternen und holzgeschnitzten Vögeln dekorieren, Sie können eine alte Weihnachtspyramide aufbauen, oder Sie können in einem ererbten gläsernen oder silbernen Aufbau selbstgemachte Weihnachtssüßigkeiten dekorieren.
● Ideale Zusammensetzung der kulinarischen Zutaten: mindestens zwei Sorten Fleisch, davon eine Sorte möglichst mager und leicht, für die Alten und Diätesser, für Kinder und Schlankheitsanhänger gedacht. Das Fleisch kann kalt oder warm, also gerade aus dem Ofen genommen sein.
● Beilagen: Kalte, gerührte oder geschlagene Saucen, mindestens zwei Sorten Salate, abermals einer deftig und beliebig schwer, der andere dafür besonders leicht und gut bekömmlich. Außerdem Oliven, Gewürzgurken, Perlzwiebeln und ähnliche Dinge.
Nichts spricht dagegen, daß man außerdem einen Heringssalat oder eine Schüssel Piroggen, einen gekochten kalten und mit Gelee überzogenen Fisch, eine Wild- oder Leberpastete mit anbietet. Zu allem gibt es Landbrot oder Weißbrot.

● Der Nachtisch kann schon mit auf dem Bufett stehen: Obstsalat, eine Creme, eine Torte. Eis und andere empfindliche Desserts werden erst im letzten Moment aufgetragen.

● Üppige Bufetts bieten auch noch eine Käseplatte mit Butter, Pumpernickel und Knäckebrot.

● Der Kaffee sollte jedoch wie beim Diner im Weihnachtszimmer serviert und getrunken werden.

● Getränke – Weißwein, Rotwein, Punsch oder Säfte – stehen ebenfalls auf dem Bufett, an dessen Enden sich die verschiedenen Teller, die Bestecke und die Servietten stapeln. Das Bufett ist besonders praktisch, wenn man

Die Weihnachtsmahlzeiten mit Kindern

planen muß. Erstens sind die Kinder nicht gezwungen, trotz Aufregung und Zappeligkeit, drei Gänge lang bei Tisch still zu sitzen. Zweitens müssen sie nicht »essen, was auf den Tisch kommt« und was sie meistens nicht mögen, weil es ihnen zu unbekannt, zu fett, zu reichlich oder zu erwachsen im Geschmack ist. Sie können am Bufett stattdessen nur ein Stück Weißbrot in die Faust nehmen, wenn sie eigentlich überhaupt keinen Hunger haben. Mutter hat ihnen vielleicht eine Schüssel mit Hackklößchen oder Würstchen hingestellt oder eine Schale mit simplem Kompott oder ein paar Becher Joghurt. Keine Omi jammert vollkommen grundlos: »Das Kind ißt ja gar nichts!« Kein Vater schimpft über Extrawürste und predigt, daß er – »als ich noch so alt war wie du« – froh gewesen wäre, wenn er ein so schönes fettes Stück Gänsebein gehabt hätte.

Wann müssen Kinder ins Bett?

Kleine Kinder kriechen wie jeden Tag friedlich zur gewohnten Zeit ins Bett, spielen höchstens noch ein bißchen länger mit dem neuen Klingklong-Kasper oder der neuen Knautschpuppe. Sie sind es schließlich gewöhnt, daß die Erwachsenen abends ohne sie noch zusammensitzen und plaudern.

Wenn Kinder in die Schule kommen, kapieren sie, was am Heiligen Abend anders als an anderen Abenden ist, und gerade weil Weihnachten tatsächlich etwas Besonderes ist, sollte man nicht sagen: »Kinder müssen um acht im Bett sein, also hopp und ab mit euch!«

Gerade wenn Kinder sonst immer ihrem Alter entsprechend rechtzeitig schlafengehen, tut es überhaupt nichts, wenn man Weihnachten eine Ausnahme macht. Es hängt vom Kind, von der allgemeinen Erziehung und von der Gesundheit des Kindes ab, ob man sagt: »Heute um zehn statt um sieben oder um acht Uhr!« Oder ob man einfach erlaubt:

»Heute darfst du aufbleiben!« Wichtig ist nur – vor allem für das Kind –, daß es ein Abend ohne überflüssiges und sinnloses Gezanke ist und ohne den vielleicht sonst familienüblichen Kampf ums Einschlafen.

Das Kind, die Familie und Weihnachten

Für unsere Zeit ist die Kleinfamilie typisch: Vater, Mutter, ein oder zwei Kinder. Man mag das bedauern, ändern kann man es in vielen Fällen schon deshalb nicht, weil immer wieder Wohnungen gebaut werden, die schon für diese drei oder vier Menschen viel zu eng sind. Trotzdem sollte man Weihnachten diese Enge sprengen und mit der Familie feiern. Irgendwie läßt sich das immer einrichten, denn irgendwer hat doch ein bißchen mehr Platz als die anderen. Man kann sich außerdem die Arbeit teilen, man kann in einem nicht allzu entfernten Sommerhaus feiern, man kann zur Not einen Teil der eigenen kleinen Wohnung ausräumen – kurz, man sollte die Phantasie spielen lassen, um Weihnachten mit Familie zu feiern. Das hat keine sentimentalen Gründe. Es ist einfach für ein Kind gut und notwendig, wenn es eine festliche, feierliche Familie erleben kann, wenn es zuhört, wie von früher erzählt wird, wenn ihm klar wird, daß und wie die einzelnen Familienmitglieder zusammengehö-

ren und voneinander abhängen, und daß die Eltern auch einmal Kinder gewesen sind.

Ein Kind braucht Feste, und es braucht andere und ältere Menschen als nur Vater und Mutter um sich herum. Weihnachten ist eine der besten Gelegenheiten, ihm diese Dimensionen der Generationen, diese große Zusammengehörigkeit zu schenken.

Ich weiß, je größer die Familie, desto mehr Möglichkeiten bestehen dafür, daß die einzelnen Mitglieder miteinander verzankt sind. Diesen Zustand kann man selbstverständlich nicht am 23. Dezember für den nächsten Abend ändern, aber es scheint mir doch ganz prinzipiell möglich, als junges Ehepaar nicht nur zu Kindern, sondern auch zur Familie ja zu sagen. Eins hängt mit dem anderen zusammen, eins gedeiht durch das andere, und wenn man das akzeptiert, findet man auch einen Weg, sich zumindest mit dem größten Teil der Familie nicht nur Weihnachten zu vertragen.

Tabelle für alle Fälle

● Vor dem 24. einen Telefonzettel an die Telefonschnur hängen mit den Telefonnummern vom Hausarzt oder vom dienstuenden praktischen Arzt und Zahnarzt, von der Kinderklinik, von der Polizei und Feuerwehr, von der nächstgelegenen Giftzentrale, außerdem mit den Vorwahlnummern der Städte oder Länder, in denen

Verwandte wohnen, die man am 24. oder 25. Dezember anrufen will.

• Zettel mit Zeitplan für Koch- und Tischdeckarbeiten in die Küche hängen. Erledigtes rot durchstreichen.

• Aus der Tageszeitung Kalender der Gottesdienste, der Weihnachtskonzerte, der Ausstellungen, Theater, Apothekendienste und ähnliches ausschneiden und ebenfalls – vielleicht an die Küchentür? – aufkleben.

• Dose mit Kleingeld bis zu 5-Mark-Stücken vorbereiten, falls nicht alle schon ihr Trinkgeld Anfang Dezember kassiert haben. Die Müllabfuhr kommt meist unmißverständlich ins Haus. Vergessen Sie darüber nicht Ihren Post- und Paketboten, den Zeitungsjungen und alle anderen, die Ihnen Wäsche oder Medikamente, Lebensmittel oder Getränke, Tierfutter oder anderes das ganze Jahr über getreulich ins Haus gebracht haben.

• Der Weihnachtsbaum steht auf einem feuerfesten Tuch und kann mit einem Sprühmittel aus der Drogerie gegen jähes Entflammen geschützt werden. Trotzdem: Wassereimer oder Feuerlöscher aus dem Auto so bereitstellen, daß keiner in den Eimer kippen oder auch nur gegen ihn stoßen oder fallen kann, und daß die Feuerlöschmittel trotzdem im Notfall erreichbar sind. Frische Bäume brennen kaum. Lesen Sie deshalb die Notizen auf Seite 43 über den Weihnachtsbaumkauf.

• Brandgefahr bannt man, indem man den Tannenbaum weder in die Nähe der Gardinen, noch vor Portieren stellt. Feiern kleine Kinder mit, so zieht man ihnen keine Kunstfaserhemden oder -kleider an und steckt die Kerzen vorsichtigerweise nicht auf die untersten Tannenzweige. Oder man verwendet gleich elektrische Kerzen: Scheußlich, aber absolut sicher.

• Echte Kerzen werden aus Vorsicht immer von oben nach unten angezündet und in umgekehrter Reihenfolge gelöscht. Wenn man einen Auspuster verwendet, löscht man schneller und sicherer als mit dem bloßen Munde, weil man die Flamme nicht gegen vielleicht rasch aufflammende Nadeln und Zweige bläst.

• Wachs- und Harzflecken sind kaum zu vermeiden. Versorgen Sie sich also mit Fleckenmitteln – auch mit Aceton gegen Klebstoff-Flecke in der guten Flanellhose vom Sohn.

• Wachsflecken beseitigt man am besten, indem man die dicken Tropfen von erstarrtem Wachs mit einem Federmesser oder einer Rasierklinge vorsichtig abplatzen läßt und den Rest ebenso wie kleine flache Wachsflecken mit einem Löschpapier wegbügelt.

• Die Hausapotheke wird aufgefüllt. Man braucht etwas für überstrapazierte Magen- und Darmtrakte, gegen Verstopfung und Erkältung. Heftpflaster, Mullbinden, Brandsalbe, Fettcreme sollten vorhanden und das Thermometer heil sein. Schließlich kauft man Zwieback und schwarzen Tee, falls jemand ein oder zwei Tage lang den kranken Bauch zu schonen hat. Diätsüßigkeiten, künstlicher Zucker, fett- und zuckerarmes Gebäck und zuckerfreie Getränke sollte man ohnehin vorrätig haben, falls man Besuch bekommt, der Diät halten muß.

• Zum Notvorrat gehören Sicherungen, eine gut funktionierende Taschenlampe (allen sagen, wo sie zu finden ist!), Ersatztannenbaum- und dicke Kerzen, Briefmarken. Außerdem schaut man nach, ob im Nähkasten Ordnung herrscht und das vorhanden ist, was man für rasche Reparaturen braucht, inklusive Sicherheitsnadeln, Haken und Druckknöpfe.

• Spielkiste der Kinder in Rücksicht

auf eventuell zu erwartende Geschenke aufräumen und durch Puzzles, Familienspiele und Kindertaschenkrimis ergänzen, um gegen Langeweile gefeit zu sein.

Weihnachten und die Eltern

An ihnen liegt es, wie alles wird. Sie müssen die meiste Phantasie, die größte Geduld und die unerschütterlichste Ruhe besitzen.
Früher mag es vor allem Müttern leichter gewesen sein, gelassen als Turm in der Brandung zu bestehen.
Heute arbeiten rund 50% von ihnen ebenso wie der Ehemann, und das bedeutet in bezug auf Weihnachten: bis zum 23. oder 24. Dezember mittags.
Eltern von heute planen infolgedessen ihr Familienweihnachten ganz anders als unsere Eltern das getan haben. Doch selbst bei der schönsten Organisation rettet sie nichts vor dem üblichen: Pannen im letzten Moment, aufgeregten Quengel-Kindern, Mumps oder Masern am Heiligen Abend, Gereiztheit des Partners.
Ihre Pannen-Hilfe vor drohenden Tränen und Tragödien ist nichts als der feste Vorsatz, sich nicht allzusehr aufzuregen. Erziehung hat Pause. Streit unter Geschwistern wird übersehen. Flecken auf Teppichen, Kleidern und Tischtüchern werden einkalkuliert.

Ideal ist es, wenn eine Großmutter oder Tante einspringt und mit den Kindern spielt, liest, auf den Weihnachtsmarkt oder in ein Kindertheater, rodeln oder schlittschuhlaufen geht, damit die Eltern in Ruhe alles vorbereiten oder nur einfach zwischen Alltag und Weihnachtstag Luft schnappen können.
Ideal ist es alles in allem, wenn sich Weihnachten die Partnerschaft in der Familie nicht nur als Schlagwort, sondern als Wirklichkeit erweist und einer dem anderen das bereitet, was wir uns alle wünschen: ein frohes Fest.

Basteln, Werken, Handarbeiten für die Advents- und Weihnachtszeit

Adventszeit

Der Adventskranz

Materialbedarf: 1 gebundener Stroh-kranz, 8 Tannenzapfen, 4 künstliche Früchte, Tannenreis, Blumendraht, 4 dicke rote Kerzen, 4 Steckkerzen-halter, Sprühgold in der Dose, Äpfel und Nüsse.

Der Adventskranz, Symbol für die Adventszeit schlechthin, sollte in der Familie gemeinsam aufgebunden und geschmückt werden. Diese Arbeit bringt die richtige Einstimmung auf die Wochen vor dem Weihnachtsfest und steht sozusagen am Beginn unserer Weihnachtsbastelei. Schon der Gang zum Gärtner, die Wahl der Größe des Strohringes, das Aus-suchen schöner Tannenreiser macht besondere Freude. Ein Spaziergang im Wald beschert uns die Tannenzapfen, und aus Drogerie und Wachszieherei besorgen wir die restlichen Uten-silien. Wer nicht genug Zeit für das Binden des Kranzes hat, kauft ihn fertig in der Gärtnerei ohne Kerzen und Schleife und kümmert sich nur noch um die Dekoration.

Das Aufbinden des Kranzes ist eine Arbeit, die hinlänglich bekannt ist und deshalb nicht näher beschrieben werden muß. Wichtig ist dabei eine gleichmäßige Verteilung der in kleine Zweige geschnittenen Tannen-reiser, damit der Kranz rundherum schön, rund und dick wird. Im Gegensatz zum üblichen Brauch, den Kranz aufzuhängen, legen wir

unseren Adventskranz auf einen großen Teller (Tortenteller oder ähnliches). Wir verzichten dabei auf das rote Band und lassen nur die roten Kerzen wirken. Dazwischen werden paarweise die Tannenzapfen, die vorher mit Sprühgold eingefärbt wurden, zusammen mit je einer kleinen roten Zierfrucht eingebun-den.

Die Mitte des Adventskranzes wird mit Äpfeln und Nüssen gefüllt. Es versteht sich, daß die Äpfel makellos sein sollten, damit sie sich genügend lange halten. Eine rotbackige Sorte macht sich besonders gut. Die Äpfel werden auf Hochglanz poliert, einige der Walnüsse mit Gold be-sprüht.

So geschmückt und auf einen Tisch bei der Sitzgruppe des Wohnzimmers gestellt, bildet der Adventskranz den einladenden Mittelpunkt für besinnliche Minuten in der Familien-runde.

Dekorativer Türkranz

Materialbedarf: 1 Hanfseil, ca. 3,5 m lang und 10 mm stark, Bindfaden, ca. 1 m kräftiger Biegedraht, Blumendraht, ein Messingring mit ca. 4 cm Durchmesser, künstliche Stechpalmenzweige mit roten Beeren, 2 m rotes Perlonband 5 cm breit.

Der Brauch, in der Adventszeit die Haustüren mit einem Türkranz zu schmücken, kommt aus den Vereinigten Staaten. Nach dem Zweiten Weltkrieg konnte man in den Siedlungen amerikanischer Militärfamilien diese schöne Gewohnheit kennenlernen. Da dieser Türschmuck an den Außentüren der Häuser allen Unbilden der Witterung ausgesetzt ist, empfehlen wir, von dem heute schon recht großen Angebot künstlicher Blumen Gebrauch zu machen, die man allerdings mit Gold- oder Silberbronze besprühen sollte. Sie sind völlig unempfindlich.

Der hier dargestellte Türkranz besteht außer einem Ring aus geflochtenem und mit Draht verstärktem Hanfseil aus Stechpalmenzweigen, die neben dem Tannenzweig in den USA besonders gern als weihnachtlicher Schmuck verwendet werden. Auf den Wochenmärkten und in Blumenbindereien sind diese überraschend naturgetreu nachgebildeten Zweige zu bekommen. Hanfseil und Bindfaden gibt es in der Seilerei, das restliche Material im Eisenwarengeschäft und in der Kurzwarenhandlung zu kaufen.

Das Hanfseil wird in drei gleichlange Stücke von je 1,10 m geschnitten, die an einem Ende mit Bindfaden fest verbunden werden. Daraus flechten wir einen Zopf, der ca. 85 cm Länge bekommt. Nachdem auch das andere Ende des Zopfes abgebunden ist, wird dieser zu einem Ring geformt. Mit Biegedraht wird der Ring auf der Rückseite verstärkt. So behält er seine kreisrunde Form. Sie werden nun fragen, was der ganze Aufwand mit dem kunstvoll geflochtenen Zopfring soll, den man am Ende nicht einmal mehr zu sehen bekommt. Sobald Sie jedoch beginnen, die einzelnen Stechpalmenzweige auf dem Ring zu arrangieren, erkennen Sie seine Nützlichkeit. Die Enden der Zweige lassen sich nämlich ausgezeichnet in dem Zopfgeflecht befestigen und bekommen, mit wenig Blumendraht angeheftet, einen guten Halt. Zu diesem Zweck wird jeder Stechpalmenstiel mit Blumendraht umwickelt, wobei ein ca. 5–6 cm langes Drahtende stehen bleibt. Nachdem Zweig für Zweig durch den Zopf gesteckt ist, werden die überstehenden Drahtenden festgebunden. Wie die nebenstehende Abbildung zeigt, wird der Kranz an einem Band aufgehängt. Das Band wird dazu in drei Teile geschnitten. 70 cm benötigen wir zum Aufhängen, 60 cm für das untere Band, und aus dem Rest wird die Schleife gefertigt. Das Aufhängeband zieht man durch den Messingring und näht beide Enden am Zopfring an. Das untere Band wird auf die Hälfte zusammengelegt und mit dem Knick ebenfalls am Zopf befestigt, und schließlich wird die Schleife am Aufhängeband knapp über dem Kranz festgeheftet.

Rustikales Schmuckherz

Materialbedarf: 1 Pappherz, 1 Messingring, 25 cm rote Wollborte 2,5 cm breit, Pattex, getrocknetes Ziergras, Getreideähren, Strohblumen, Erlenzapfen, Ruskuszweige und künstliche Früchte.

In der Volkskunst spielt das Herz als Symbol der Liebe eine besondere Rolle. Auch in den Motiven der Weihnachtszeit als dem Fest der Liebe ist das Herz immer wieder zu finden. Wenn wir hier die Herzform verwenden, um daraus einen weihnachtlichen Wandschmuck zu gestalten, so tun wir dies mit den Mitteln der Natur, wie sie im bäuerlichen Leben beheimatet sind. Getreideähren, Ziergräser, Strohblumen, Erlenzapfen und Ruskuszweige können wir auf spätsommerlichen Wanderungen finden, sie sind auch in den Blumengeschäften und auf Märkten zu bekommen. Das Pappherz und die kleinen künstlichen Früchte erhält man im Schreibwarenladen.

Von dem Pappherz – es handelt sich übrigens dabei um Schachteln, die mit Süßigkeiten gefüllt werden können – wird nur eine Hälfte benötigt. Ihren Rand bestreicht man mit Pattex und beklebt ihn mit drei Reihen von Ähren. Der Rest des Herzes wird mit kleingeschnittenen Ruskuszweigchen abgedeckt. Auf dieser Fläche werden nun Zapfen, Gräser, Strohblumen und die künstlichen Früchte angeordnet und angeklebt.

Eine rustikale, 25 cm lange und 2,5 cm breite rote Wollborte eignet sich besonders gut, um das Herz daran aufzuhängen. Die Borte wird durch den Messingring gezogen und auf der Rückseite angeklebt.

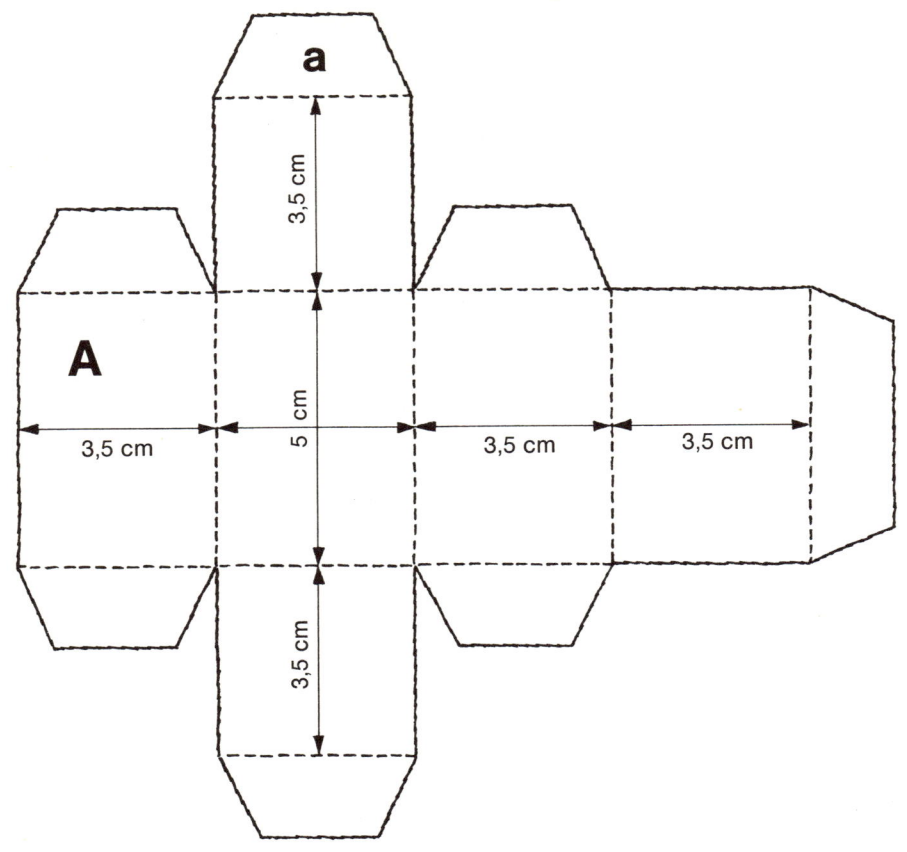

Adventsburg

Materialbedarf: Blauer, gelber, oranger und roter Farbkarton, Transparentpapier, Pritt-Alleskleber.
Die Adventsburg ist eine abgewandelte Form des »süßen« Adventskalenders. Sie steckt voller kleiner Geheimnisse und Überraschungen, denn in jedem der papierenen Bauklötzchen, aus der die Burg errichtet wurde, befindet sich ein kleines Geschenk, das die 24 langen Tage vor dem Weihnachtsfest ungeduldigen Kindern verkürzen hilft.
Die Adventsburg wird in allen Teilen aus Karton gefertigt. Dazu benötigt man drei verschiedene Schnittmuster, die wir, mit den notwendigen Maßen ausgestattet, hier abgebildet

haben und mit A, B und C bezeichnen.
Auf Transparentpapier werden die Schnittmuster in Originalgröße maßgenau und winkelgerecht aufgezeichnet und auf den Farbkarton durchgepaust. Form A wird 24 mal benötigt, und zwar 8 mal orange, 7 mal gelb, 4 mal blau und 5 mal rot. Die Dachform B wird 8 mal, C 1 mal auf blauen Karton aufgezeichnet. Die Kartonteile werden sauber ausgeschnitten und die in unserer Zeichnung gestrichelten Linien mit einer stumpfen Nadel angeritzt. Dann können sie schachtelförmig gefaltet und zusammengeklebt werden.
Die Dächer schließt man ganz, an den Kuben bleibt eine Seite (a) offen. Wir können jetzt, wie mit Spielzeug-

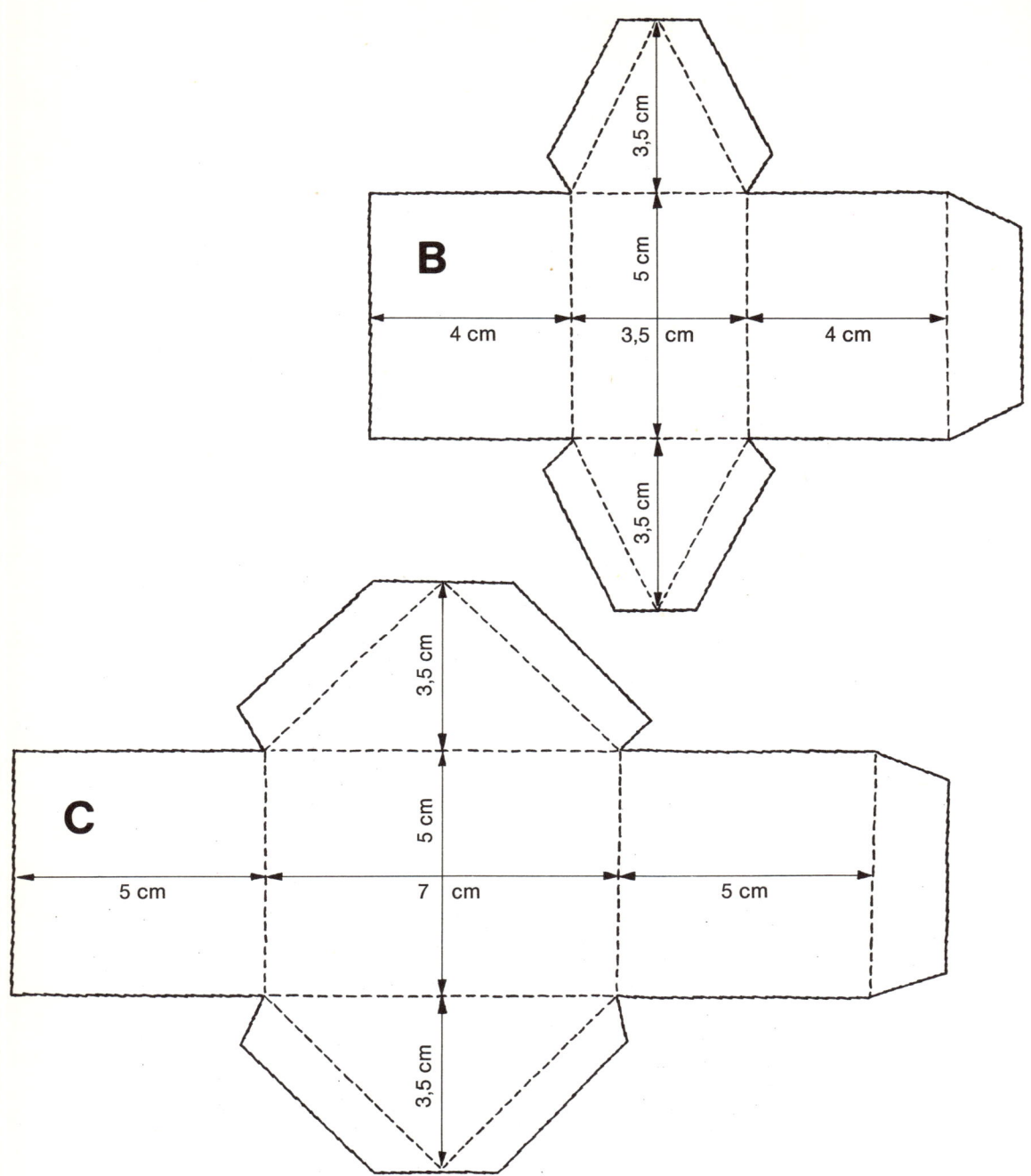

bauklötzen, die Burg aufbauen und Teil an Teil kleben. Die Schachtelöffnungen müssen alle nach einer Seite zeigen (Rückseite). Die Vorderseiten werden mit kreisrunden Farbkartonscheiben und der zentrale Giebel mit einem Stern verziert. Und nun füllen Sie die Burg mit 24 Kleinigkeiten, die geringen Wert haben dürfen, von denen Sie aber wissen, daß sie Ihrem Kind Spaß machen.

Beleuchtetes Adventshäuschen

Materialbedarf: Schwarzer Fotokarton, rotes Tonpapier, kräftiges Transparentpapier, selbstklebende farbige Transparentfolie, Alleskleber.
Arbeitsgerät: Lineal mit Stahlkante, scharfes Schneidemesser.
Advent, Monat der langen Abende, Zeit des Lichtes. Kinder sind für diese Stimmungen besonders empfänglich. Das beleuchtete Adventshäuschen bringt ein wenig vom Hauch vorweihnachtlicher Atmosphäre ins Kinderzimmer.

Das Häuschen wird aus schwarzem Fotokarton gefertigt, den man in jedem Schreibwarengeschäft erhält. Auf diesen Karton werden alle Hausteile entsprechend den Maßen der hier dargestellten Zeichnungen aufgezeichnet und mit Lineal und Messer auf einer Schneidunterlage aus fester Pappe ausgeschnitten. Die gestrichelten Linien werden leicht angeritzt, um die Außenlaschen leichter umknicken zu können. Die ausgeschnittenen Fenster der vorderen Hauswand und der beiden Giebelseiten – die Rückseite kann, da dem Blick abgewandt, fensterlos

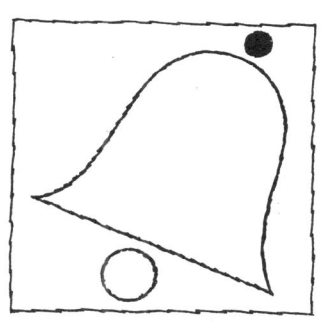

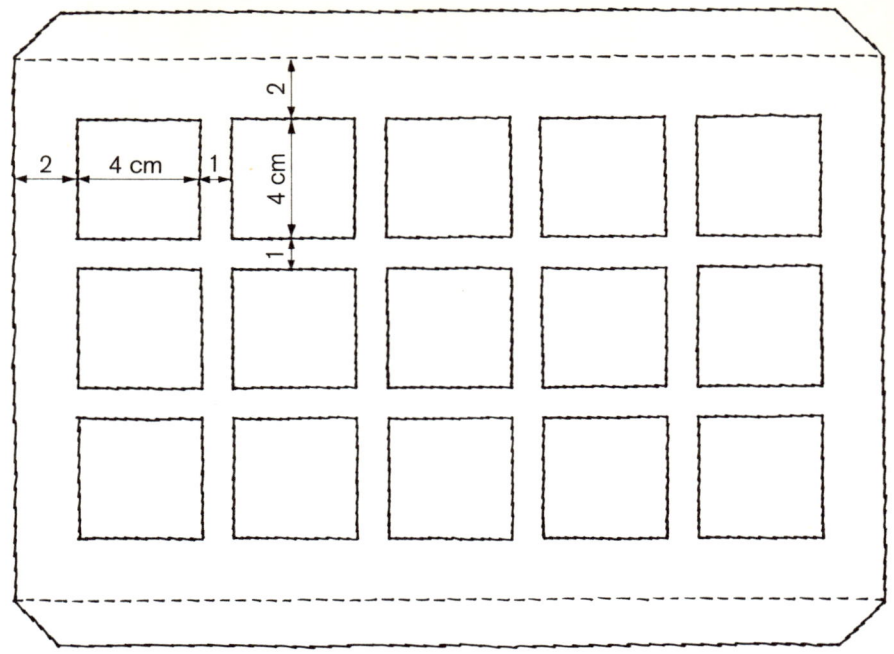

2 | 4 cm | 1
2
4 cm
1

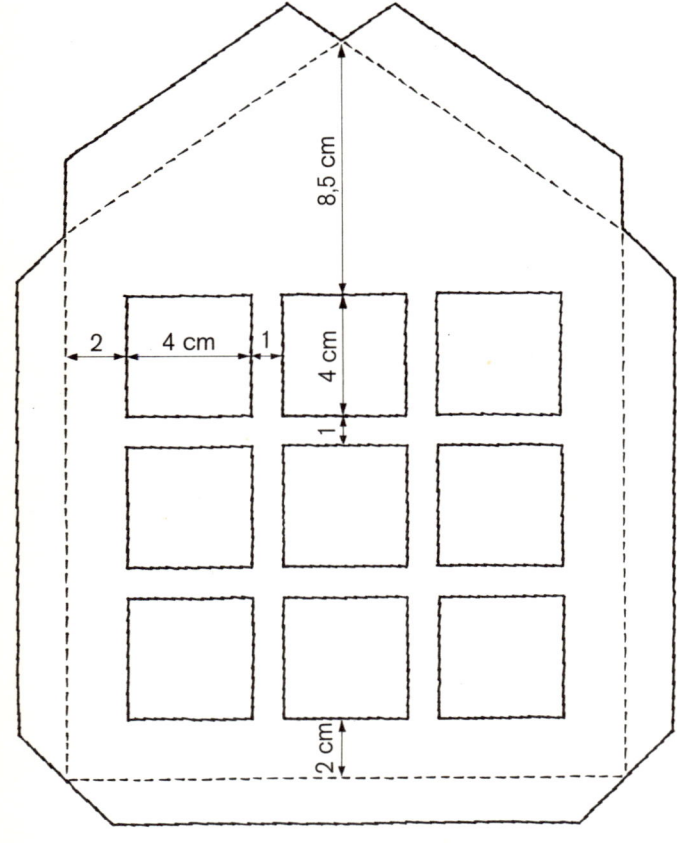

8,5 cm
2 | 4 cm | 1
4 cm
1
2 cm

bleiben – hinterkleben wir mit Transparentpapier, auf dem die in unserer Beschreibung in Originalgröße abgebildeten Darstellungen: Blüte, Glocke, Vogel, Stern, Herz und Baum aus Farbfolie aufgeklebt werden.

Nun wird das Haus zusammengebaut und mit einem Dach versehen, das man mit Schindeln aus rotem Tonpapier beklebt. Da das Adventshäuschen beleuchtet wird, muß zweckmäßigerweise auf der nach hinten gerichteten Dachseite eine kleine Öffnung von ca. 4×4 cm angebracht werden, um die entstehende Warmluft abzuleiten.

Das Häuschen kann mit einem großen Teelicht beleuchtet werden. Wir empfehlen jedoch den etwas größeren Aufwand einer elektrischen Beleuchtung. Ein 15-W-Birnchen mit Mignon-Fassung gibt ausreichendes Licht. Die Installation sollte man allerdings einem Fachmann überlassen.

24 Adventsbriefchen

Materialbedarf: Origami-Papier in den Farben grün, rot, pink und violett, schwarzes Tonpapier, verschiedenfarbiges Transparentpapier, 24 kleine goldene Sterne oder Punkte, ein Holzrundstab ca. 60 cm lang, 2 gebohrte Holzkugeln mit 3 cm Durchmesser und rotes Baumwollgarn.

Adventskalender helfen zählen. Kinder können damit zwar nicht gerade das Rechnen lernen, aber sie sehen daran, wie schnell, besser wie langsam die Zeit vergeht. Unsere Adventsbriefchen zeigen den Lauf der vorweihnachtlichen Tage gleich zweifach. Das Geheimnis der Briefchen sind kleine Transparentsterne. Jeden Tag darf ein Kuvert geöffnet werden, und das Sternchen erhält einen Platz am Fenster. Mit jedem Tag nimmt nun die Zahl der auf dem Holzstab aufgereihten Briefchen ab und gleichzeitig wächst die Zahl der Sternchen am Fenster. Das letzte Briefchen beschert den Stern des Weihnachtsabends.

Aus dem Origami-Papier werden zunächst pro Farbe 6 Briefchen, das sind bei 4 Farben = 24 Briefchen, gefaltet. Die 24 dazugehörenden Sterne schneidet man aus schwarzem Tonpapier aus und hinterklebt sie mit farbigem Transparentpapier. Wie

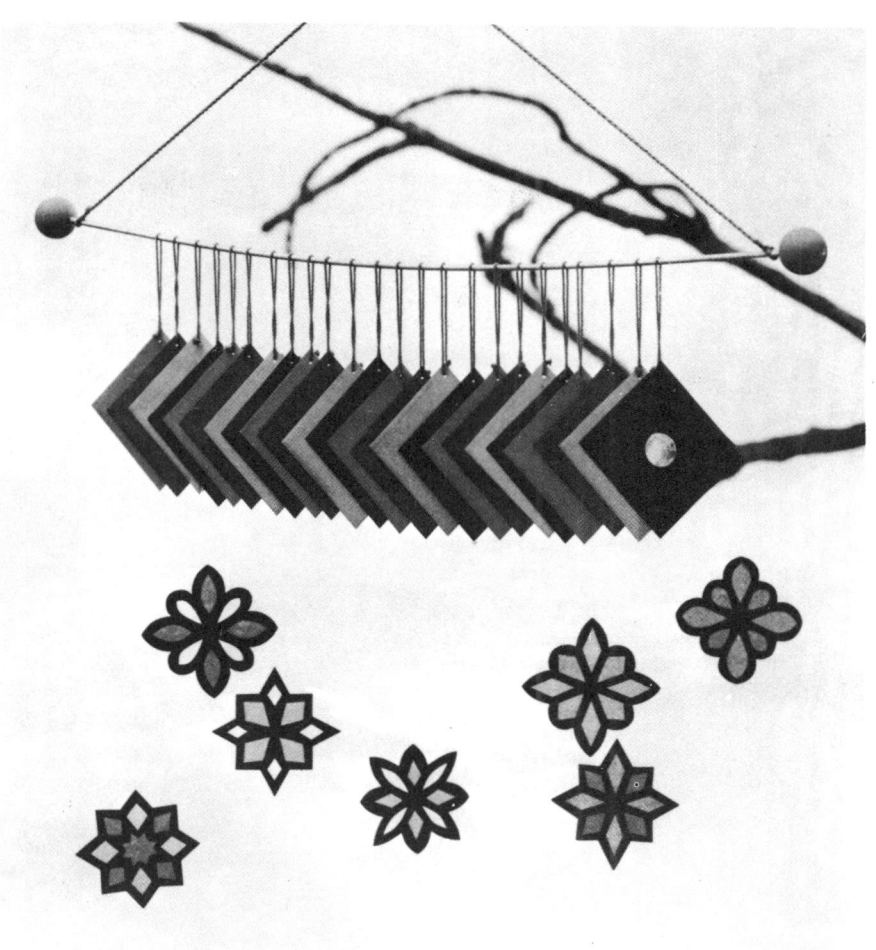

die Sterne gemacht werden, wird auf den Seiten 162 und 163 beschrieben. In jedes Kuvert kommt ein Stern, dann wird die Hülle mit einem selbstklebenden Goldpunkt oder -sternchen – man bekommt sie in jedem Schreibwarengeschäft – geschlossen. In einer Ecke des Briefchens wird nun mit der Nadel der rote Baumwollfaden, vorher auf 13 cm Länge geschnitten, durchgezogen und verknotet. In den Farben wechselnd reiht man die Kuverts auf den Holzstab auf, an dessen Enden sich die beiden Holzkugeln befinden.

Damit der Stab aufgehängt werden kann, wird aus rotem Baumwollgarn eine Kordel gedreht und an den Stabenden befestigt.

Adventskalender »Nikolaus«

Materialbedarf: Roter, weißer, schwarzer und rosafarbener Filz, naturfarbener Rupfen, weißer Webpelz, grünes Handarbeitsleinen, kleine schwarze Knöpfe, Holz- oder Messingrundstab, zwei kleine Holzkugeln gebohrt, Krepp-Papier in verschiedenen Farben.

Hier zeigen wir einen Adventskalender, der wegen seiner kindgemäßen Gestaltung besonders gut in das Kinderzimmer paßt. Er erfüllt seine Aufgabe als Adventskalender und ist gleichzeitig Wandbehang, der übrigens, auch nachdem der Sack geplündert ist, seinen schmückenden Wert behält.

Der Kalender wird als Applikation gearbeitet. Auf grünem Handarbeitsleinen (Gminder-Linnen), das eingesäumt eine Größe von ca. 45 × 52 cm erhält, werden die einzelnen Teile der Nikolausfigur aufgenäht. Zunächst sollte man den Nikolaus auf kräftiges Zeichen- oder Packpapier aufzeichnen. Die Formen der Figur sind so einfach gehalten, daß es auch zeichnerisch weniger geübten nicht schwer fällt.

Die einzelnen Teile der Figur werden ausgeschnitten und beim Zuschneiden der Stoffteile als Schnittmuster verwendet. Gruppieren Sie nun die Stoffteile auf dem Untergrund, heften Sie sie mit Stecknadeln fest und nähen sie mit Knopflochstich auf. Webpelz und Knöpfe bilden bei der Applikation durch ihre plastische Wirkung einen besonders reizvollen Effekt.

Dann bereitet man die Füllung des Nikolaus-Sackes vor: 24 Bonbons, die in verschiedenfarbiges Krepp-Papier eingewickelt und mit zwei Heftstichen auf dem Sack befestigt werden.

Zuletzt wird durch den oberen Saum des Grundgewebes der Holz- oder Messingstab geschoben und auf seine Enden je eine Holzkugel aufgesteckt.

Transparentsterne

Materialbedarf: Schwarzes Tonpapier, farbiges Transparentpapier und Klebstoff.

Das Tonpapier wird in kreisrunde Scheiben zugeschnitten. Zum Aufzeichnen braucht man einen Zirkel. Der Kreisdurchmesser bestimmt die Größe des Sterns. Da der Stern mit verschiedenen Transparentfarben hinterklebt wird, sollte die Sternform nicht zu klein angelegt werden. Wir empfehlen einen durchschnittlichen Durchmesser von ca. 20 cm. Die Tonpapierscheibe wird zunächst auf die Hälfte gefaltet, dann auf ein Viertel und im dritten Faltgang auf ein Achtel (Abbildung 1). Mit dem ersten Schnitt wird nun der Rundbogen von Kante zu Kante

eckförmig herausgeschnitten. Die Tiefe dieses Einschnittes bestimmt die Form und Größe der Sternzacken. Anschließend werden an den Seitenkanten des Achtelkreises und je nach Absicht auch an der Spitze weitere Kerbschnitte angebracht. Je nachdem, ob die Einschnitte geradlinig oder im Bogen verlaufen, ergibt sich eine unterschiedliche Sternform.

Der fertige Faltschnitt wird nun sorgfältig entfaltet und glattgebügelt, um anschließend hinterklebt zu werden. Dazu wird der Stern auf farbiges Transparentpapier gelegt und seine Binnenform nachgezeichnet. Das mit Zugabe ausgeschnittene Farbpapier klebt man auf der Rückseite des Sterngerippes fest.

Fensterrosette

Materialbedarf: Selbstklebende Transparentfolie in den Farben rot, blau und orange, kräftiges Transparentpapier.

Wer in seiner Wohnung ein genügend großes Balkon- oder Terrassenfenster besitzt, kann es sich leisten, darauf eine Fensterrosette anzubringen, die »großformatige Weihnachtsstimmung« ins Haus liefert, ohne den Blick nach draußen zu verwehren. Die Erinnerung an Fensterrosetten gotischer Kathedralen verbindet sich mit der zeitgemäßen Gestaltungsform des Sternmusters. Der Stern ist aus der Kreisform heraus mit Zirkel und Lineal konstruiert und hat einen Gesamt-durchmesser von ca. 50 cm. Das Schema haben wir mit unserer Zeichnung veranschaulicht, so daß es ohne Schwierigkeiten nachzuarbeiten ist. Die Sternrosette wird auf weißes Papier aufgezeichnet. Darauf legt man einen Bogen Transparentpapier. Es ist nun nicht schwer, auf der ebenfalls transparenten Selbstklebe-Farbfolie die durchscheinenden Linien der Sternformen mit einer Nadel zu markieren und die Teile auszuschneiden. Die Zuschnitte befreit man von der Trägerschicht und klebt sie auf dem Transparentpapier fest. Wenn die Rosette ganz beklebt ist, wird das überstehende Transparentpapier abgeschnitten. Und nun kann sie mit Tesafilm am Fenster befestigt werden.

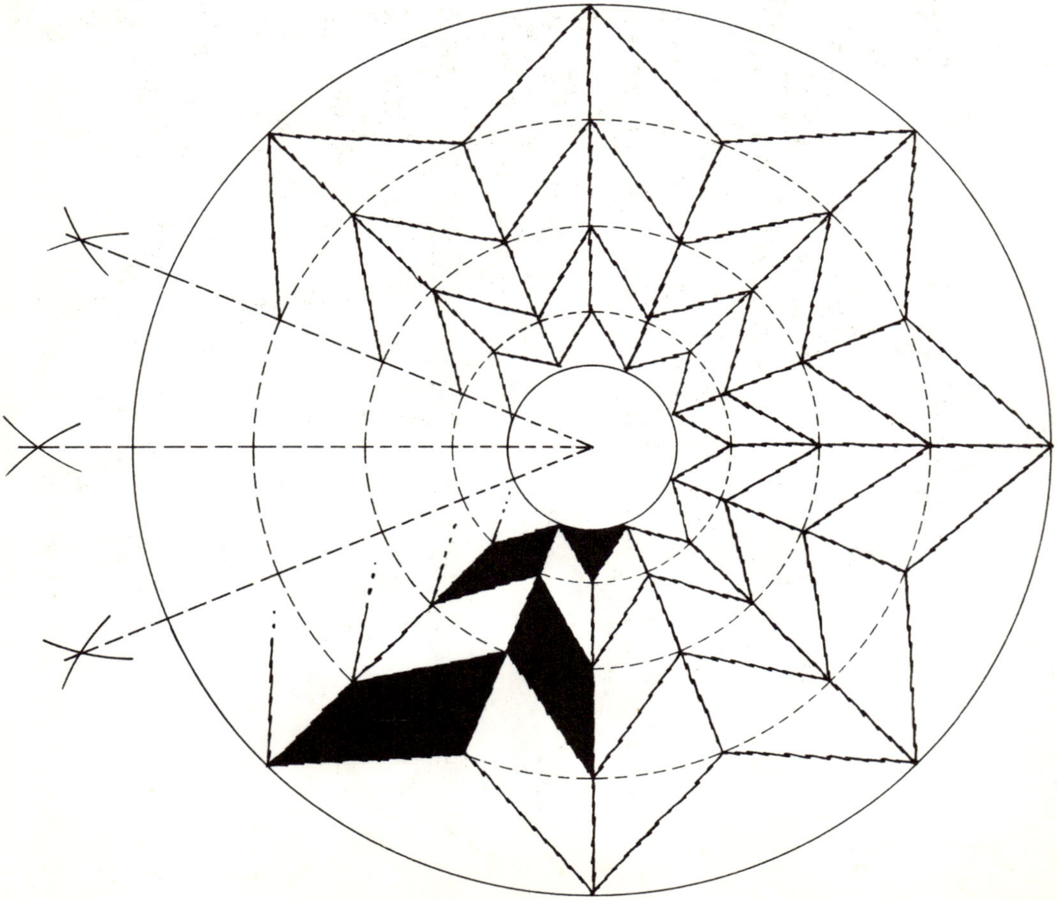

Adventsgesteck

Materialbedarf: 1 Tannenzweig,
1 kleiner Ast, 2 Wildartischocken,
1 lange dünne Kerze, kleine Goldkugeln, Sprühgold, Pattex, Sand,
Kieselsteine, 1 Kupfergefäß.
Für das kleine Einzimmer-Appart-
ement, aber auch für den Arbeitsplatz
im Büro eignet sich als Advents-
dekoration oft besser ein kleines
Arrangement, als ein Adventskranz.
Wir zeigen Ihnen hier, wie man ein
solches Adventsgesteck doch stim-
mungsvoll gestalten kann.
Als Gefäß für das Gesteck verwenden
wir einen Kupferkübel. Man
bekommt ihn in Antiquitätenläden
alt oder in Kunstgewerbeläden neu.

Der Kübel wird zur Hälfte mit
Sand gefüllt. Falls Sie in der
Großstadt nicht wissen, wo Sie Sand
hernehmen sollen, so raten wir
Ihnen, Vogelsand zu kaufen.
Die beiden Wildartischocken – man
bekommt sie in Blumenbindereien –
und der Tannenzweig werden mit
Sprühgold gefärbt. Aus dem Wald
oder vom Garten besorgen wir uns
einen kleinen Ast mit möglichst
vielen feinen Verzweigungen, auf
deren Enden die Goldkugeln aufgesteckt und mit Pattex
angeklebt werden. Artischocken,
Tannenzweig, Ast und eine rote
Kerze steckt man nun schön gruppiert
in den Sand, dann wird das Gefäß
mit Kieselsteinen aufgefüllt.

Nikolauszeit

Nikolaussack

Materialbedarf: Handarbeitsleinen in
folgenden Farben und Zuschnitten:
grün 46×70 cm, blau 21×30 cm,
rot 7×7 cm, orange 18×18 cm;
110 cm lange, dicke weiße Baumwollkordel, Zeichenpapier.
Ist der Nikolaussack nicht nur guten
Inhalts, sondern darüberhinaus
auch prächtig anzusehen, dann wird
die Freude beim Finder doppelt groß
sein. Haben Sie Lust, so laden wir
Sie ein, unseren Nikolaussack
nachzuarbeiten. Haben Sie eine
andere Idee, soll es uns auch recht
sein.
Das grüne Leinenstück wird auf die
Hälfte gelegt und zu einem Sack
genäht. Durch einen ca. 4 cm breiten
Saum am oberen Rand kommt die
Baumwollkordel, mit der der Sack
zugezogen werden kann. Soweit war
alles ganz einfach.
Das Besondere an dem Sack ist jedoch
der aufgenähte Patchwork-Stern.
Damit Sie es leichter haben, ist hier
ein Ausschnitt des Sterns in Originalgröße dargestellt. Sie können also
die einzelnen Formen direkt nachzeichnen. Jeder Teil des Sterns muß
einmal aus Zeichenpapier ausgeschnitten werden. Die Papier-
zuschnitte werden auf den Stoff
entsprechender Farbe gelegt, mit
einer Stecknadel angeheftet und mit
einer Stoffzugabe von 1 cm an allen
Seiten zugeschnitten (siehe Ab-

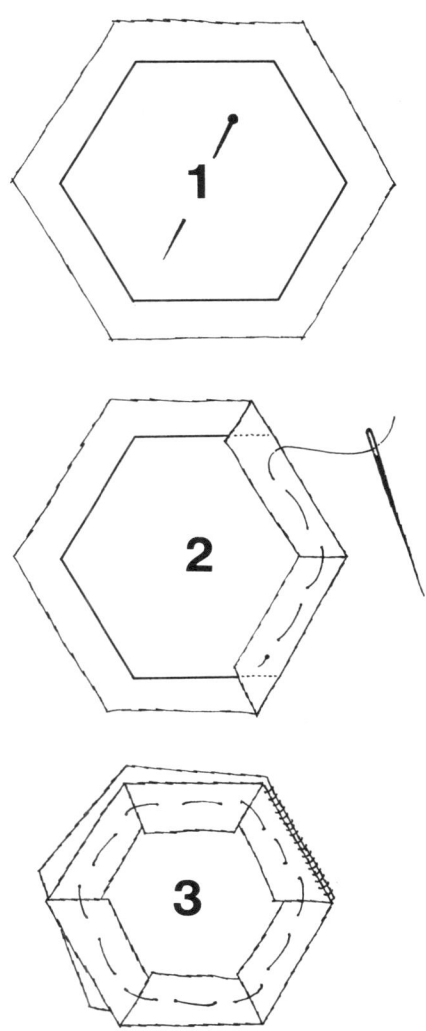

bildung 1). Wie auf Abbildung 2
zu sehen ist, schlägt man nun die
Stoffränder über das Papier und
heftet sie mit großen Stichen an.

167

Die so vorbereiteten Patch-Teile werden sodann vom sechseckigen Mittelstück ausgehend mit kleinen Stichen aneinandergenäht. Dazu werden die aneinanderzunähenden Teile jeweils Gesicht auf Gesicht gelegt (siehe Abbildung 3).

Der fertige Stern wird gebügelt, dann werden die Heftfäden herausgezogen und das Papier entfernt. Das Patchwork kann nun auf dem Sack plaziert, mit Stecknadeln fixiert und mit kleinen Stichen appliziert werden.

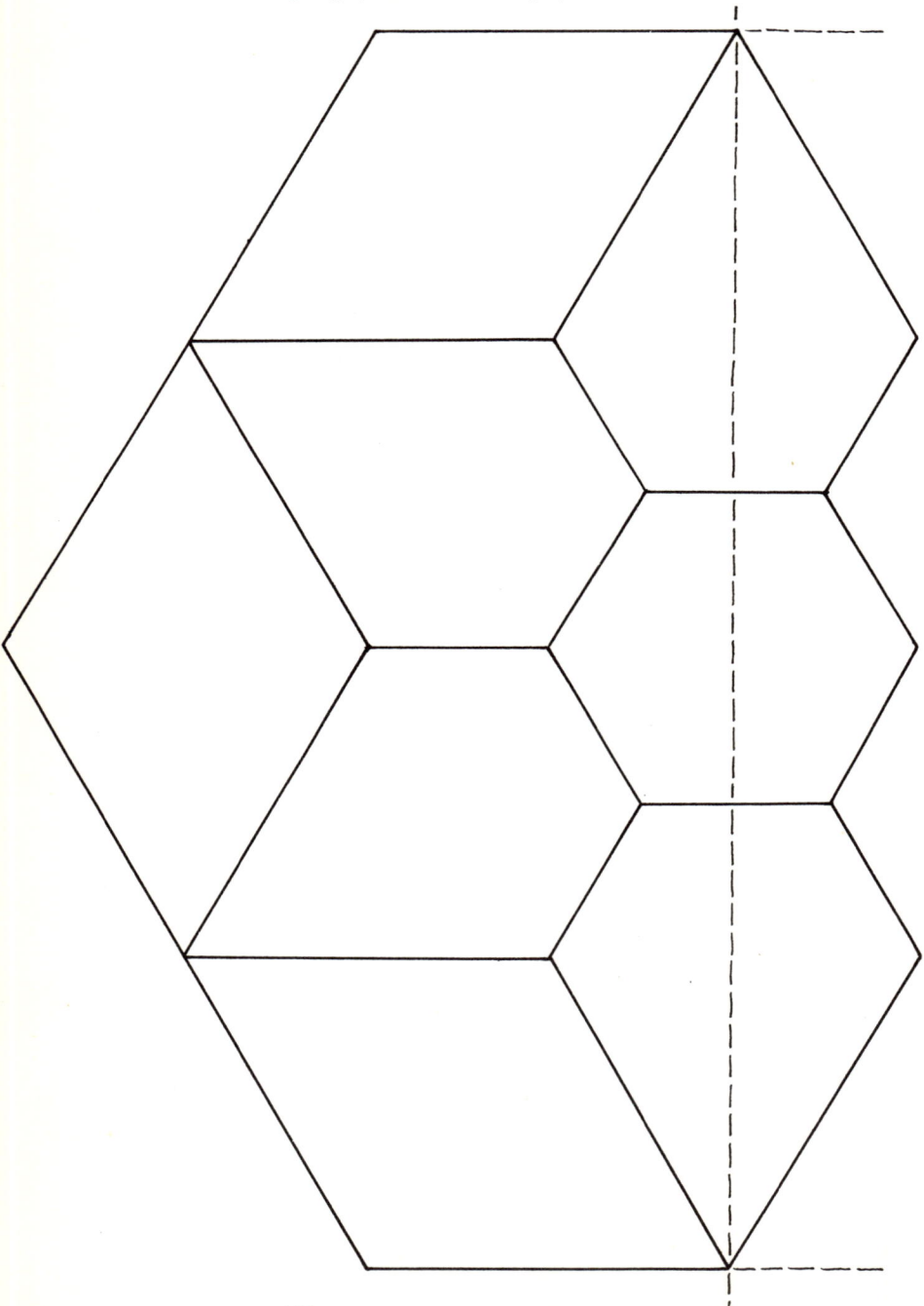

Kunterbunte
Nikolaussocken

Materialbedarf: Pro Socken 40–60 cm
bunter oder unifarbener Stoff,
30 cm bunte oder gestickte Borte
und ein Messingring mit 3,5 cm
Durchmesser.

Wenn der Mensch seinen Kindheits-
tagen entwachsen ist und nicht mehr
so recht an den Nikolaus glauben
will, so ist das noch lange kein
Grund, auf den schönen Brauch des
Nikolausabends zu verzichten;
denn auch Erwachsene freuen sich,
wenn es am 6. Dezember an der Tür
pocht und für sie ein bunter Socken,
gefüllt mit Lebkuchen und Nüssen
oder anderen süßen Kleinigkeiten
an der Tür hängt.
Bunte Nikolaussocken, wie wir sie
hier beschreiben, sind rasch gefertigt.
Der Schnitt ist einfach, seine Maße
sind aus nebenstehender Zeichnung
zu entnehmen. Der Schnitt wird
auf Papier aufgezeichnet und
ausgeschnitten. Mit einer Zugabe
von 1 cm an den Seiten und 4 cm
am oberen Rand überträgt man ihn
auf den, mit der linken Seite
nach außen, doppelt gelegten Stoff.
Der Socken wird jetzt genäht, die
Rundungen werden zur Naht hin
etwas eingeschnitten, dann wird er
gewendet. Seinen oberen Rand
schlägt man nach innen um und
heftet ihn mit einigen Stichen an.
Nun wird die Borte zum Stoff
passend angenäht und der Messingring am oberen Rand befestigt,
dann steht seiner Füllung nichts
mehr im Wege.

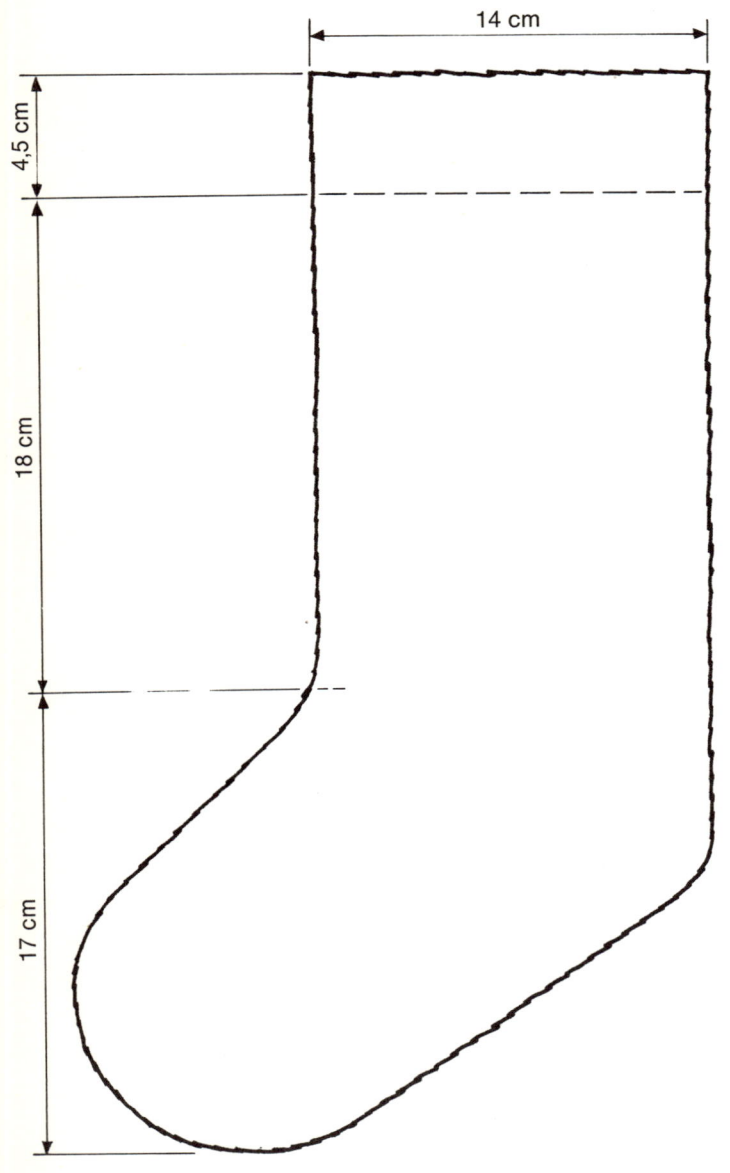

14 cm

4,5 cm

18 cm

17 cm

170

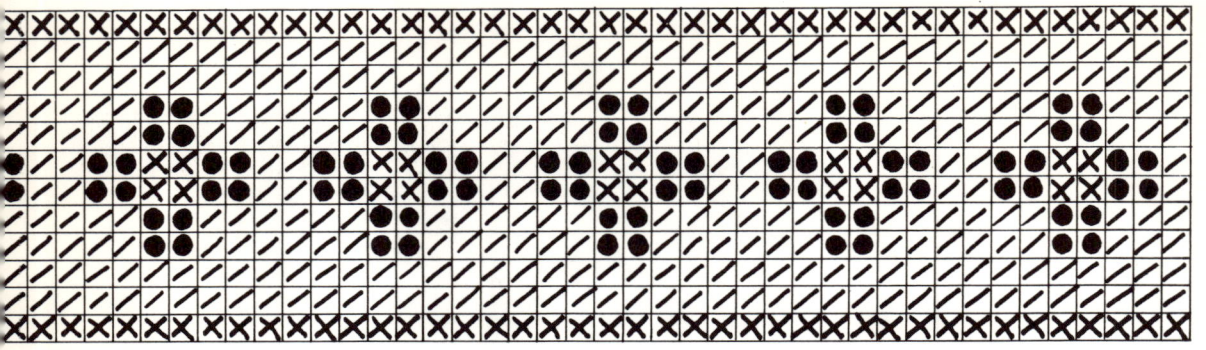

Nikolausstrumpf
aus Wolle gestrickt

Materialbedarf: 50 g grüne, 50 g
weiße und 150 g rote Sportwolle,
1 Spiel Nadeln Nr. 5.
Ein selbstgestrickter Nikolausstrumpf
ist etwas Rechtes zum Verschenken.
Er sieht prächtig rustikal aus, ein Stil
übrigens, der stets beliebt war und
auch heutzutage viele Freunde hat.
Kräftige Sportwolle sorgt dafür,
daß der Strumpf getrost gefüllt
werden kann, ohne aus der Fasson
zu kommen. Und wenn er schließlich
leergegessen ist, bildet er einen
Wandschmuck, der sich auch
außerhalb der Nikolauszeit das ganze
Jahr hindurch sehen lassen kann.
Wenn Sie also gern stricken, dann
machen Sie sich die kleine Mühe.
Die Freude des anderen darüber wird
besonders groß sein.
Für den Strumpf werden 48 Maschen,
pro Nadel 12, mit roter Wolle
angeschlagen. Es wird 17 Runden
lang 1 links, 1 rechts gestrickt.
Anschließend wird eine Reihe
Schafzähnchen (Zähnchenrand)
angestrickt und dann geht es über
den ganzen Strumpf hinweg glatt
rechts weiter.
Nach 8 glatten Runden mit roter
Wolle beginnt die erste Borte.
Es werden 2 Runden weiß gestrickt,
weitere 2 Runden in der Folge
6 Maschen rot, 2 Maschen grün, dann
2 Runden lang 2 Maschen weiß,

2 Maschen grün, 2 Maschen rot,
2 Maschen grün, 2 Maschen weiß
usw. Nun kommen wieder 2 Runden
wie gehabt mit 6 Maschen weiß
und 2 Maschen grün und schließlich
2 Runden weiß zum Abschluß der
Borte.
Der Strumpf wird fortgesetzt mit
4 Runden roter Wolle und 4 Runden
grüner Wolle. Die zweite Borte wird
in der gleichen Weise gestrickt wie
die erste, nur daß beim Muster
die Farben gewechselt werden. Was
vorher rot war, wird grün und
umgekehrt. Es schließen sich
4 Runden grün und 4 Runden rot an,
und schließlich wird die dritte Borte
gestrickt, die genau der ersten
entspricht. Mit roter Wolle wird der
Strumpf zu Ende gestrickt. Nach
11 Runden beginnt der Fersenansatz.
Mit Ferse, Spann und Spitze
beenden wir in bekannter Weise die
Arbeit.
Vor dem Füllen wird der als Stulpe
gearbeitete obere Teil des Strumpfes
nach innen geschlagen und an dem
durch die Schafzähnchen gebildeten
Rand ein Holzring angenäht.

Filznikolaus mit süßem Inhalt

Materialbedarf: Roter Filz
35 × 115 cm, weißer Filz 20 × 20 cm,
schwarzer Filz 5 × 10 cm, weißer
Webpelz 20 × 25 cm, ein 18 cm
langer Reißverschluß, 30 cm
schwarze Kordel, 1 rote Holzperle,
Plastikfolie.

Entsprechend nebenstehender
Abbildung wird die Grundform der
Nikolausfigur auf Papier aufgezeichnet und in ihren Einzelteilen
auf Filz übertragen. Der Körper
besteht aus rotem Filz, Gesicht und
Hände sind weiß, Schnurrbart und
Augen schwarz. Der vordere Mützenrand und der Vollbart werden in
einem Stück aus weißem Webpelz
ausgeschnitten. Beachten Sie bitte,
daß Webpelze nicht mit der Schere,
sondern von der Rückseite her
mit einer Rasierklinge geschnitten
werden müssen. Der Zuschnitt aller
Teile erfolgt ohne Nahtzugabe.
Zunächst werden auf dem Nikolaus-
vorderteil alle Einzelteile mit
Knopflochstich aufgenäht. Den
Schnurrbart heften wir nur mit ein
paar Stichen an, so daß die
Bartspitzen abstehen. Die Holzperle
bildet die Nase.
Damit der Nikolaus unbesorgt mit
Süßigkeiten gefüllt werden kann,
füttert man ihn innen mit
Plastikfolie ab. Dazu eignen sich
Haushaltstüten ebenso wie Teile
von Tragtaschen. Der Boden der
Nikolausfigur erhält in der Mitte
einen 17 cm langen Schlitz, in den
ein Reißverschluß eingenäht wird.
Nachdem so alle Teile vorbereitet
sind, kann der Nikolaus rechts
mit Knopflochstichen zusammengenäht werden. Zuletzt wird aus
schwarzer Kordel eine Schleife
gebildet und, wie auf unserem Foto
zu sehen ist, an der Spitze der Mütze
angenäht.

Nikolausteller

Materialbedarf: Party-Pappteller, Plakafarbe, Klarlack, Selbstklebefolie in verschiedenen Farben, Transparentpapier.

Irgendwann kommt einmal die Zeit, da ist man endgültig dem „Nikolausalter" mit Sack und Rute entwachsen. Was bleibt, ist der Brauch, am Nikolausabend symbolhaft jedem Familienmitglied eine kleine Gabe auf den Tisch zu stellen. Ein paar Lebkuchen, Äpfel, eine

Orange, Nüsse, all diese süßen und duftenden Knabbereien werden auf einem Teller dargeboten, und diesen Teller sollte man zur Feier des Nikolausabends ein wenig hübsch machen.

Wir verwenden dafür einfache Party-Pappteller, die es mit einem Durchmesser von ca. 22 cm in Schreibwaren- und Haushaltsgeschäften zu kaufen gibt. Die Teller werden mit Plakafarbe gestrichen und, wenn die Farbe getrocknet ist, mit Klarlack überzogen.

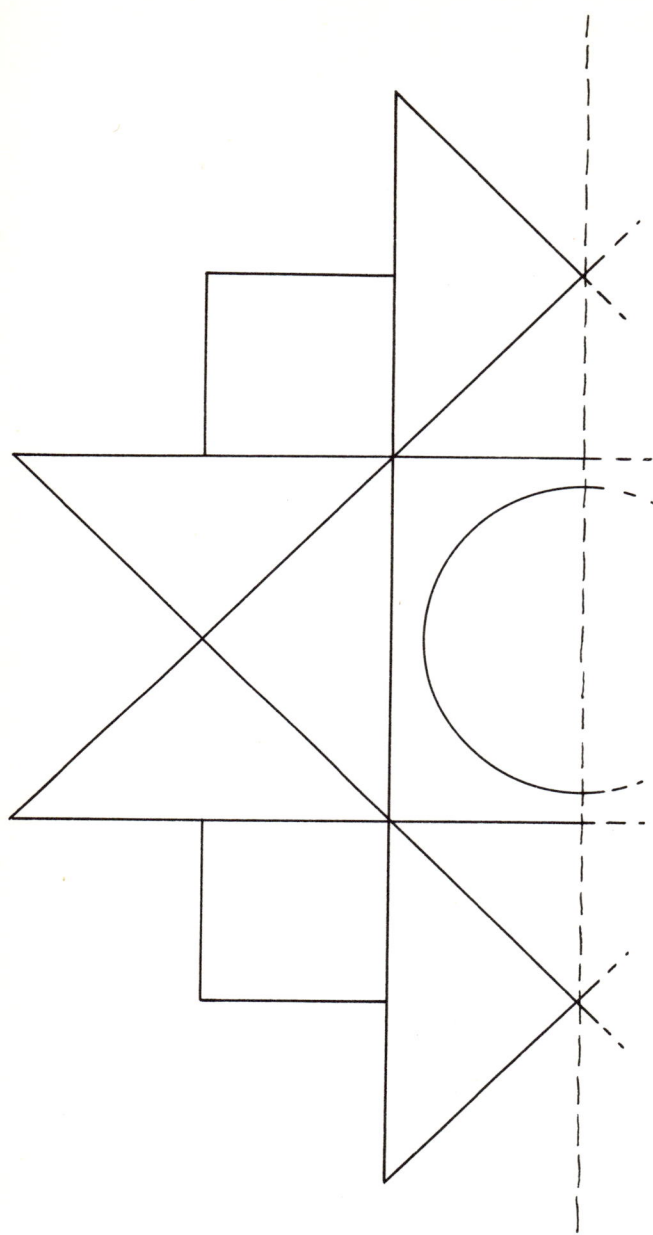

Das Schmuckmuster wird nicht aufgemalt, denn der Umgang mit Pinsel und Farbe ist, wenn es um feinere Arbeiten geht, nicht jedermanns Sache. Mit Bleistift, Lineal und Schere bereiten wir dagegen unsere Muster aus Klebefolie vor und kleben Stern oder Nikolaus, oder auch ein anderes selbstentworfenes Motiv auf den Teller.

Der Einfachheit halber haben wir den Aufriß eines Sterns und des Nikolaus hier in Originalgröße abgebildet. Sie können beide direkt nachzeichnen, dafür brauchen Sie das Transparentpapier. Die Formen werden dann auf verschiedenfarbige Selbstklebefolien übertragen, ausgeschnitten und auf den Teller vom Mittelpunkt ausgehend aufgeklebt.

Schade, daß Sie auf unserem Schwarzweiß-Foto nicht sehen können, wie herrlich bunt die Teller geworden sind. Wir geben deshalb einige Farbtips:

Teller mit Nikolaus: Grundfarbe des Tellers dunkelblau, Mütze, Mantelansatz, Nase und Backen zinnoberrot, Gesicht orange, Mützenrand und Vollbart weiß, Schnurrbart schwarz, Augen schwarz auf weißen Scheibchen und die Knöpfe an Kleid und Mütze gelb.

Teller mit geometrischem Sternmotiv: Weißer Teller, die Sternformen grün und rot wechselnd.

Teller mit rundem Stern: Teller zinnoberrot, Sternzacken und Mitte orange, Ring und Punkte zwischen den Zacken gelb.

Kleiner Nikolaus als Tischschmuck

Materialbedarf: Papröhre, rotes Tonpapier, Zeichenpapier, goldene Papierborte, Filzschreiber, Pritt-Alleskleber.

Dieser kleine Papier-Nikolaus paßt genausogut in den Korb mit Äpfeln, Nüssen und Lebkuchen, wie auch als Zeuge der Vorweihnachtszeit auf den sachlich-nüchternen Schreibtisch. Er ist Tischschmuck beim gemeinsamen Abendessen am Nikolaustag und dreidimensionaler Weihnachtsgruß für einen guten Freund. Und er ist schnell gebastelt.

Die Papröhre war einmal Träger von Haushaltsfolien, wurde auf 8 cm Länge abgeschnitten und mit rotem Tonpapier überzogen. Aus weißem Zeichenpapier werden Gesicht, Arme und Bart ausgeschnitten. Die Mütze fertigen wir aus rotem Tonpapier in Form einer Spitztüte. Die Arme werden ebenfalls mit rotem Papier überklebt, so daß nur noch die weißen Hände hervorschauen.

Das Gesicht malt man mit Filzstiften auf, ebenso den Schnurrbart auf dem weißen Vollbartzuschnitt. Wenn dies alles geschehen ist, werden Gesicht, Bart, Arme und Mütze auf der Röhre angeklebt. Einige Verzierungen mit goldener Papierborte runden das Werk ab.

Vorweihnachtlicher Raumschmuck

Großer Stern aus Reisstroh

Materialbedarf: 1 Bund Reisstroh, kräftiger Bindfaden.
Reisstroh ist ein sehr langes und dünnes Stroh. Man bekommt es in Hobbyläden. Mit diesem Stroh können besonders große und bizarre Sterne gebunden werden.
Sie bestechen durch ihr prächtiges Strahlengebilde. Ihre für Strohsterne ungewöhnliche Form befriedig auch Ansprüche nach einem wirklich modernen weihnachtlichen Raum-schmuck.

Der auf nebenstehender Abbildung dargestellte Stern hat einen Gesamtdurchmesser von ca. 50 cm. Er besteht aus 6 32-strahligen Sternen, die, von hinten nach vorn kleiner werdend, in der Größe gestaffelt sind.
Hier wird zunächst von der ein-fachsten Grundform eines 8-strahligen Sternteiles ausgegangen, wie wir ihn auch auf den Seiten 186 und 256 beschrieben haben. In der Folge werden 6 32-strahlige Sterne zusammengebunden. Diese 6 Sterne staffeln sich im Durchmesser etwa so: 50 cm, 45 cm, 40 cm, 35 cm, 30 cm und 25 cm.
Aus je zwei in der Größe auf-einanderfolgenden Sternen wird ein 64-strahliger gebildet. Bis dahin war es immer noch möglich, die Sternteile verschränkt ineinanderzulegen und sie mit Bindfaden zu umflechten.
Die drei 64-strahligen Sterne müssen aufeinandergelegt und im Zentrum mit Bindfaden zusammengebunden werden. Das geschieht am besten dadurch, daß man mit einer Nadel durchsticht und dabei den Faden zuerst von hinten nach vorne und dann wieder zurück durchzieht, um ihn schließlich auf der Rückseite fest zu verknüpfen.

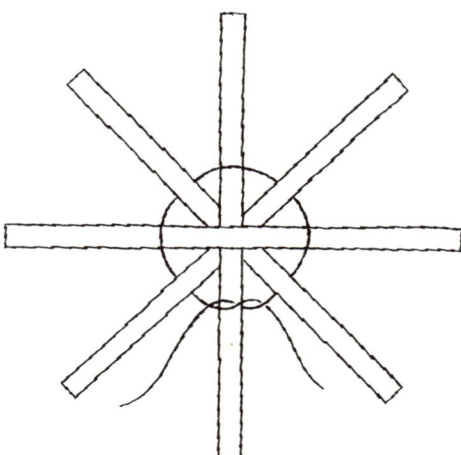

Weihnachtsengel
aus Alufolie

Materialbedarf: Weißer Plakatkarton, Alufolie in Silber, Gold, Blau, Rot und Grün, Transparentpapier, Pritt-Alleskleber und eine dicke spitze Nadel (Rouladen-Nadel).
Unser Modell hat eine Höhe von ca. 40 cm. Bei der Vielzahl an Details, die die Engelsfigur enthält, ist diese Größe von Vorteil. Der Engel wird auf einer Plakatkarton-form aus einzelnen Folienteilen zusammengesetzt, deren Farbgebung unterschiedlich ist. Die Hauptteile sind auf nebenstehendem Foto gut zu erkennen. Hier die Farb-zusammenstellung: Gesicht und Hände sind silbern, Haare und Flügel golden. Krone, Schultertuch und oberer Rockteil bestehen aus roter

Folie, Ärmel und unterer Rockteil aus blauer Folie. Die aufgesetzten Blüten besitzen, wenn sie auf rot stehen, blaue Blütenblätter mit gold-roter Mitte, wenn sie auf blau stehen rote Blütenblätter mit gold-blauem Mittelpunkt. An jeder Blüte befinden sich außerdem noch 4 grüne Blätter.
Der Engel wird zunächst auf Transparentpapier aufgezeichnet. Seinen Umriß überträgt man auf den Plakatkarton und schneidet diesen als Grundform aus. Nun werden die einzelnen Folienteile vorbereitet. Jede Fläche wird auf weicher Unter-lage (einige Lagen Zeitungspapier) auf den Umriß- und Ornamentlinien – es sind dies mit dem Zirkel konstruierbare Halbkreise – mit der Nadel durchpunktiert. Knapp an den Umrißpunkten entlang werden die Teile mit der Schere aus-geschnitten.
Das anschließende Aufkleben der Folienteile geschieht von der untersten Schicht her. So werden zunächst die Flügel schuppenförmig beklebt und erst dann der Körper. Die Blüten bestehen, wie aus der Zeichnung ersichtlich, aus drei in der Größe gestaffelten gleichen Formen und werden erst zusammengesetzt und dann auf die Engelsfigur geklebt. Um ihn an der Wand anbringen zu können, befestigt man auf der Kartonrückseite des Engels einen selbstklebenden Aufhänger.

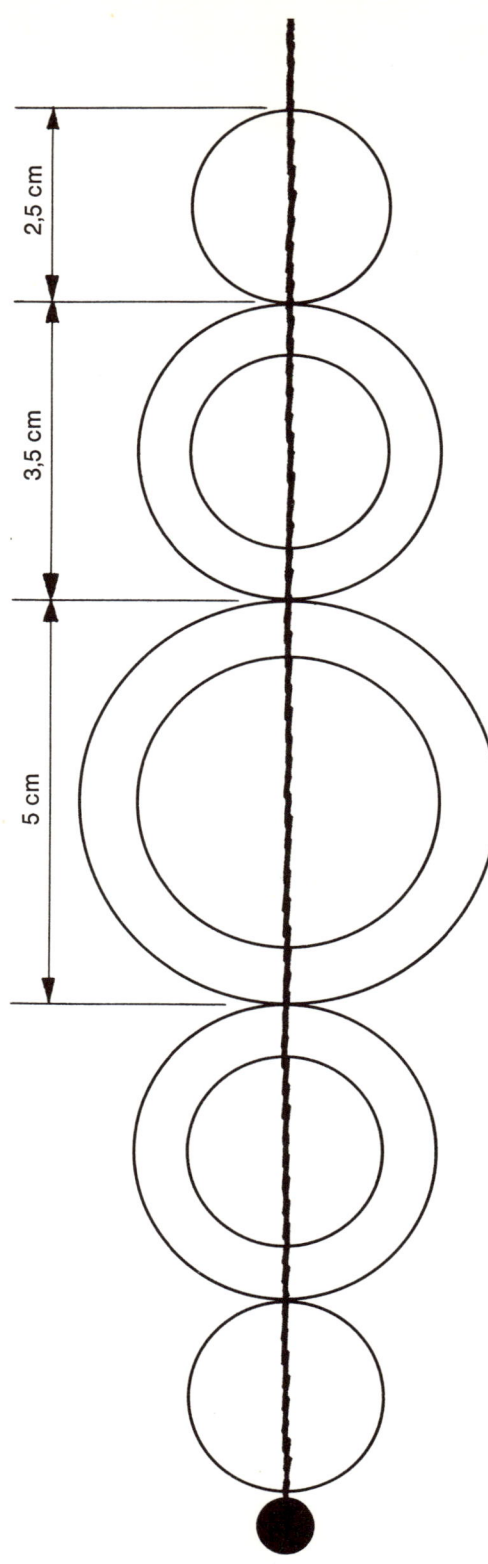

Kugelstern aus Goldfolie

Materialbedarf: Goldfarbene Alufolie, 17-fach gebohrte Holzkugel, kleine unlackierte Holzperlen, Schaschlik-Holzspießchen, dünne Goldschnur, Sprühgold aus der Dose, Pritt-Alleskleber.

Besonderes Arbeitsgerät: Stanzeisen oder Lochzange.

Die für den Kugelstern erforderlichen Materialien bekommt man in Hobbyläden oder den entsprechenden Abteilungen von Spiel- und Schreibwarengeschäften. Stanzeisen oder Lochzange führen Eisenwarengeschäfte.

Die Holzkugel wird mit Schaschlikspießchen aus Holz gespickt. Sie passen genau in die vorgebohrten Löcher. Auf die Spitzen der Spießchen steckt man je 1 Holzperle. In diesem Zustand wird das Ganze mit Sprühgold vergoldet, um nach dem Trocknen wieder zerlegt zu werden. Nun werden aus goldener Alufolie 1 cm breite Streifen geschnitten und auf 8, 12 und 16 cm Länge abgelängt. Pro Stäbchen werden 4 Streifen zu 8 cm, 3 Streifen zu 12 cm und 1 Streifen zu 16 cm gebraucht. Die Streifen formt man zu Ringen und klebt die Enden mit einer Überlappung von ca. ½ cm zusammen. Die Ringe haben Durchmesser von 2,5, 3,5 und 5 cm. Genau im Durchmesser erhalten die Ringe 2 Löcher, die entweder mit dem Stanzeisen eingeschlagen oder mit der Lochzange gezwickt werden. Die Löcher sollten gerade so groß sein, daß sich das Holzstäbchen streng durchführen läßt.

Entsprechend der nebenstehenden Zeichnung werden nun die Ringe auf die Stäbchen gesteckt und diese in die Holzkugel eingeklebt. Auch die Holzperlen kleben wir auf, wobei an einem Stab die Goldschnur zum Aufhängen mit befestigt wird.

Großer ornamentaler Strohstern

Materialbedarf: Bastelstrohhalme, kräftiger weißer Bindfaden, Pritt-Alleskleber.

Das Binden von Strohsternen gehört zu den Weihnachtsbasteleien, die schon an den Grundschulen geübt werden. Trotzdem wollen wir ihre Anfertigung beschreiben und einige wichtige Tips dazu geben. (Weitere Sterne aus Stroh zeigen wir auf den Seiten 256 bis 258.)

Wir arbeiten mit Rundhalmen. Sie werden zunächst in warmes Wasser getaucht, damit sie für die Arbeit geschmeidig sind. Legen Sie ein Handtuch an Ihren Arbeitsplatz, damit die Halme darauf abtropfen können.

Für den hier gezeigten großen Strohstern sind neben einem 32-strahligen Stern als Mittelpunkt noch 16 kleinere Sterne mit je 16 Strahlen erforderlich. Die Grundform der Sterne ist immer dieselbe. Lediglich die Halmlänge bestimmt die Größe des einzelnen Sterns.

Für den großen Stern werden also 16 Halme mit 21 cm Länge geschnitten, für die kleinen Sterne 128 Halme mit 11 cm Länge. In der Folge verfährt man so, wie die einzelnen Phasen nebenstehender Abbildung zeigen. Aus zwei Halmen wird ein Kreuz gebildet, zwei weitere Halme werden diagonal darübergelegt. Mit Bindfaden, der im Flechtvorgang um die Halme geführt wird, bindet man nun den Stern zusammen (Abbildung 1).

Zwei solcher Sterne, verschränkt übereinandergelegt und wiederum mit Bindfaden umflochten, ergeben einen 16-strahligen Stern (Abbildung 2). Aus zwei 16-strahligen Sternen wird nach dem gleichen Verfahren ein 32-strahliger. Die Sterne werden an den Halmenden mit der Schere schräg angeschnitten. Dadurch wird die Strahlenwirkung verstärkt.

Zur Montage des Gesamtsterns wird in jeden zweiten Halm des 32-strahligen Zentralsterns abwechselnd ein 5 cm und ein 14 cm langer Strohhalm gesteckt. Die Halme werden mit Alleskleber befestigt. Auf die Enden dieser Halme kommen nun, ebenfalls mit Alleskleber fixiert, die kleineren 16-strahligen Sterne.

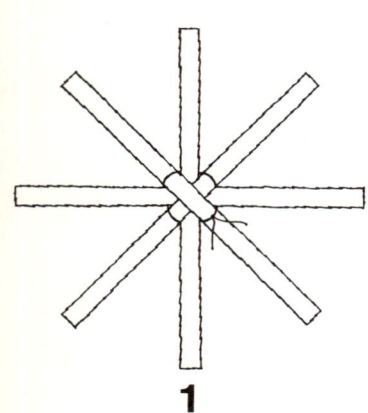
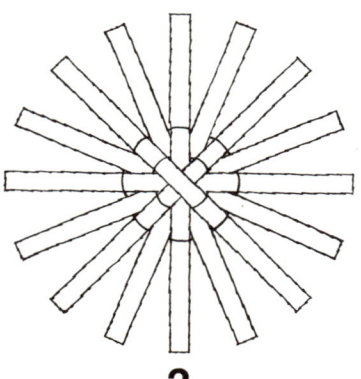
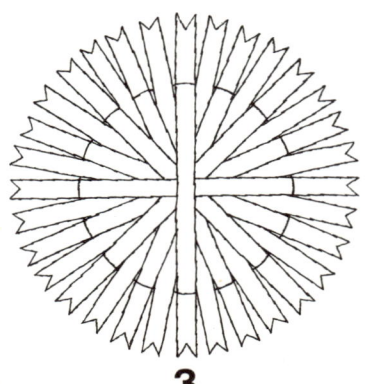

1 **2** **3**

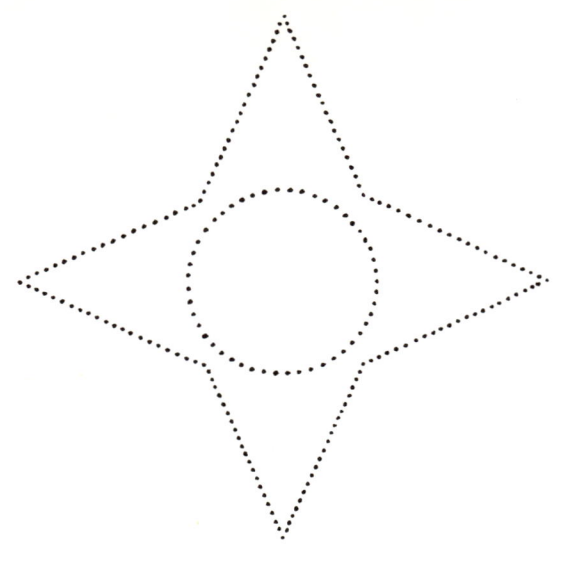

Sternenmobile

Materialbedarf: Gebohrte Holzkugel, Alufolie in Gold, 10 Schaschlikspießchen, Sprühgold, weißer Faden, Pattex, Transparentpapier.
Wie eine goldene Wolke schwebt das große Sternenmobile im Raum. Der leichteste Luftzug setzt es in Bewegung und läßt in den Goldsternen vielfältig das Licht reflektieren.
Ein zauberhafter Raumschmuck für weihnachtliche Tage.
Die Anfertigung des Mobiles ist einfach. Ein wenig Geduld und Ausdauer ist jedoch vonnöten, denn die goldene Wolke besteht aus nicht weniger als 210 Sternhälften, die zu 105 Sternen zusammengeklebt werden. Sie werden jedoch keinen Grund haben, über dieser Fülle zu verzagen, denn in der Folge unserer Beschreibung erhalten Sie Tips zur Erleichterung der Arbeit.
Zunächst werden die 10 Schaschlikspießchen mit den stumpfen Enden so in die Holzkugel eingeklebt, daß sie wie Radspeichen nach außen stehen. Dann wird das Grundgestell

für die Aufhängung der Sterne vergoldet. Nun werden die Sterne vorbereitet. Zeichnen Sie dazu die auf dieser Seite in Originalgröße dargestellte Sternform auf Transparentpapier nach, legen Sie 5 Bogen Alufolie aufeinander, die an den 4 Ecken mit Büroklammern gehalten werden, befestigen Sie darauf die Transparentzeichnung mit Tesafilm und stechen Sie auf weicher Unterlage (mehrere Lagen Zeitungspapier) die Zeichnung Punkt für Punkt mit einer dicken Nadel (z. B. Rouladennadel) durch. Auf diese Weise erhalten Sie in einem Arbeitsgang 5 Sterne. Fahren Sie fort, bis die erforderliche Anzahl von Sternen vorhanden ist und schneiden Sie nun jeden Stern knapp außerhalb der punktierten Umrißlinie aus.
Nun werden die Sterne über einem durch die Mitte laufenden Faden paarweise zusammengeklebt. Der Abstand der Sterne zueinander beträgt in dieser so entstehenden Sterntreppe 2 cm. Wir brauchen eine Kette mit 5 Sternen und jeweils 10 Ketten mit 4, 3, 2 und 1 Sternen. Man sehe zu, daß der Kettenfaden nach oben lang genug ausläuft, denn damit müssen die Ketten an den Holzstäbchen aufgehängt werden. Die Anordnung und Reihenfolge ist aus unserer Darstellung ersichtlich. Die fünfgliedrige Sternkette wird in der Mitte des Mobiles am unteren Bohrloch der Kugel befestigt. Da es

außerordentlich schwierig wäre, das
Mobile so auszuwiegen, daß es an
einem einzigen Mittelfaden aufgehängt werden könnte, wird an jeden
zweiten Stab ein Faden gebunden.
Die 5 Fäden werden nach oben zu
einem Punkt zusammengeführt und
verknüpft.

Nikolausmobile

Materialbedarf: Rotes und schwarzes Tonpapier, Zeichenpapier, 6 kleine weiße Pompons, schwarzer Faden, Mobiledraht, Pritt-Alleskleber, Transparentpapier und Filzschreiber.

Mobiles sind ein fröhlich-beschwingter Raumschmuck. Unser Nikolausmobile verkündet auf diese Weise ein frohes Weihnachtsfest.
Die Nikolausfiguren sind alle gleich groß und haben auf beiden Seiten ein Gesicht. Ihre Form ist in Original-

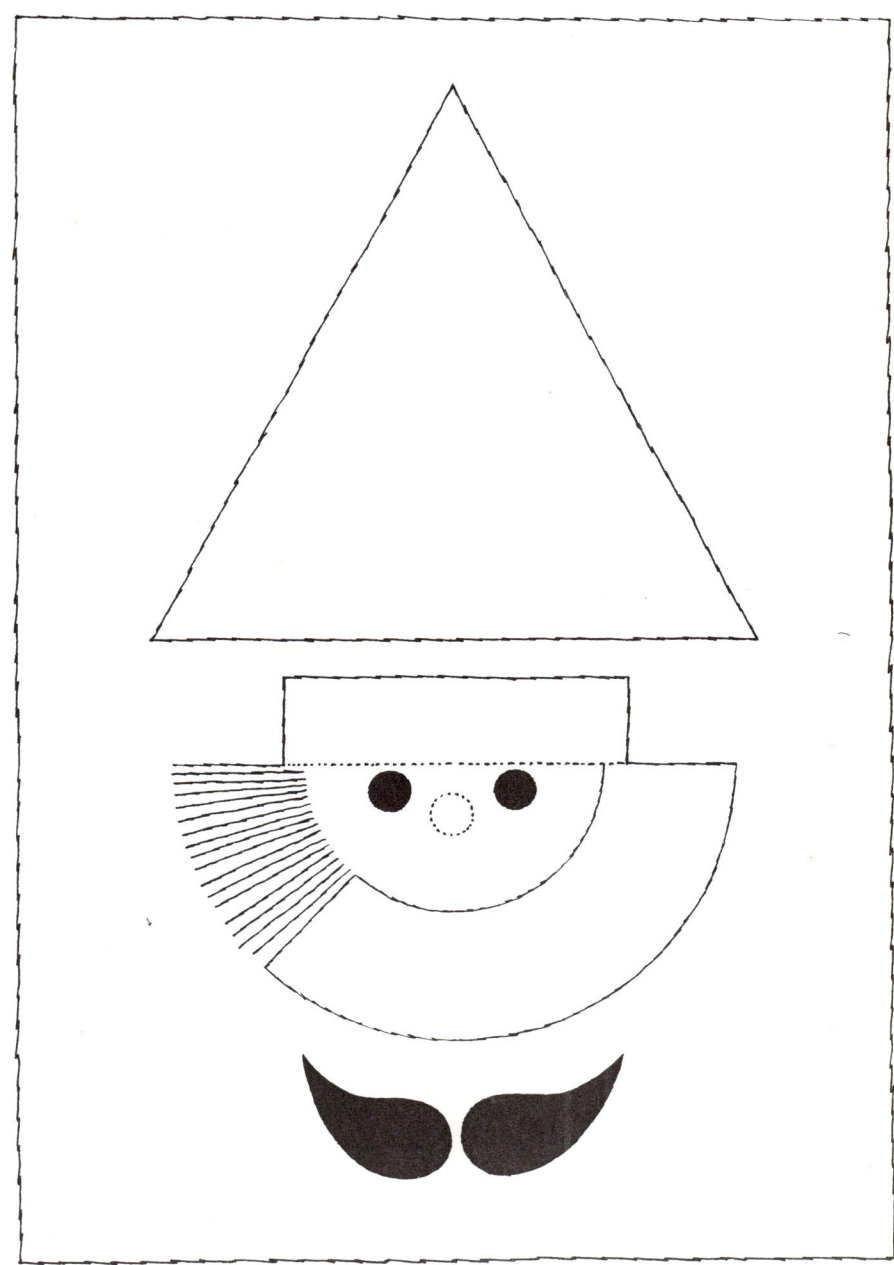

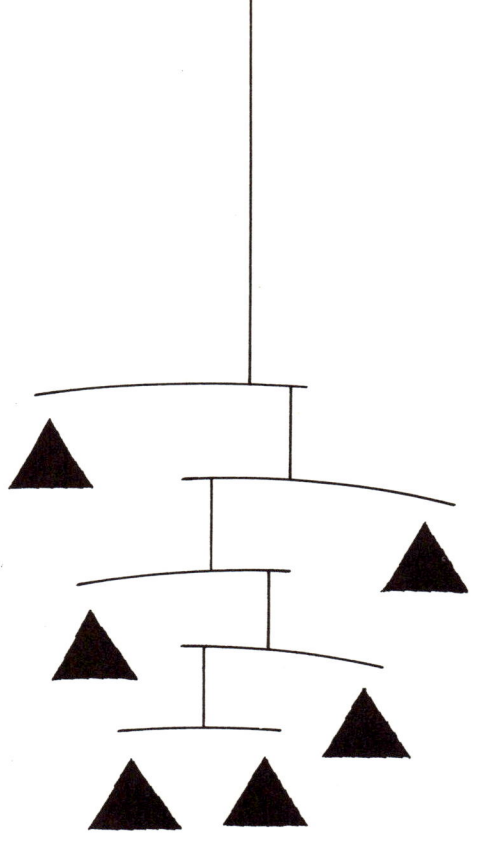

größe dargestellt. Man zeichnet sie auf Transparentpapier nach und überträgt die Konturen sodann auf das Papier entsprechender Farbe. So wird die Dreieckform des Körpers aus rotem Tonpapier ausgeschnitten, die Gesichter kommen auf weißes Zeichenpapier, und die Schnurrbartteile sind aus schwarzem Tonpapier. Das Mobile wird mit 6 Nikoläusen behängt. Dementsprechend viele Kartonteile müssen vorbereitet werden. Während Körper und Schnurrbärte mit dem Zuschneiden gebrauchsfertig sind, werden an den Gesichtern noch einige Arbeiten notwendig. So müssen die Augen und die Nasen mit Filzschreiber aufgemalt und die Bärte mit der

Schere gleichmäßig eingeschnitten werden. Die Trennlinien zwischen Gesicht und Mützenrand werden mit dem schwarzen Filzstift und einem Lineal nachgezogen. Dann ist es soweit, daß alles zusammengeklebt werden kann. An der Spitze des Körperdreiecks, die nun die Mütze darstellt, wird mit der Nadel ein Stück schwarzer Faden eingezogen. Auf ihn fädelt man den Pompon auf, führt ihn bis zur Kartonspitze und klebt ihn dort mit etwas Alleskleber an.

Zum Aufbinden des Mobiles bedarf es 5 auf die Länge von ca. 35, 30, 25, 20 und 15 cm zugeschnittener Drahtstücke. An einem der Drahtenden, bei dem kürzesten Stück an zwei Enden, wird je ein Nikolaus angehängt. Der verknüpfte Faden wird mit einem Tropfen Alleskleber fixiert. Dann werden die Drähte untereinander ebenfalls mit Fäden verbunden. Man beachte dabei, daß der längste Draht, also der mit 35 cm Länge, von unten nach oben gerechnet der vorletzte wird. Im übrigen zeigt unsere Skizze noch einmal, wie das Mobile aufgehängt wird. Das Mobile befindet sich jetzt noch nicht in der Waage. Es muß deshalb aufgehängt werden, um die Drähte an den mittleren Hängepunkten solange verschieben zu können, bis alle Teile ausgewogen sind und beim Drehen kein Nikolaus den anderen mehr berührt.

Stabile »Engelsschar«

Materialbedarf: 16 Holzfiguren-Rohlinge, ca. 5 cm groß, Holzrohling eines kleinen Kerzenhalters, Holzkitt, dünner Stahldraht, goldene Alufolie, Zeichenkarton, Transparentpapier, Plaka-Farbe, Klarlack und Ponal.

Im Gegensatz zum Mobile, das an der Zimmerdecke aufgehängt wird, ist das Stabile zum Aufstellen. Beiden gemeinsam ist die Eigenschaft, sich bei geringstem Luftzug und bei kleinsten Erschütterungen wie von Zauberhand geführt in Bewegung zu setzen.

Unser Stabile besteht aus einer Schar kleiner Engel, die sich leise hin- und herwiegen. Ihre Figuren sind kleine Holzrohlinge, kegelförmig gedrechselt, die man in Hobbyläden bekommt. Sie werden am Boden gebohrt, damit man sie auf den Stahldraht aufstecken kann. Die Holzkegel werden zunächst in verschiedenen Farben gestrichen. Die Köpfchen behalten ihre ursprüngliche Naturfarbe.

Aus Zeichenkarton schneidet man nun ca. 6 mm breite Streifen für die Arme. Sie werden an den vorderen

Enden abgerundet. Die so entstehenden Hände bleiben weiß, der übrige Ärmel wird in der jeweiligen Körperfarbe bemalt. Kleben Sie die Arme so am Holzkörper an, daß sie schräg nach außen und unten zeigen.

Auf ein Stückchen Transparentpapier können Sie die auf dieser Seite in Originalgröße dargestellte Zeichnung der Flügel und des Krönchens übertragen und auf einer weichen Unterlage mit einer Nadel auf goldene Alufolie durchstechen. Legen Sie dabei einige Bogen Alufolie übereinander, dann haben Sie rasch die 16 Krönchen und Flügel beisammen. Entlang der Lochreihen, die stehen bleiben und wie ein Ornament wirken, werden die Teile ausgeschnitten. Das Krönchen wird gerundet und zusammengeklebt, bevor es auf den Kopf gesetzt und dort angeklebt wird. Die Flügel knickt man in der Mitte etwas an und klebt sie mit dem Knick so am Rücken fest, daß die Flügelspitzen bündig mit dem unteren Rand der Figur abschließen.

Damit das Stabile einen festen Stand bekommt, verwenden wir als Fuß den Holzrohling eines kleinen gedrungenen Kerzenhalters. Auch ihn erhält man in verschiedenen Formen in Hobbygeschäften. Die Vertiefung, in die normalerweise die Kerze kommt, wird mit Holzkitt ausgefüllt. Bevor der Kitt ganz getrocknet ist, sticht man mit einem Stückchen Stahldraht 16 Löcher vor, in die später die Drähte mit den Engeln gesteckt werden.

Der Halter wird mit roter Plakafarbe angemalt und mit Klarlack überzogen. Den Stahldraht schneidet man in 16 Teile, deren längster ca. 19 cm mißt. Er bildet mit einem Engel die Mitte. Um ihn herum gruppieren sich die übrigen Engel in zwei Stufen: 7 Drähte à ca. 15 cm und 8 Drähte à ca. 11 cm Länge.

Glasbild »3 Könige«

Materialbedarf: 2 Glasscheiben
à 32×47 cm, Selbstklebefolie in den
Farben orange, dunkelblau, gelb,
hellbraun und schwarz, 4 Klarsicht-
kunststoffklemmen, 2 Holzperlen,
1 Holzrundstab 47 cm lang, dünne
Schnur, Zeichenpapier.

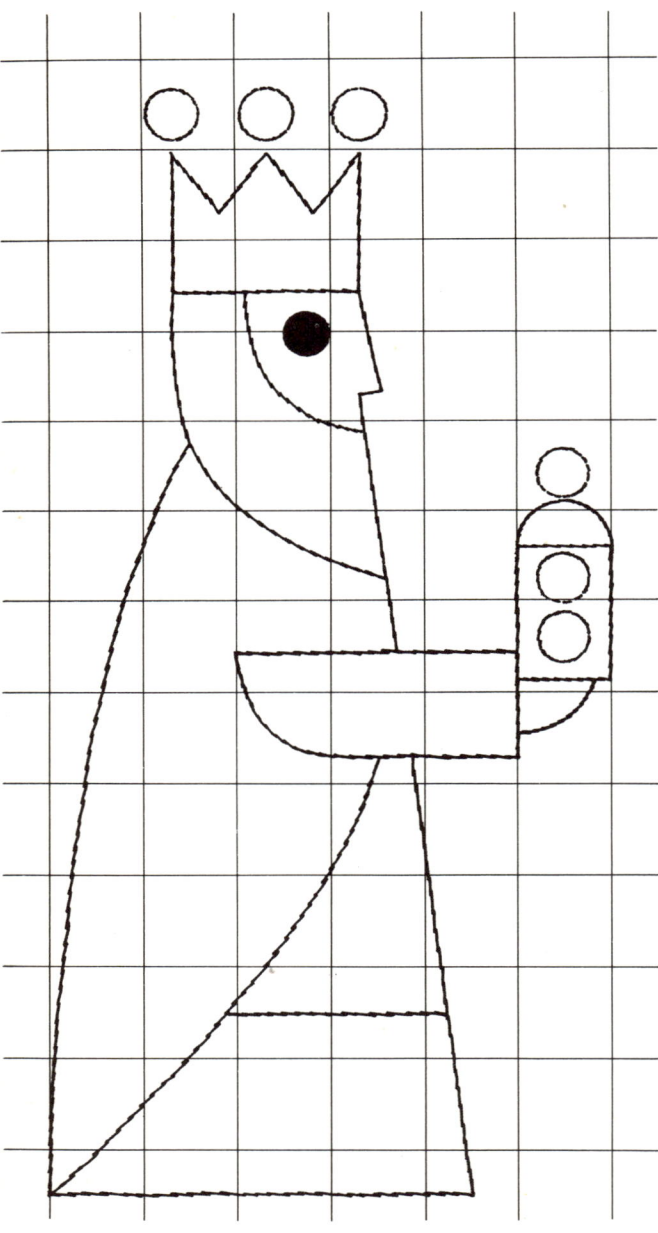

Das Glasbild mit den stark stilisierten
3 Königen paßt gut in den modern
möblierten Wohnraum. Eigentlich
kann man es dort das ganze Jahr über
hängen lassen. Trotzdem besitzt es
genügend Symbolgehalt, um vor-
weihnachtliche Stimmung hervor-
zurufen. Die beiden Glasscheiben, die
man für das Bild braucht, lassen wir
uns beim Glaser zuschneiden, denn
er hat die Möglichkeit, die Schnitt-
kanten zu brechen.
Auf Zeichenpapier werden die Konturen des nebenstehend abgebildeten
Königs aufgezeichnet. Zur Ver-
größerung bedient man sich des
eingezeichneten Gitternetzes. Die
Zeichnung wird dann in ihre
Einzelteile zerschnitten. Sie dienen
als Schablone und werden seiten-
verkehrt auf die Rückseite der Selbstklebefolie übertragen. Auf einer der
beiden Glasscheiben, die sorgfältig
gereinigt sein müssen, werden nun
die Teile der 3 Könige gruppiert.
Wichtig ist dabei, daß die Könige auf
einer einheitlichen Grundlinie
stehen und die Abstände der Figuren
zueinander und zu den Außenkanten
der Scheibe gleich sind. Stück für
Stück werden die Folienzuschnitte
von ihrer Schutzschicht befreit und
auf das Glas geklebt.
Über das fertige Bild wird die Deck-
scheibe gelegt und am oberen und
unteren Rand durch je 2 Kunststoffklemmen mit der Bildscheibe
verbunden. Aufgehängt wird das
Glasbild mit 2 Schnüren. Man bindet
sie dort, wo sich die Klemmen
befinden, über die Scheibe, zieht sie
durch die Holzperlen und führt ihre
Enden durch Bohrungen im Holzrundstab. (Abstand von der Glas-
scheibe bis zum Rundstab ca. 6 cm.)
Einige Knoten genügen, um die
Schnüre im Rundstab zu fixieren.

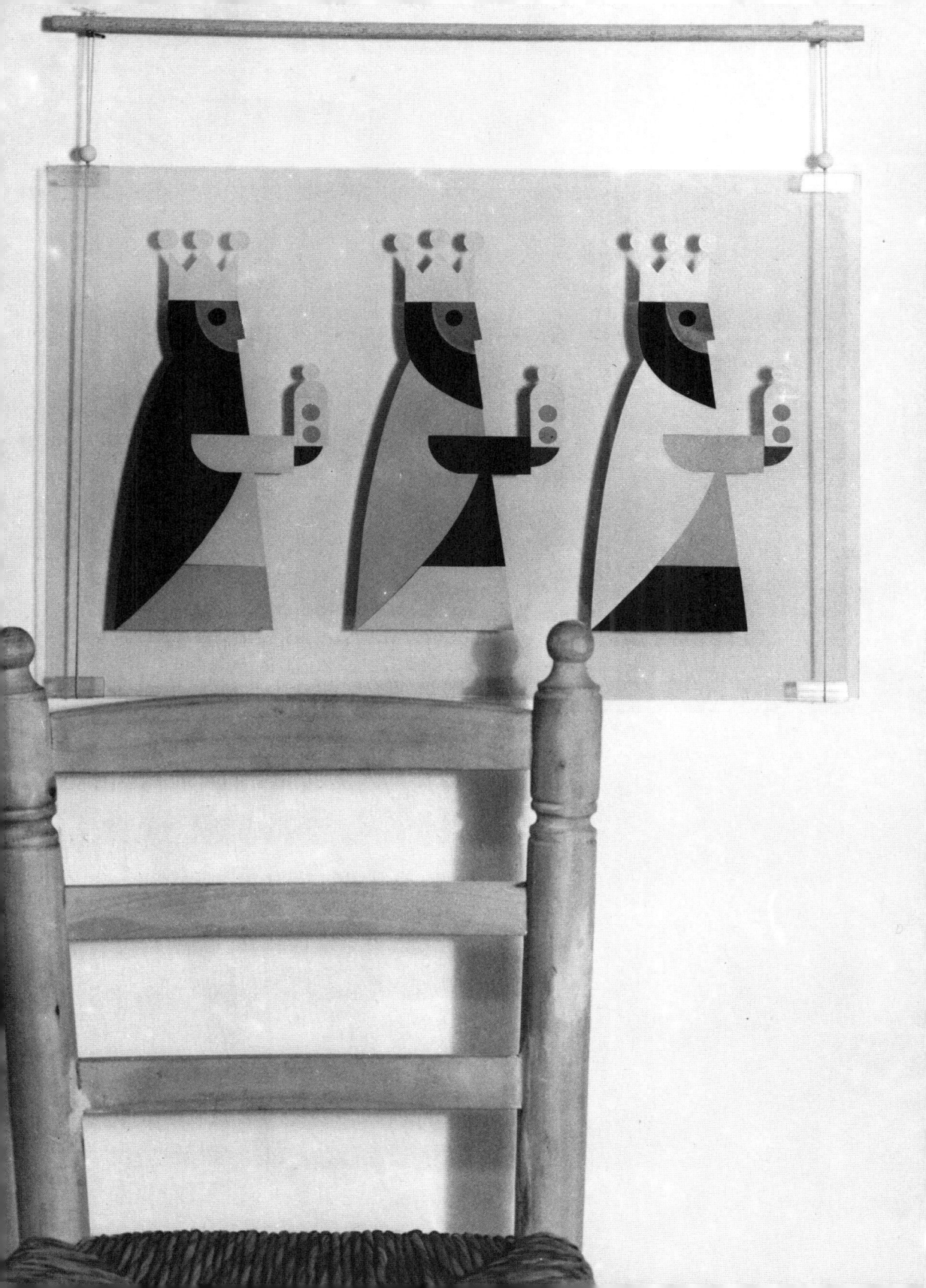

Weihnachtliches Schmuckrad

Materialbedarf: 1 Leiterwagenrad mit ca. 40–50 cm Durchmesser, 1 dicke rote Kerze, Tannenzweige, Äpfel und Nüsse, Blumendraht.

In den Tagen modernster Technik kann das schlichte Rad eines längst funktionsuntüchtig gewordenen Leiterwägelchens eine anheimelnde Reminiszenz an vergangene Zeiten sein. Man findet solche Räder heute bei jedem Trödler. Ohne besondere Absicht sucht man es aus, trägt es nach Hause, putzt es und entdeckt schließlich, daß dieses Rad ein kleiner Schmuck für die Wohnung

sein kann. Wir machten daraus ein Weihnachtsrad. Zum Durchmesser der Radnabe passend besorgten wir uns eine dicke rote Kerze. Einige Tannenzweige, ein paar schöne rotbackige Äpfel und Walnüsse hatten wir in den Adventstagen schon zu Hause.

Mit Blumendraht banden wir die Tannenzweige auf die Radspeichen, füllten die Speichenzwischenräume mit den Äpfeln und Nüssen und stellten die rote Kerze in die Mitte. Damit sie nicht umfallen konnte, wurde sie mit heißem Wachs auf der Radnabe befestigt. Die ganze Arbeit nahm nicht einmal eine Stunde Zeit in Anspruch. Machen Sie es nach:

Kerzen,
Krippen,
Engel

Kerzen und Kerzenhalter

Verzierte Kerzen

Materialbedarf: Dicke Kerzen in verschiedenen Farben, Zierwachsblättchen in verschiedenen Farben.
Arbeitsgeräte: Ausstechformen, kleines Messer, Schneidebrettchen.
Wir wählen die einfachste Methode, das Applizieren von geschnittenen Wachsblättchen aus der Wachszieherei oder dem Hobbyladen. Zunächst muß man sich natürlich Gedanken darüber machen, mit welchen Mustern die ausgewählte Kerze versehen werden soll. Eine Bleistiftskizze hilft dabei, der Idee Gestalt zu geben. Benützt man Ausstechformen, wie sie für die Weihnachtsbäckerei in jedem Haushalt vorhanden sind, so entfällt schon einmal die Aufgabe des Entwurfs der Schmuckformen. Besonders geeignet sind z. B. Stern- und Herzformen oder auch Kreise. Mit den Ausstechern werden aus den Wachsplatten die Formen herausgestochen. Benützen Sie dazu als Unterlage ein Resopal-Schneidebrettchen. Die Formen können ohne Verwendung von Klebstoff auf der Kerze angebracht werden. Man legt sie einen Augenblick auf die warme Handfläche, dadurch wird das Wachs geschmeidig ohne zu weich zu werden, und fixiert anschließend das Blättchen unter leichtem Druck auf der Kerze. Die nebenstehende Abbildung zeigt zwei Kerzen, die auf diese Weise verziert wurden.
Wer sich schon ein wenig mehr zutraut, der versuche es mit einem frei gearbeiteten Ziermotiv, z. B. dem Wickelchristkind oder dem Schneemann. Hier muß zunächst ein wenig vorgezeichnet werden. Die Teile der Darstellung werden auf die Wachsplatte übertragen. Das gelingt mit Transparentpapier und einem spitzen Bleistift. Die nachgezogenen Linien prägen sich auf der Wachsplatte ab und können mit einem kleinen Messer gut nachgeschnitten werden. Setzen Sie das Motiv probeweise zusammen und fixieren Sie es auf der Kerze erst dann, wenn sich alles am richtigen Platz befindet.

Kleiner Kerzenengel

Materialbedarf: Pappröhre mit 4 cm Durchmesser, goldene Alufolie, Selbstklebefolie in den Farben blau, rot, gelb, schwarz und weiß, Transparentpapier, Zeichenkarton und Pritt-Alleskleber.

Die Pappröhre wird auf 10,5 cm Länge abgeschnitten und mit einem 7 cm breiten blauen und einem 3 cm breiten schwarzen Folienstreifen überzogen, wobei der blaue Streifen mit dem Röhrenende bündig abschließt. Aus weißer Selbstklebefolie schneidet man die Gesichtsfläche aus und klebt sie auf den schwarzen Teil der Röhre. Der blaue Teil wird mit roter Folie ausgeschmückt: ein Streifen am Rock, eine Scheibe mit gelbem Stern und blauem Punkt, und ein Halbkreis als Latz.

Für die Arme der Engelsfigur wird ein 12 cm langer und 1,5 cm breiter Streifen aus Zeichenkarton ausgeschnitten, an beiden Enden für die Hände abgerundet und an den Ärmeln mit blauer Folie beklebt. Der Streifen wird in der Mitte durchgeschnitten. Die so entstehenden zwei Armteile klebt man auf dem Rücken der Figur an.

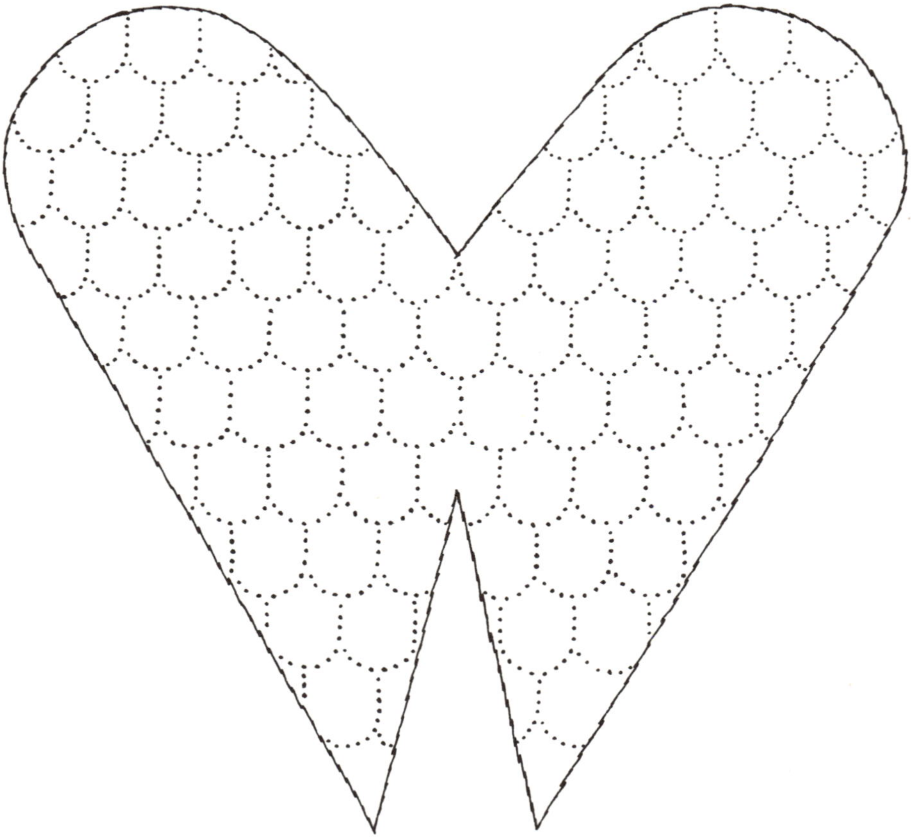

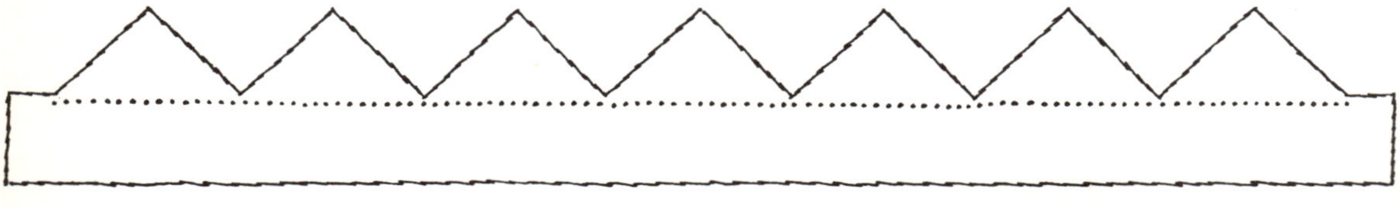

Nun fertigen wir die Krone und die
Flügel aus goldener Alufolie. Unsere
Zeichnung in Originalgröße gestattet
eine leichte Übertragung mit Transparentpapier. Alle Linien der Zeichnung werden auf weicher Unterlage
mit der Nadel auf die Alufolie
durchgestochen, dann werden die

Stücke ausgeschnitten. Bevor man
nun Flügel und Krone an der Röhren-
figur anklebt, wird diese mit einer
Kartonscheibe im Durchmesser der
Röhre abgeschlossen. Die Krone wird
so am Kopf angebracht, daß die
Spitzen überstehen und die Kerze
seitlich halten.

Stern- und Herzkerzen selbstgegossen

Materialbedarf: Rote Kerzenstumpen, Alubackfolie, Docht.

Arbeitsgeräte: Ausstechformen Herz und Stern, Resopalschneidebrettchen, Konservendose, Löffel.

Jedes Jahr, wenn die Weihnachtstage vorbei sind, bleibt ein Karton voll Kerzenreste übrig, der normalerweise in den Abfall wandert. Heben Sie ihn das nächstemal auf und versuchen Sie, kleine Stern- und Herzkerzen zu gießen. Das geht ganz leicht, und man kann damit eine besonders hübsche Weihnachtsdekoration machen.

Die Kerzenreste werden in kleine Stücke geschnitten und die Dochte entfernt. Das kleingeschnittene Wachs gibt man in eine Konservendose und läßt es auf dem Herd im Wasserbad stehend schmelzen. Achten Sie jedoch darauf, daß das Wachs nicht zum Kochen kommt. Den für die Kerzen erforderlichen Docht bekommen Sie in der Wachszieherei. Auch der aus den Kerzenresten verbleibende Docht kann, wenn lang genug, verwendet werden. Nun werden die Metall-Ausstechformen auf ein Resopalbrettchen gelegt. Während man mit der einen Hand die Förmchen fest auf die Unterlage drückt, gießt man mit einem Löffel etwas Wachs hinein und läßt es abkühlen. Ist diese erste Schicht fest genug, wird wiederum Wachs aufgegossen, bis die Form gefüllt ist. Der vorbereitete Docht, ca. 3,5 cm lang, wird in der Mitte der Form in das noch weiche Wachs gesteckt und solange gehalten, bis er im rasch fester werdenden Wachs nicht mehr umfällt. Hat man mehrere Ausstechformen, so können diese sozusagen im Fließbandsystem gefüllt und anschließend zum Erkalten in den Kühlschrank gestellt werden. Wenn das Wachs völlig hart ist, werden die Formen vorsichtig vom Brettchen abgelöst. Am Docht gehalten, wird die Form kurz in heißes Wasser getaucht. Die Kerze läßt sich nun ganz leicht aus der Ausstechform herausnehmen. Die fertigen Kerzen kann man auf einem mit geknitterter Alubackfolie überzogenen runden Backblech (Unterteil einer Springform) arrangieren.

Kerzenhalter
aus Goldfolie

Materialbedarf: Goldene Alufolie, ca. 40 gelbe Glasperlen mit 8 mm Durchmesser, dünner Blumendraht, Pritt-Alleskleber, 1 dicke honiggelbe Kerze.

Glänzende Alufolie und schimmerndes Kerzenlicht verbinden sich gut miteinander. Wir basteln deshalb einen Kerzenhalter aus Goldfolie und ergänzen ihn, um ihn noch prächtiger zu machen, mit gelben Glasperlen. Die Kerze selbst ist honigfarben. Die Vorbereitungsarbeiten für den Kerzenhalter nehmen nicht viel Zeit in Anspruch, denn man braucht nur zwei Goldfolienscheiben und eine Anzahl einheitlich breiter Folienstreifen. Die Scheiben haben einen Durchmesser von 8 cm. Eine davon wird in 8 Sektoren eingeteilt und mit einer Kreislinie von 5 cm Durchmesser markiert. Bereiten Sie diese Einteilung auf Transparentpapier vor, und zeichnen Sie auf weicher Unterlage die Linien auf die Folie durch. Die beiden Scheiben werden nun zusammengeklebt. Ebenfalls aus Goldfolie schneidet man 1 cm breite Streifen aus, jeweils 16 Streifen mit 6, 8, 10, 12, 14, 16, 18 und 20 cm Länge. Diese Streifen formen wir zu schlaufenartigen Ornamenten. Ein Ornament wird aus 8 Streifen gebildet, die in der Reihenfolge von groß nach klein an einem Ende bündig aufeinandergeklebt werden. Bis zum Abbinden des Klebstoffes wird das Ende mit einer Wäscheklammer zusammengehalten. Das gleiche geschieht mit der anderen Seite: Dort werden die Enden ebenfalls aufeinandergeklebt. Dabei fächern sich die Streifen durch ihre unterschiedliche Länge auf. Auch hier wiederum mit der Wäscheklammer arbeiten. Beide Enden legt man anschließend aufeinander – der kürzeste Streifen ist innen – und klebt sie zusammen. So werden 16 Schlaufenornamente gefertigt. Auf die Goldfolienscheibe, deren Seite mit dem Einteilungsschema nach oben liegt, kleben Sie nun die Ornamente auf: zunächst je ein Ornament auf die 8 Kreisteilungslinien, das Schlaufenende an der 5-cm-Kreislinie anschließend, dann die restlichen 8 Schlaufen in die Zwischenräume. Mit den Glasperlen, die auf dünnen Blumendraht aufgefädelt werden, bildet man zwei Ringe, einen äußeren mit 21 Perlen, einen inneren mit 18 Perlen. Die beiden Ringe kleben Sie in die Mitte des Kerzenleuchters. Sie dienen der Kerze, die nun eingesetzt werden kann, als Halt.

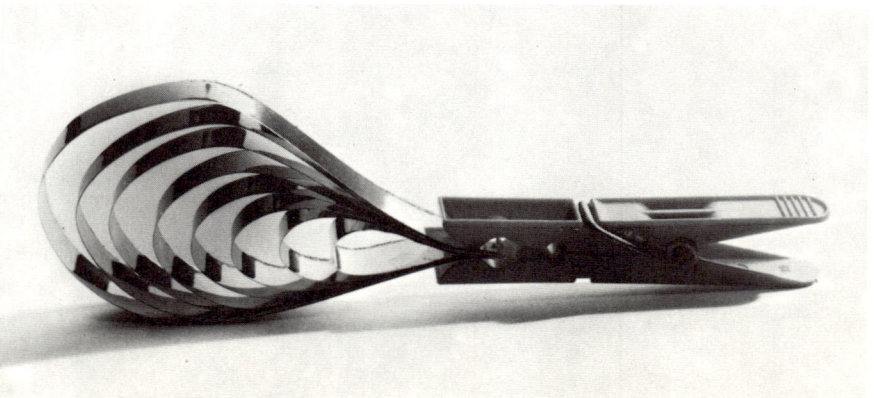

Kleine bemalte Kerzenhalter aus Holz

Materialbedarf: Kleine gedrechselte Kerzenhalter, Plakafarbe, Klarlack, Kerzen.

In Hobbyläden und Bastelabteilungen von Schreib- und Spielwarengeschäften bekommt man diese Kerzenhalter als Holzrohlinge. Sie sind wie eine Figur gedrechselt und lassen sich ohne Mühe hübsch bemalen. Wir grundieren den Rohling mit leuchtender Farbe, und zwar den unteren Teil und den oberen Rand. Der Kopf bleibt naturfarben und bekommt nur mit schwarzer Farbe Haare und ein Gesicht aufgemalt. Dann überzieht man das Ganze mit Klarlack. Mit kleinen Punkten oder auch mit anderen Mitteln, wie Papierborten oder ähnlichem Material, wird der Rock verziert. Auf den Kerzenhalter passen kleine Geburtstagskerzen und etwas längere Steckkerzen.

Krippen und Engel

Krippenfiguren
aus Karton und Stoff

Materialbedarf: Zeichenkarton,
gemusterte und einfarbige Stoffreste,
Rohholzkugeln, goldene Alufolie,
Papierborte und Spitzen, braune,
weiße, graue und schwarze Wolle,
dunkelgrünes Tonpapier, Ponal.

Die Figuren dieser Krippe werden
nach einem einheitlichen Grund-
schema gefertigt. Das Material ist
Zeichenkarton, der mit Stoff beklebt
wird. Zum Kaschieren des Stoffes
bestreicht man den Karton gleichmäßig mit Alleskleber, läßt ihn etwas
ablüften, legt den Stoff auf und
streicht diesen mit der Handfläche

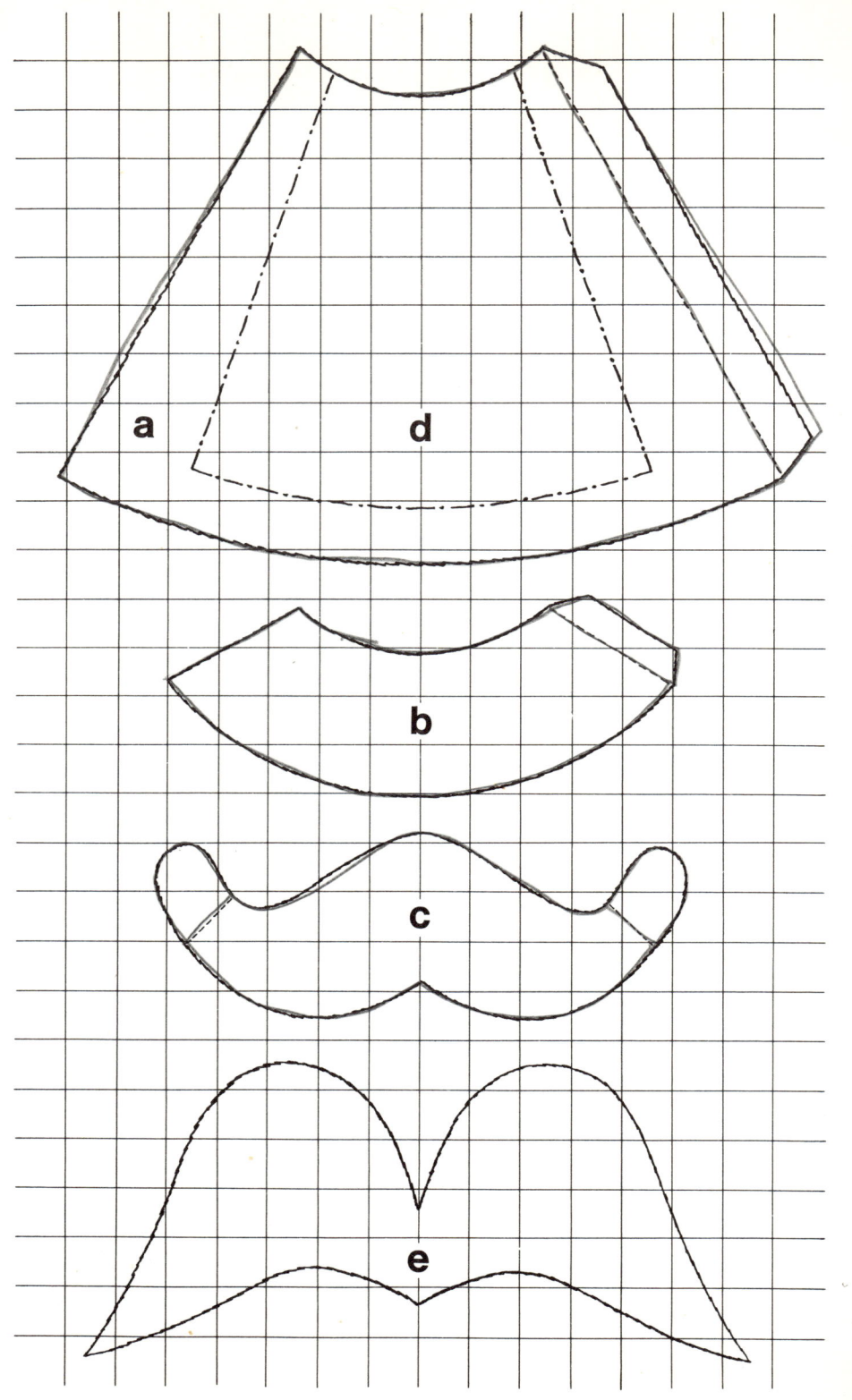

glatt. Die Köpfe der Figuren bestehen aus Holzkugeln, die für den schwarzen König und dessen Diener braun gestrichen werden, sonst aber ihre natürliche Holzfarbe behalten. Haare und Bärte formen wir aus Wolle, und Borten, Spitzen und Alufolie dienen zusätzlich als schmückendes Material. Die Gesamthöhe der Figuren beträgt ohne Kopfbedeckung 12 cm.

Auf nebenstehender Seite haben wir die Schnittmuster für die wesentlichen Teile, aus denen sich die Krippenfiguren zusammensetzen, verkleinert wiedergegeben. Mit Hilfe des Gitternetzes können die Schnitte leicht auf ihre Originalgröße übersetzt werden. Schnittmuster a) stellt die Körperform dar. Sie wird trichterförmig zusammengeklebt. b) zeigt die Form des Kragens, der ebenfalls rund zusammengeklebt und über das Oberteil des Körpers gestülpt wird. Die Arme fertigt man nach Schnitt c) an. Sie werden mit Klebstoff an der

Körperrückseite befestigt. Die mittlere Wölbung zwischen den beiden Armen verschwindet dabei unter dem Kragen. Alle männlichen Figuren, also Josef, die Hirten, die 3 Könige usw., bekommen einen Umhang, der als Schnittmuster d) in a) eingezeichnet ist. Er kann in der Länge etwas variieren und scharfe oder abgerundete Ecken haben. Der Umhang wird unter den Kragen geschoben und daran festgeklebt. Auf die zusammengesetzten Körper werden Holzkugeln mit einem Durchmesser von ca. 2,5 cm als Köpfe aufgeklebt. Die Haare wickelt man, nachdem die entsprechende Stelle des Kopfes mit Klebstoff eingestrichen ist, schneckenförmig um die Kugel. Die Bärte werden auf Papier gearbeitet. Dazu klebt man Wollfäden parallel nebeneinander auf und schneidet aus der so entstehenden Fläche die Bartform aus. Die Hüte sind in der Form einer »Kreissäge« ebenfalls aus mit Stoff kaschiertem

Karton ausgeschnitten und zusammengeklebt. Für die Kronen der Könige hingegen verwenden wir Goldborten aus Papier. Mit diesen Borten basteln wir auch Geschenke, die die Könige dem Kind bringen. Auch die Gewänder der Könige werden mit Goldborten ausstaffiert und erhalten dadurch ein festliches Gepräge.

Der Engel besitzt Flügel aus goldener Alufolie entsprechend dem Schnittmuster e) und ebenfalls, wie die Maria und das Christkind, einen Heiligenschein. Das Christkind wird als Wickelkind dargestellt. Ein Papierröhrchen, mit weißer Spitze umwickelt, bildet den Körper, eine in der Proportion zu den Köpfen der großen Figuren kleinere Holzperle, die mit schwarzem Wollhaar umwickelt wurde, den Kopf. Maria bekommt das Kind in den Arm gelegt. Sie trägt als Kopfbedeckung ein Tuch aus weißer Spitze.

Bei der farblichen Gestaltung der Figuren sollten Sie auf eine harmonische Abstimmung der Stoffe und ihrer Muster achten. So ist der Engel z. B. zartrosafarben bekleidet. Maria hat ein dirndlartig gemustertes Kleid an. Das Gewand Josefs ist vorwiegend in braun und schwarz gehalten. Die Hirten dürfen mit karierten Stoffen rustikal aussehen, und die Kleider der Könige zeichnen sich durch wertvoll wirkende Ornamente aus. Um der Krippe auch ein landschaftliches Gepräge zu geben, basteln wir aus dunkelgrünem Tonpapier noch einige Tannenbäume. Jeweils drei gleichgroße, in bekannter Weise stilisierte Teile werden in der Mitte geheftet und aufgefächert. So wirken sie plastisch und haben einen guten Stand.

212

Laubsägekrippe

Materialbedarf: 4 mm starkes Sperrholz, Holzleiste 10×20 mm, feines
Sandpapier, Plakafarbe in rot, blau,
gelb, grün, violett, schwarz und weiß,
Klarlack, Alleskleber, Transparentpapier und Pauspapier.
Arbeitsgerät: Laubsägebogen mit
feinem Sägeblatt.
Laubsägen und anmalen, das sollten
Sie einigermaßen können, wenn Sie
unserem Vorschlag folgen und diese
Krippe basteln. Dabei kann sich
auch einmal der Vater oder der Sohn
des Hauses nützlich machen. Die
aus Sperrholz ausgesägte Krippe hat
den Charakter einer Kulisse. Sie ist
zweidimensional, nur die Vorderseiten werden gestaltet, und sie wird,
um eine plastische Wirkung des
Krippenbildes zu erzielen, wie die
Kulisse eines Bühnenbildes gestaffelt
aufgestellt.

Bei der Anlage der Figuren wird
Wert darauf gelegt, daß die Form
großzügig zur Geltung kommt.
Die Umrisse sind, auch um die Säge-
arbeit zu vereinfachen, und den
Eigenschaften des Holzes Rechnung
zu tragen, schlicht gehalten. Auf
Nebensächlichkeiten wird verzichtet.
Dies gilt auch für die Bemalung, die
flächig ist und nur die notwendigsten
zeichnenden Linien enthält.
Die Figuren besitzen eine einheitliche Grundform. Aus ihr heraus lassen sich die Darstellungen variieren.
Um Ihnen die Arbeit zu erleichtern,
haben wir einige Figuren und deren
Abwandlung in Originalgröße
abgebildet. Sie brauchen also nur das
Transparentpapier darüberlegen und
nachzeichnen. Bevor mit der Säge-
arbeit begonnen wird, legt man alle
Krippenfiguren als Transparentzeichnung an. Dann wird das Sperrholz mit Plakafarbe einseitig weiß

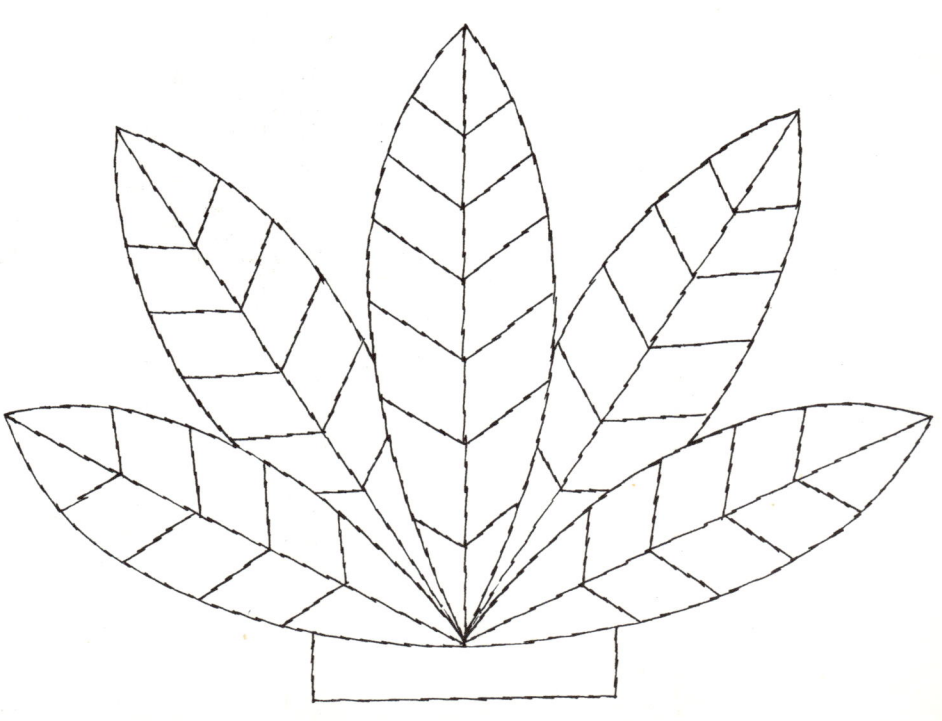

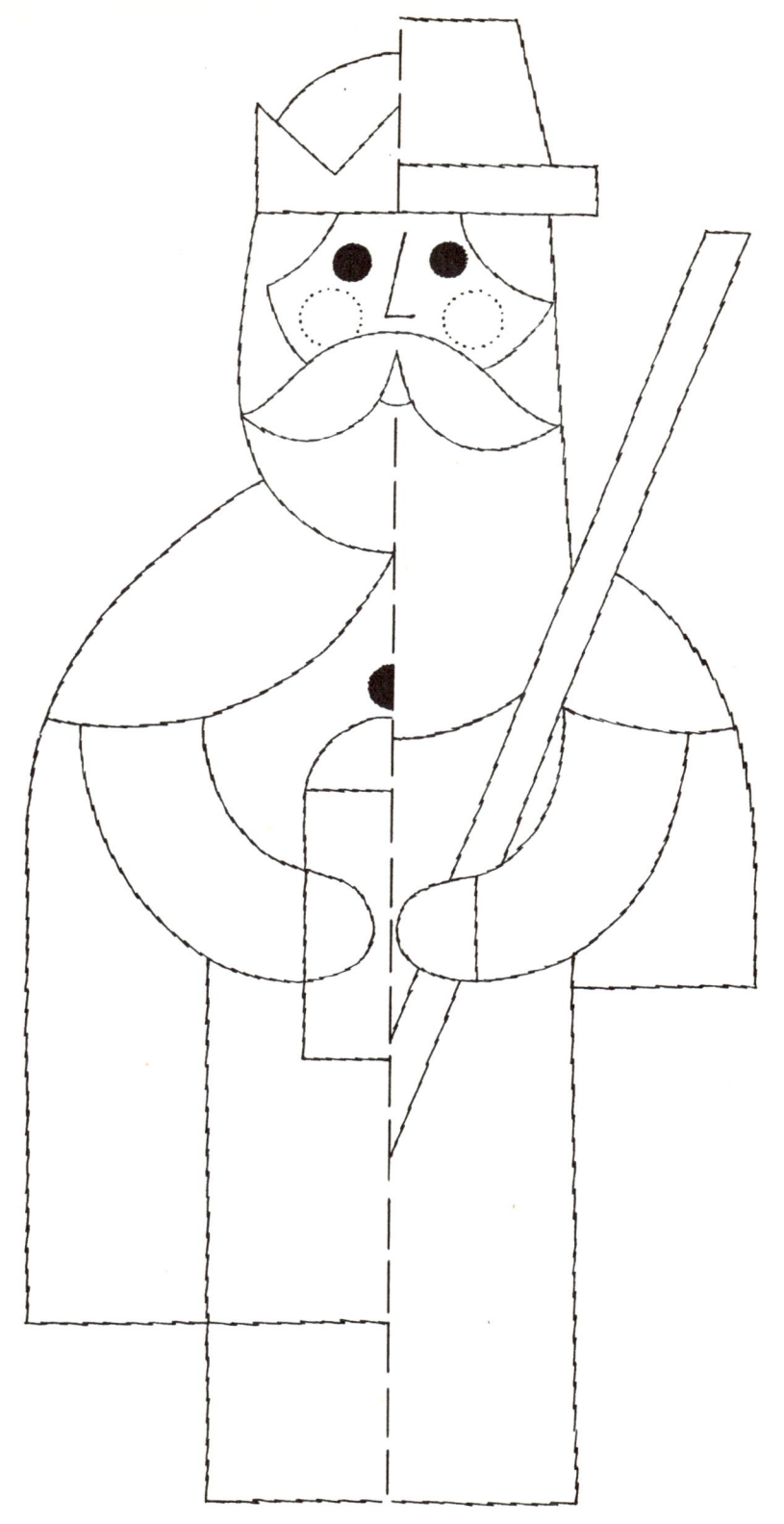

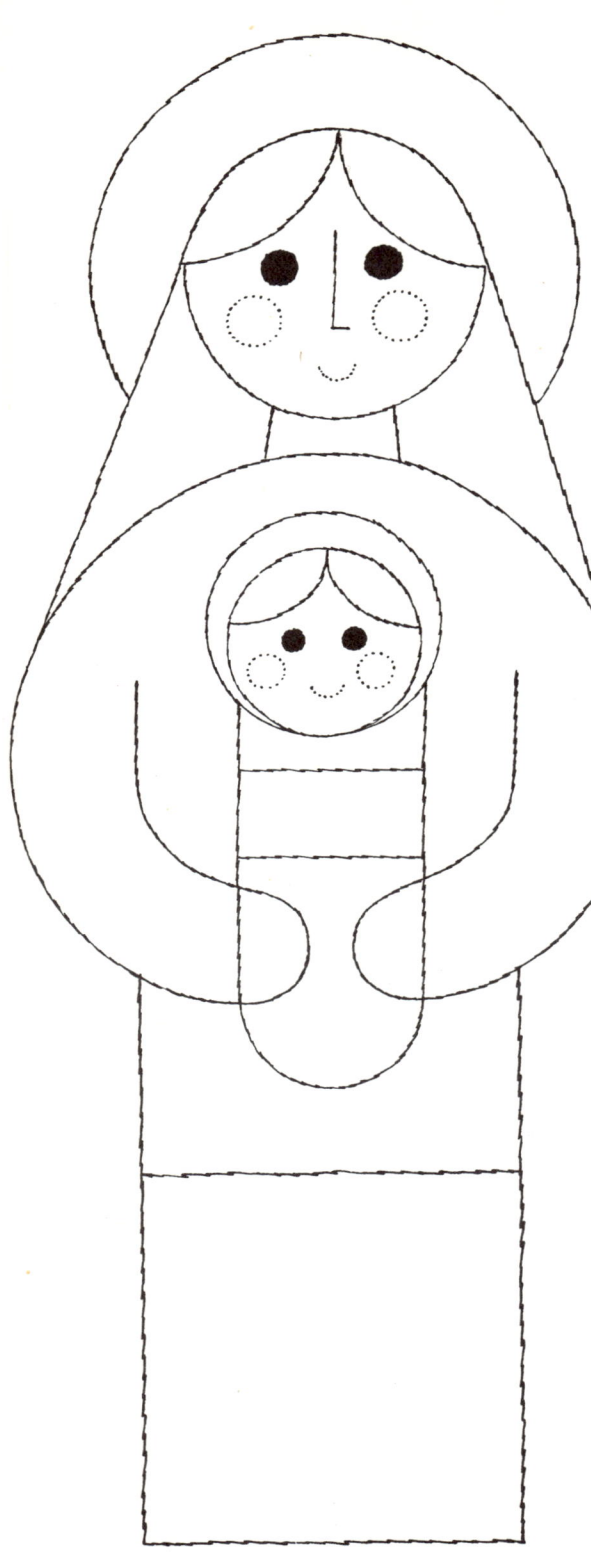

grundiert. Auf diese Grundierung paust man mit Pauspapier die Zeichnung auf.

Die ausgesägten Figuren werden an den Rändern mit Sandpapier versäubert. Damit die Krippe ein ordentliches Aussehen erhält, werden die Ränder und die Rückseiten nun auch noch mit weißer Farbe gestrichen. Und jetzt geht es ans Bemalen. Verwenden Sie reine und leuchtende Farben und tragen Sie die Farbflächen mit einem genügend großen Pinsel auf. Nur für die zeichnenden Linien brauchen Sie einen feinen Pinsel.

Im folgenden geben wir einige Farbvorschläge, denen Sie folgen können, aber nicht müssen.

Josef: Gewand und Hut dunkelblau, Umhang grün.

Maria: Kleid rot mit gelb, blaues Kopftuch, Wickelkissen des Kindes blau.

Hirte: Gewand und Hut grün, Umhang violett.

Frau mit Apfel: Kleid dunkelblau, Kopftuch und Rockborte rot.

1. König: Rock rot, Mantel gelb.

2. König: Rock dunkelblau, Mantel hellblau.

3. König: Rock grün, Mantel violett. Alle Kronen sind gelb mit der Wiederholung einer Farbe aus Rock oder Mantel.

Die Gesichter der Krippenfiguren bleiben einheitlich weiß mit roten Backen und schwarzer Zeichnung. Haare und Vollbärte der männlichen Figuren sind grau, die Schnurrbärte schwarz.

Nach beendeter Bemalung werden aus Holzleiste pro Figur zwei Stücke gesägt, die in der Länge dem unteren Teil der Figur angepaßt sind. Die Stücke werden schwarz gestrichen und als Fuß an der Vorder- und Rückseite der Figur angeklebt. Ein Klarlacküberzug beendet die Bastelarbeit.

Angezogene Krippenfiguren

Materialbedarf: Verschiedene Stoffe, Bänder, Borten, Spitzen, Wolle, Pelzreste, Goldfolie, gebohrte Holzkugeln mit 3 cm Durchmesser, Holzperlen mit 1,5 cm Durchmesser, Pappröhren, Watte, Bindfaden, Pfeifenputzerdraht und Alleskleber.

Angezogene Krippenfiguren wirken besonders reizvoll und lebendig. Bei der Auswahl der Stoffe für die Kleidungsstücke, bei der Gestaltung von Haar und Bart, bei der Zusammenstellung der kleinen Accessoires kann viel Phantasie entwickelt werden, und es macht Freude, eine Figur nach der anderen entstehen zu lassen. Bevor jedoch mit dieser vergnüglichen Arbeit begonnen werden kann, muß für jede Figur ein Körpergestell gebaut werden. Es besteht aus Pfeifenputzerdraht,

Watte und einer Pappröhre. Der Oberkörper und die Arme müssen eine gewisse Beweglichkeit besitzen, um der Figur die rechte Haltung und Gestik zu verleihen. Dafür eignet sich Pfeifenputzerdraht. Er ist biegsam und läßt sich leicht verarbeiten. Pro Figur werden 4 Pfeifenputzer auf je 12 cm Länge zugeschnitten. Jeweils 2 Drähte dreht man zusammen, legt sie kreuzweise übereinander und bindet sie mit Bindfaden am Kreuzungspunkt fest. Der waagerechte Drahtteil bildet die Arme, der senkrechte Hals und Oberkörper. Der Hals soll nicht länger als 2,5–3 cm sein. Auf den Hals steckt man eine gebohrte 3-cm-Holzkugel, an die Enden der beiden Arme je eine Holzperle. Die Kugeln werden zunächst noch nicht angeklebt, denn zum Bekleiden der Figur müssen sie nochmals abgenommen werden.

Der Oberkörper erhält eine Polsterung aus Watte, die mit Bindfaden umwickelt wird. Die Wattierung muß so dick sein, daß sie gerade noch in die Pappröhre einer Haushaltsfolienpackung gesteckt werden kann. Die Röhre wird auf eine Länge von 9 cm abgeschnitten, und da hinein wird nun der Oberkörper geklebt. Das Körpergestell kann nun bekleidet werden. Die Schnitte der Kleider, Mäntel und Röcke sind ganz einfach gehalten. Sackförmig genäht, werden sie erst am Körper drapiert und wo nötig mit Abnähern versehen. Die Kleidungsstücke stehen dabei immer auf dem Boden auf und geben so dem Körpergestell einen zusätzlichen Halt. Die Köpfe erhalten Haare und Bärte aus Wolle oder Pelzresten. Kopftücher und Hüte sind aus Stoff gefertigt. Filz eignet sich dafür besonders gut. Die Königskronen basteln wir aus Goldfolie. Bänder, Borten, Spitzen usw. sorgen für eine zusätzliche reichhaltige Verzierung.

Christkindl
in der Nußschale

Materialbedarf: Walnußschalen,
bunte Borte 2,5–3 cm breit, etwas
farbiges Leinen, Naturholzperlen,
schwarzes und hellgelbes Baumwollgarn, Pfeifenputzerdraht, Watte,
Alleskleber.

Das Christkindl in der Nußschale ist
eine winzige Kleinigkeit, an deren
Liebreiz sich nicht nur Kinder, sondern
auch große Leute begeistern und
erfreuen können. Legen Sie es einem
Weihnachtsgeschenk bei, oder
hängen Sie es als Schmuck an den
Christbaum. Schöne große Walnüsse
werden vorsichtig mit dem Messer
geöffnet, der Nußkern wird entfernt
und die Schale innen gesäubert.
Aus Leinenresten und Börtchen näht
man das Bettchen. Das Kopfkissen
hat ein Maß von etwa 2,5×2,5 cm,
das Deckbett mißt 2,5×3 cm. Beide
werden mit etwas Watte gefüllt. Nun
wird das Kissen mit seiner Rückseite
und das Deckbett mit den Seiten in
die Nußschale geklebt. Die Kopfseite
ist der breite Teil, die Fußseite der
spitze Teil der Nuß. Auf ein ca.
2,5 cm langes Pfeifenputzerdrahtstück
kleben wir die Naturholzperle auf,
umwickeln sie mit schwarzem oder
gelbem Baumwollgarn schneckenförmig und malen auf die
verbleibende Gesichtsfläche Augen,
Backen und Mund. Der untere Teil
des Pfeifenputzerdrahtes wird mit

Alleskleber bestrichen und vorsichtig
unter die Bettdecke gesteckt, so daß
nur noch der Kopf herausschaut.

Flaschenengel

Materialbedarf: Leere Flasche, gemusterter Stoff, beige Wolle, Holzkugel mit 4,5 cm Durchmesser, 2 Naturholzperlen mit 2 cm Durchmesser, Pfeifenputzerdraht, goldene Alufolie, Börtchen, Watte, Faden und Pritt-Alleskleber.

Eine leere Essigflasche bildet die Grundform des Weihnachtsengels, den wir nachfolgend beschreiben wollen. Sie eignet sich für diesen Zweck besonders gut, da sie erstens nicht allzu groß ist und zweitens im Übergang vom Flaschenhals zum Flaschenkörper eine ausgeprägte Hüftform besitzt. Die Flasche ist ein stabiler Unterbau, der für Stand-

festigkeit sorgt. Die Holzkugel wird entweder mit Alleskleber auf den Flaschenhals aufgeklebt, oder, wenn besondere Festigkeit gewünscht wird, mit in eine Bohrung der Kugel eingesetztem Rundholzstäbchen in einen Flaschenkorken gesteckt.

Aus Pfeifenputzerdraht wickeln wir Arme und befestigen sie mit kräftigem Bindfaden am Flaschenhals. Die Hände bilden zwei Naturholzperlen, die auf die Enden des Pfeifenputzerdrahts aufgesteckt werden. Der Oberkörper wird mit etwas Watte abgepolstert.

Das Anfertigen des Kleides, das aus zwei Teilen, Bluse und Rock, besteht, ist sehr einfach. Den Schnitt der Bluse haben wir mit den entsprechen-

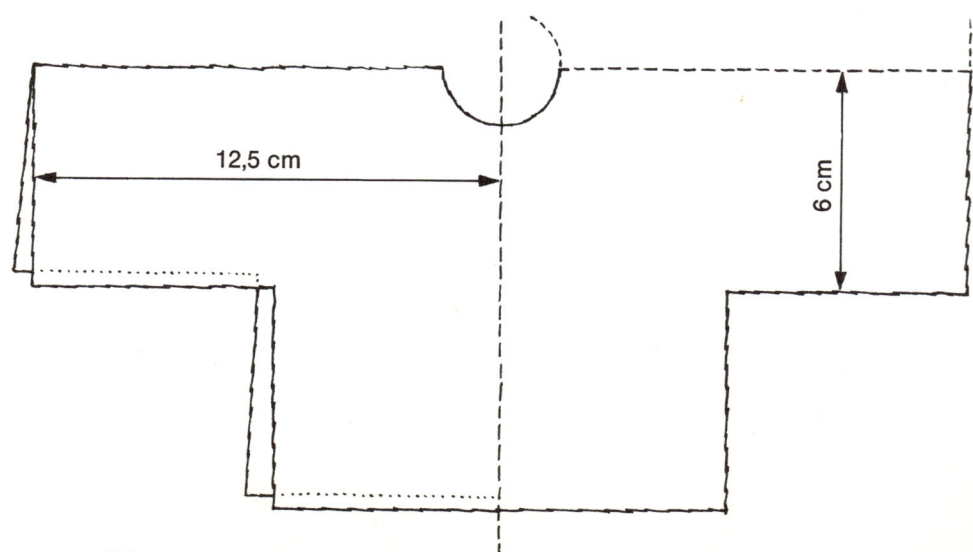

12,5 cm

6 cm

den Maßen abgebildet. Er wird auf Papier aufgezeichnet und mit einer Nahtzugabe von 1 cm aus dem Stoff ausgeschnitten. Der zusammengelegte Blusenzuschnitt wird links genäht. Den Rücken der Bluse schneidet man in der Mitte auf, um ein Ankleiden zu ermöglichen. Halsausschnitt und Ärmelbündchen werden angereiht, dafür bleibt zunächst beidseitig ein genügend langes Stück Faden stehen, mit dem die Bündchen zusammengezogen werden können. Nach einer Anprobe kann die Figur mit der Bluse bekleidet und diese am Rücken vernäht werden. Jetzt erst zieht man die Bündchen zusammen und verknotet die Fadenenden. Zur Ver-

säuberung des Halsausschnittes kleben wir ein Börtchen um das Ende des Flaschenhalses. Der Rock wird aus einem ca. 18×45 cm großen Stück Stoff genäht. Oben und unten erhält er einen Saum. Der obere Saum wird ebenfalls angereiht. Der Rock muß übrigens so lang sein, daß er auf dem Boden aufsteht und somit die Flasche vollständig verbirgt. Die Haare der Engelsfigur werden aus beiger Wolle gebildet. Dazu müssen ca. 25 cm lange Wollfäden geschnitten und in der Mitte mit der Nähmaschine zu einem etwa 10 cm langen Scheitel genäht werden. Wenn man die Wollfäden beim Zusammennähen auf Papier legt, werden sie gut durch die

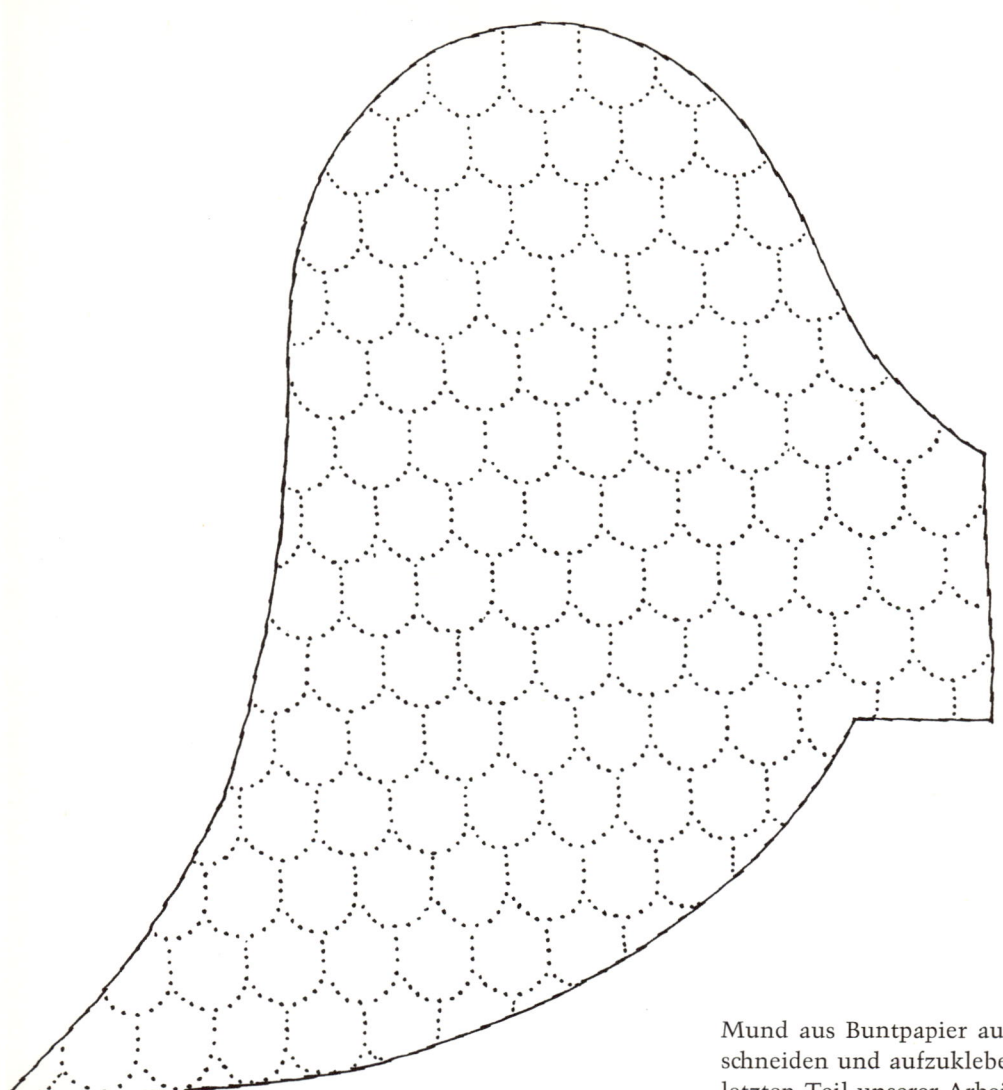

Maschine transportiert. Das Papier kann hinterher entfernt werden. Das Haarteil wird nun auf der Holzkugel angeklebt. Die Enden flicht man zu Zöpfen und steckt sie nach vorne zu einer Frisur auf. Mit Nadel und Faden wird die Frisur an einigen Stellen angeheftet. Das Gesicht kann mit Farbe auf das Naturholz aufgemalt werden. Es ist jedoch auch möglich und für manche vielleicht auch einfacher, Augen, Backen und Mund aus Buntpapier auszuschneiden und aufzukleben. Den letzten Teil unserer Arbeit bildet das Anfertigen der Flügel und des Krönchens aus goldener Alufolie. Die Flügel werden in einem Stück gearbeitet. Eine Hälfte haben wir in Originalgröße abgebildet, so daß Sie diese Zeichnung nur mit Transparentpapier abnehmen und mit einer Nadel auf die Folie durchzustechen brauchen. Die fertigen Flügel heften Sie mit Faden auf dem Rückenteil der Bluse fest. Das Krönchen wird durch einen Goldfolienreif von ca. 8 cm Breite gebildet und auf dem Haar angeklebt.

Schlüssellochengel

Materialbedarf: Zeichenkarton, selbstklebender Filz in den Farben blau, gelb, orange, weiß und schwarz, dünne schwarze Seidenkordel, gelbe Holzperle, Transparentpapier, Pauspapier.

Für kleine Schlüssellochgucker und solche, die es erst werden wollen, ist der Schlüssellochengel bestimmt. Er bewacht in den langen Stunden vor dem Weihnachtsabend die Tür zu dem Zimmer, in dem sich geheimnisvolle Dinge tun. Er verschließt vor allem das Schlüsselloch, durch das neugierige Augen etwas von den Vorbereitungen zu erspähen trachten. Man könnte natürlich auch ganz prosaisch einen Klebestreifen über das Schlüsselloch kleben oder ein Tuch davorhängen. Aber in den Weihnachtstagen hat man eben auch bei Kleinigkeiten Sinn für das Schöne, Fröhliche und Festliche. Unser Schlüssellochengel hat eine Größe von ca. 13×14 cm. Er wird erst einmal auf Transparentpapier aufgezeichnet. Seine genaue Form ist auf nebenstehendem Foto gut zu erkennen. Der Umriß der Zeichnung wird auf Zeichenkarton aufgepaust und ausgeschnitten. Die Pappform bildet den Untergrund, den man mit farbigem Selbstklebefilz beklebt. Die Flügel des Engels werden auf die Papierrückseite des gelben Klebefilzes aufgepaust. Das gleiche

geschieht mit dem blauen Kleidchen, dem orangefarbenen Rocksaum, dem weißen Gesicht und dem schwarzen Haar. Die aufgezeichneten Teile schneiden wir nun aus und kleben sie auf den Kartonzuschnitt. Zur Verzierung kommen anschließend auf die Flügel orange Blüten mit einem blauen Punkt, auf das Kleid eine orange Blüte mit einem gelben Punkt. Der Rocksaum wird mit drei blauen Scheibchen dekoriert. Schwarze Augen, rote Backen und ein roter Mund vollenden das Gesicht. Eine schwarze Seidenkordel wird am Kopf des Engels durchgezogen und mit einer gelben Holzperle versehen. So ausgestattet kann der Schlüssellochengel gut an der Türklinke aufgehängt werden.

Kleine Engel
aus Goldfolie

Materialbedarf: Goldene und silberne
Alufolie, Holzperlen mit ca. 1,5 cm
Durchmesser, Transparentpapier,
Pattex.
Das Schnittmuster für die einzelnen
Teile ist originalgroß abgebildet.
Mit Transparentpapier wird jeder
Schnitt auf Goldfolie übertragen und
ausgeschnitten. Die Ornamente auf
dem Rock, an den Armen, auf dem
Krönchen und an den Flügeln
werden selbst entworfen und mit
einer Nadel auf die Folie durch-

gestochen. Zum Zusammensetzen
formt man den Rock tütenförmig,
stülpt den Kragen über die Spitze und
klebt ihn an der Brust und am
Rücken fest. Gleichzeitig werden die
Arme am Rücken mit eingeklebt.
Darauf kommen die Flügel, und
schließlich wird die Holzkugel als
Kopf aufgeklebt. Aus ca. 1 cm
breiten Silberfolienstreifen werden
die Haarlocken gemacht. In diese
Streifen werden Fransen eingeschnitten, die sich schon beim Schneiden
zu Löckchen rollen. Die Locken klebt
man auf den Kopf und darüber das
Goldkrönchen.

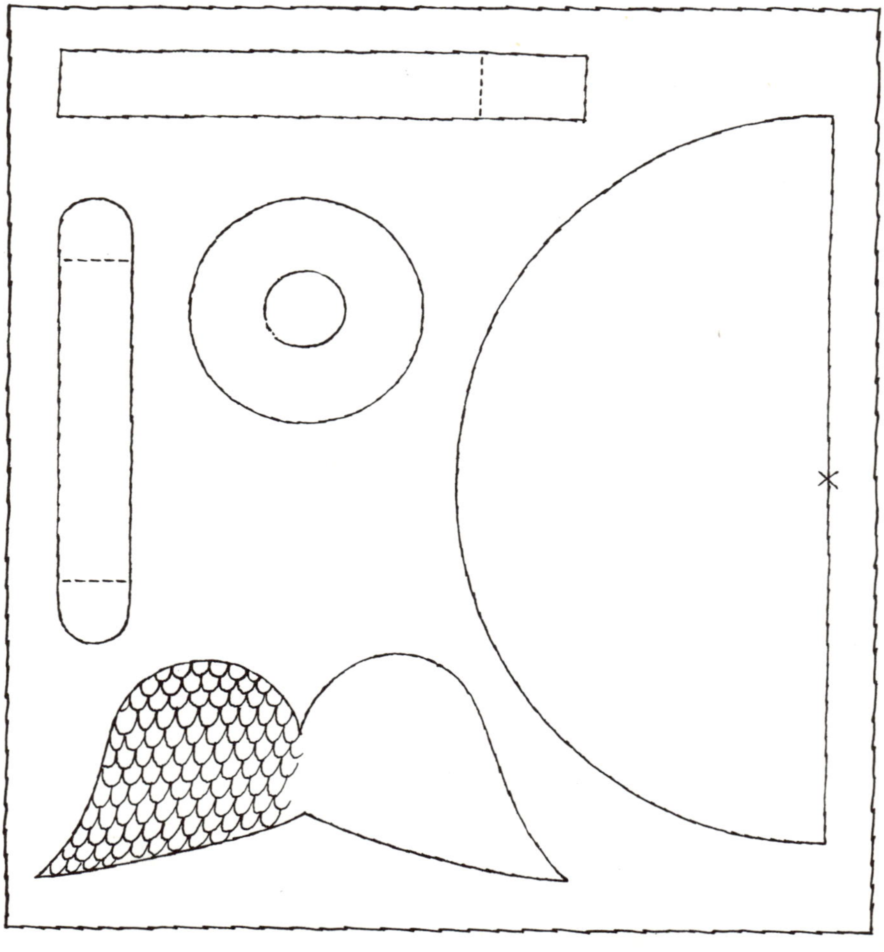

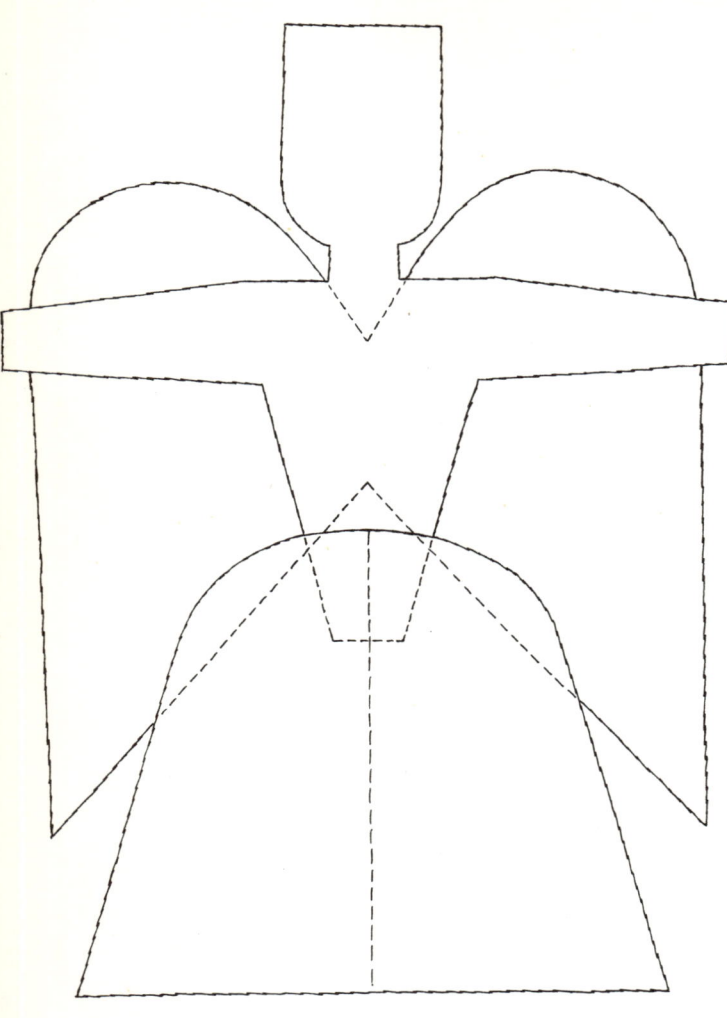

Faltrockengel als Tischschmuck

Materialbedarf: Zeichenkarton, Origamipapier, Papiergoldborte, Geburtstagskerzen, Pattex.
In seiner Grundform und Haltung entspricht der Faltrockengel dem großen Rauschgoldengel. Allerdings muß er, da nur als zusätzlicher Schmuck am Weihnachtstisch gedacht, nicht so aufwendig sein. Wir begnügen uns deshalb mit Zeichenkarton, Origamipapier und Papierbörtchen. Wie aus unserer Zeichnung

ersichtlich ist, besteht der Engel aus drei Hauptteilen, dem Faltrock, dem Oberkörper mit Armen und Kopf und den Flügeln. Alle Teile werden zunächst aus Zeichenkarton ausgeschnitten: Oberkörper und Flügel einmal, glockenförmiger Rockteil viermal. Mit Origamipapier, das es in vielen schönen Farben gibt, werden sie beidseitig beklebt und an den sichtbaren Stellen mit Goldornamenten und Goldbörtchen verziert. An den Enden der Arme bilden schlaufenförmig angeklebte Goldbörtchen die Kerzenhalter. Das Gesicht malt man mit Filzstiften auf. Der Oberkörper wird nun zwischen zwei Rockteile geklebt. Die beiden übrigen Rockzuschnitte werden in der Mitte gefaltet und vorne und hinten am Rockmittelteil aufgefächert angeklebt. Das Aufkleben der Flügel am Rücken des Engels beendet diese kleine Bastelei.

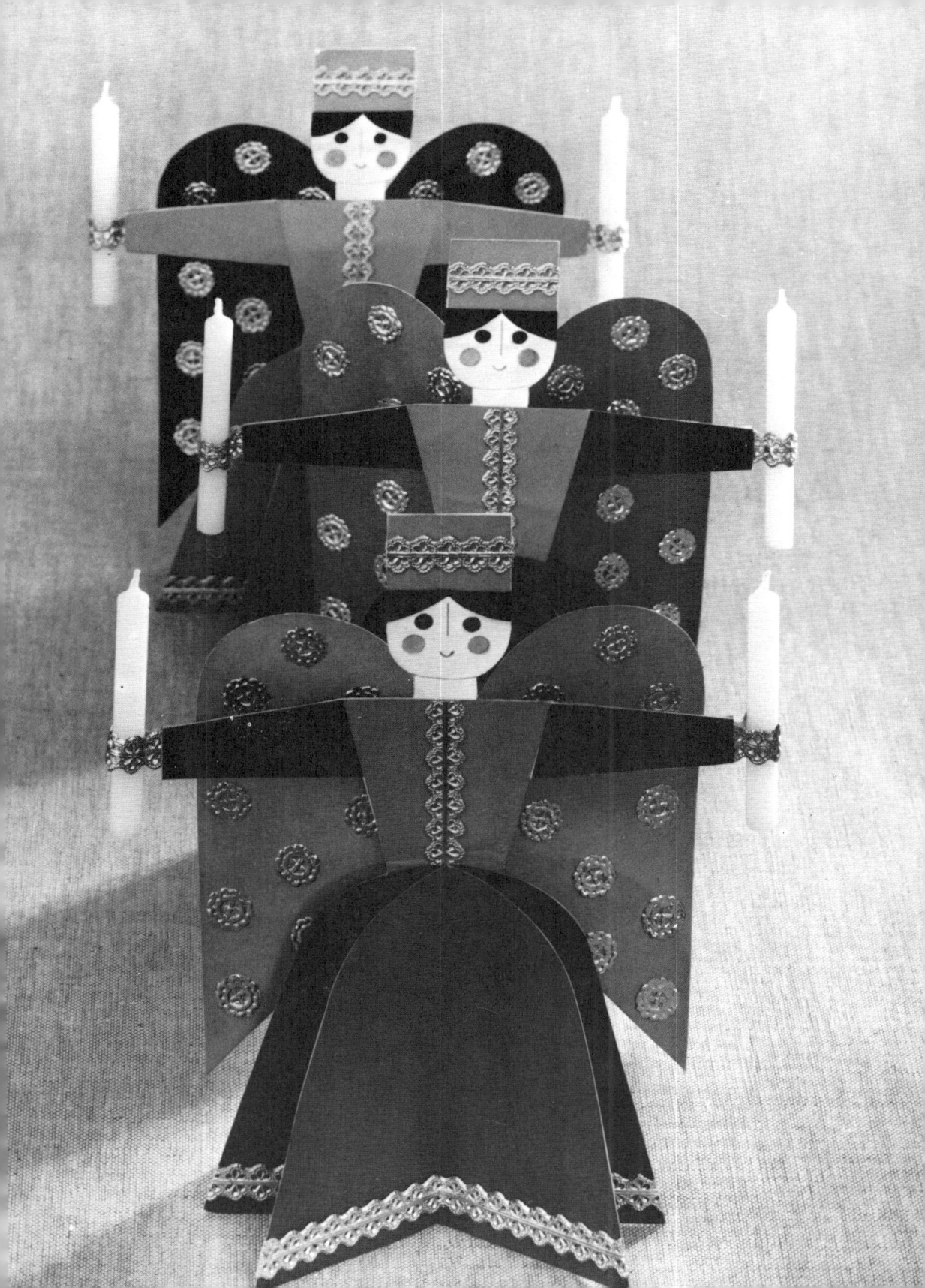

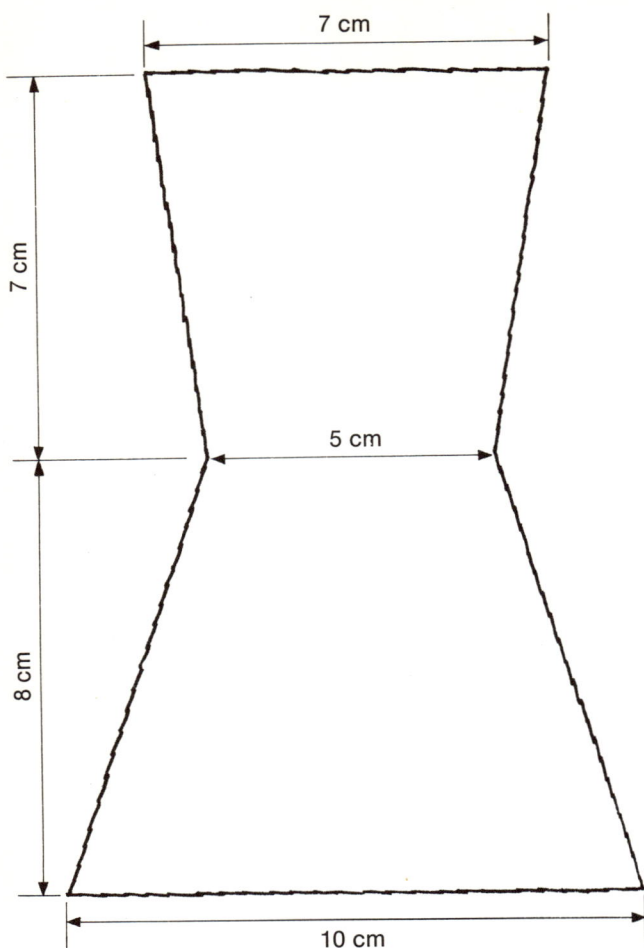

7 cm

7 cm

5 cm

8 cm

10 cm

Rauschgoldengel

Materialbedarf: Je 1 Rolle kaschierte Metallfolie in den Farben blau und gold, goldene und rote Alufolie, Zeichenkarton, 1 Holzei, 1 Holzrund-stäbchen, Engelshaar, 2 Kerzenhalter mit Dorn, rote Christbaumkerzen, Bindfaden, Nadel und Ponal.
Der Rauschgoldengel hat im süd-deutschen Raum seine Tradition. Allgemein bekannt ist er als Nürn-berger Rauschgoldengel. Während des alljährlichen weit über die Grenzen seiner Heimat hinaus bekannt gewordenen Nürnberger Christkindlmarkts wird er auch heute noch in seiner typischen Form mit Faltenrock und Faltenärmeln zum Verkauf feilgeboten. Man muß jedoch nicht unbedingt nach Nürnberg reisen, um zu einem Rauschgoldengel zu kommen, denn er ist auch sehr gut selbst zu basteln. Wie das geht, das wollen wir jetzt beschreiben.
Der Unterbau des hier dargestellten Rauschgoldengels besteht aus Zeichenkarton. Die Körperform, mit den Maßangaben aus unserer Zeich-nung ersichtlich, wird zweimal aus-geschnitten und zusammengeklebt. Dabei wird oben in der Mitte ein Rundstäbchen eingeklebt, auf das der Kopf (Holzei mit zum Rundstab passender Bohrung am spitzen Ende des Eies) aufgesteckt werden kann. Die beiden Arme bestehen aus Kartonstreifen, in gefaltetem Zustand (siehe Zeichnung) 15 cm lang, deren Falz die Kerzenhalter aufnimmt. Die Arme werden, von der Mitte ausgehend, rechts und links in Schulterhöhe am Kartonkörper ange-klebt. Der Kerzenhalterdorn wird

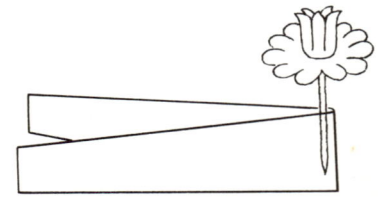

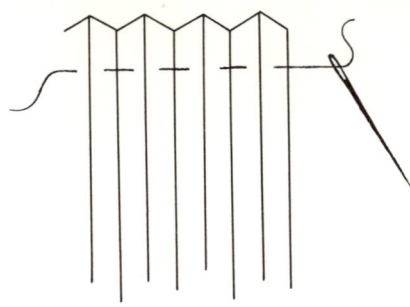

dabei mit eingesetzt, jedoch nicht eingeklebt. Er wird wieder entfernt, um erst später, wenn der Engel fertig ist, endgültig angebracht zu werden.

Der Engel hat einen blauen Unterrock, einen goldenen Überrock, blaue Ärmel mit goldenen Stulpen, einen

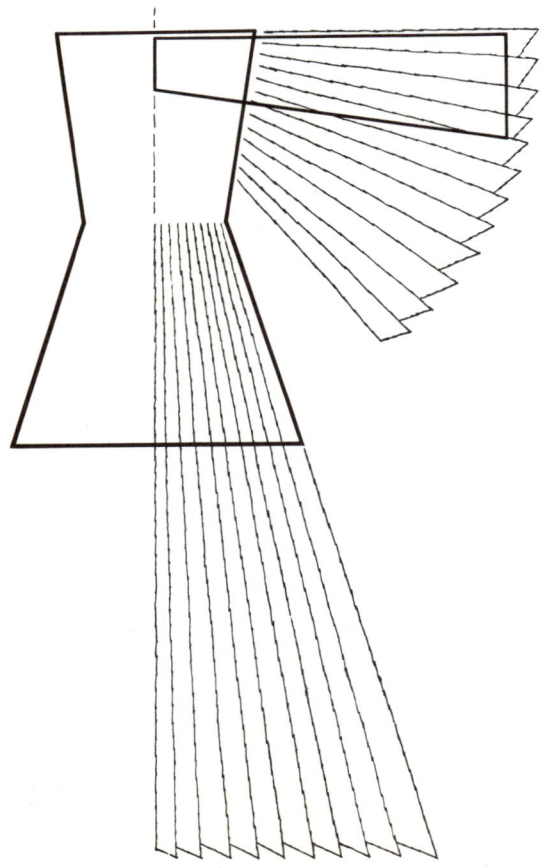

roten Brustschild, eine goldene Krone mit rotem Kopfreif und goldene Flügel. Für den blauen Unterrock wird ein Folienstück von 95 cm Länge und 25 cm Breite benötigt. Der Folienzuschnitt für den goldenen Überrock mißt in der Länge ebenfalls 95 cm, in der Breite dagegen nur 20 cm. Beide Streifen werden mit einem Raster von Querrillen versehen, die zueinander 1 cm Abstand haben. Markieren Sie zunächst mit einem Maßstab auf beiden Längsseiten die Abstände und prägen Sie die Rillen am besten mit einem ausgebrauchten Kugelschreiber auf weicher Zeitungsunterlage ein. Die Streifen können nun ziehharmonikaförmig gefaltet werden. An einer Seite der gefalteten Teile sticht man mit der Nadel durch und zieht einen genügend langen Bindfaden ein, mit dem die Röcke in der Taille gebunden werden. Nach dem gleichen Schema machen wir die Ärmel. Die dafür benötigten blauen Folienstreifen haben ein Maß von 10×50 cm, die nach den Falten von innen angeklebten goldenen Stulpen 3×50 cm (ca. 1 cm der Stulpenbreite wird zum Ankleben benötigt). Der Brustschild, die Flügel und die Krone werden aus Alufolie gefertigt. Sie hat gegenüber der kaschierten Folie den Vorteil der größeren Steifigkeit. Die Form des Brustschildes ist mit den notwendigen Maßen dargestellt. Die Flügel können nach

Geschmack in der Linie entweder streng oder geschwungen gearbeitet werden. Wichtig ist, daß sie nicht zu klein ausfallen. Die vorgearbeiteten Teile des Engelsgewandes werden, wie aus unserer Skizze ersichtlich, auf den Kartonunterteil aufgebunden: zunächst die gestaffelt übereinanderliegenden Röcke, dann die Ärmel. Ziehen Sie die Fäden fest an und verknüpfen Sie die Enden gut. Rock und Ärmel fächern sich dann von selbst auf. Darüber kommt der Brustschild, der mit dem kleinen Mittelloch durch den Holzstab geführt, vorne und hinten nach unten geschlagen und angeklebt wird. Nun kann auch der Kopf auf den Holzrundstab aufgesteckt werden. Er wurde zuvor mit Plakafarbe zart fleischfarben gestrichen. Das Gesicht malen wir jedoch erst auf, wenn das Engelshaar drapiert und mit Klebstoff befestigt ist. Das Ankleben der Flügel, das Aufsetzen des Krönchens und das Aufstecken der Kerzenhalter mit den roten Christbaumkerzen

beendet die Hauptarbeit. Wir haben jedoch, damit der Engel noch prächtiger wird, die Säume von Rock, Ärmel und Brustschild mit goldenen Papierborten versehen. Auch die Krone wurde damit geschmückt, und auf die Brust klebten wir einen Igelstern, der im Kapitel Christbaumschmuck beschrieben wird.

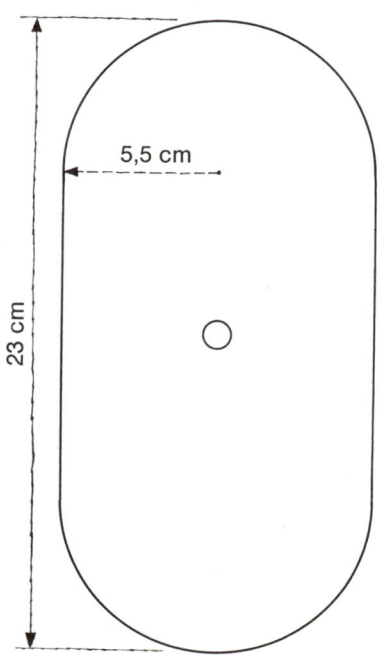

5,5 cm

23 cm

Weihnachts-
baum,
Weihnachts-
tisch und
Weihnachts-
geschenke

Christbaumschmuck und Weihnachtsbaum

Igelstern

Materialbedarf: Beidseitig kaschierte Goldfolie, Pattex.

Wichtiges Arbeitsgerät: Zirkel.

Seinen Namen ›Igelstern‹ gaben wir ihm, weil er in fertigem Zustand seine Zacken wie der Igel seine Stacheln nach allen Seiten spreizt. Jeder Stern besteht aus 8 Teilen. Dazu werden mit dem Zirkel auf der Folie 8 Kreise mit je 6 cm Durchmesser aufgezeichnet und ausgeschnitten. Die Scheiben müssen nun, wie aus unserer Abbildung 1 ersichtlich ist, in 8 Sektoren eingeteilt werden. Die Teilungslinien werden bis ca. 7 mm vor dem Kreismittelpunkt eingeschnitten. Es genügt übrigens, die Teilungslinien auf nur einer Scheibe einzuzeichnen. Die Einteilung kann mit einer Nadel auf die übrigen Scheiben durchgestochen werden. Nun werden mit Hilfe eines gut gespitzten Bleistiftes die Strahlen gewickelt. Der Bleistift wird mit seiner Spitze nach außen auf einen der 8 Kreisteile gelegt, dessen linken Teil man über die Bleistiftspitze schlägt. Durch leichte Drehung des Bleistiftes rollt sich die Folie ein, dann legt man den rechten Teil der Folie ebenfalls über den Bleistift und dreht sie zu einer Spitze. Abbildung 2 zeigt, wie es gemacht wird.

Je 4 der 8 Sternteile kleben wir nun mit verschränkten Spitzen (Abbildung 3) aufeinander. Es genügt dabei ein Tropfen Alleskleber im Mittelpunkt der Sternteile. Die zweite ebenso gefertigte Sternhälfte wird Rücken an Rücken mit der ersten Hälfte unter Einfügen eines Aufhängefadens zusammengeklebt.

Die Zacken werden aufgerichtet und nach allen Richtungen verteilt.

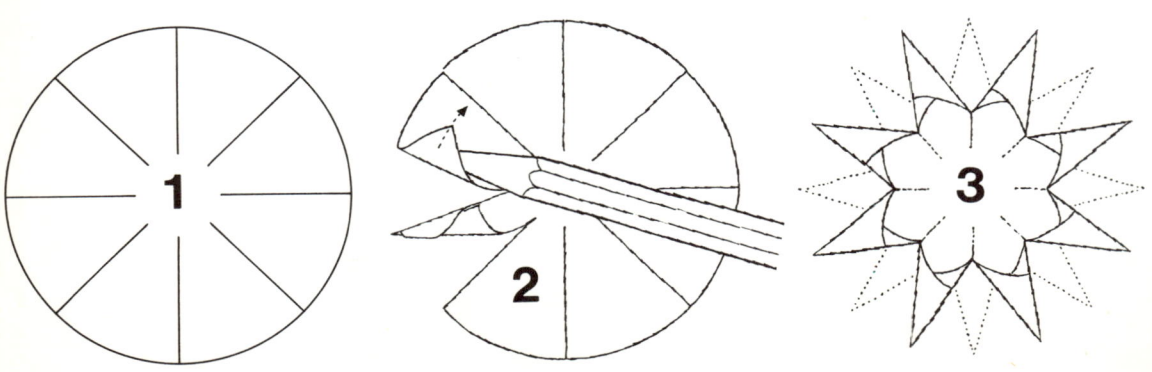

sprechender Farbe und ziehen Sie
mit dem Bleistift die Konturen nach.
Schneiden Sie die Teile aus und
schneiden Sie in ein Ende des Stiels
ca. 1 cm tief Fransen ein. Der Stiel
wird nun so zwischen zwei Apfelteile
geklebt, daß gerade noch die Fransen
unten heraussehen. An beiden Seiten
des Stieloberteils wird je ein Doppel-
blatt angeklebt. Die 4 übrigen
Apfelteile werden nun in der Mitte
gefaltet und paarweise Knick in
Knick zusammengeklebt. Je ein
Fächerpaar befestigt man sodann auf
der Vorder- und Rückseite des
Apfelmittelteils ebenfalls mit Klebstoff. In das obere Ende des Stiels
wird mit der Nadel ein Faden eingezogen, an dem der Faltapfel aufgehängt werden kann.

Faltapfel

Materialbedarf: Rotes, grünes und
schwarzes Tonpapier, Zeichenkarton,
Bindfaden und Alleskleber.
Die Grundformen des Faltapfels sind
auf unserer Zeichnung in Originalgröße abgebildet. Man kann sie auf
Transparentpapier durchzeichnen
und so leicht auf Zeichenkarton übertragen. Die drei Teile, Apfel, Stiel
und Blatt, werden ausgeschnitten und
als Schablonen zum Übertragen auf
Tonpapier verwendet. Pro Faltapfel
braucht man einmal den Stiel, zweimal das Blatt und sechsmal die
Apfelform. Legen Sie dazu die
Schablonen auf das Tonpapier ent-

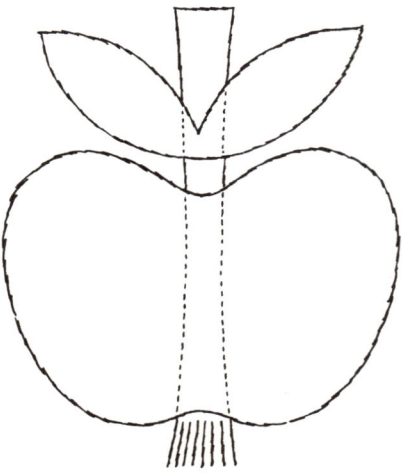

Faltglocke

Materialbedarf: Goldene Alufolie, 1 runde gelbe Glasperle, 1 tropfenförmige gelbe Glasperle, 1 kleine Metallfiligranblüte, dünne Goldschnur, Pritt-Alleskleber.
Die Faltglocke wird nach dem gleichen System gebastelt wie der Faltapfel. Aus Alufolie schneidet man den in untenstehender Zeichnung originalgroß dargestellten Glockenteil 6 mal aus. 4 der Zuschnitte werden in der Mitte geknickt. Rillen Sie die Faltlinie vor und knicken Sie die Metallfolie vorsichtig, denn sie bricht beim scharfen Falzen leicht auseinander. Auf eine ca. 30 cm lange dünne Goldschnur zieht man die tropfenförmige Glasperle auf, legt die Schnur auf die Hälfte zusammen und klebt sie genau in der Mitte der beiden ungeknickten Glockenteile ein, so daß die Perle wie ein Glockenschwengel hängt. Auf die beiden zusammengefaßten oberen Schnurenden wird eine Filigranblüte – man bekommt sie übrigens in Bastelgeschäften dort, wo Schmuck zum Selbermachen angeboten wird – und die runde Perle aufgefädelt. Die Blüte zeigt dabei, wie auf dem Foto zu sehen ist, nach unten. Dann werden die Schnurenden verknüpft und zum Schluß die gefalteten Glockenteile am Mittelteil angeklebt.

Goldkugel aus Folie und Perlen

Materialbedarf: Goldene Alufolie, 22 gelbe Glasperlen mit 8 mm Durchmesser, 4 Filigranblüten aus Metall, dünne Goldschnur, weißer Bindfaden, Pattex.
Arbeitsgerät: Zirkel und Winkel. 30 cm lange Goldschnur legt man auf die Hälfte zusammen, verknotet sie am Ende und fädelt eine Filigranblüte, eine Glasperle und wieder eine Filigranblüte auf. Die Blüten wölben sich dabei über die Perle. Dann klebt man die Schnur zwischen zwei Folienscheiben, wobei zu beachten ist, daß die Schnur genau auf der Mittellinie zu liegen kommt und die Filigranblüte am Rand der Scheiben anschließt. Die restlichen Goldfolienscheiben werden geknickt und fächerförmig ineinander auf die Mittelscheibe geklebt. Nun können mit Nadel und Bindfaden die Glasperlen zwischen den Fächern eingezogen werden. In jeden Fächer kommen zwei Perlen. Machen Sie erst im Faden einen Knoten und lassen Sie dahinter ein genügend langes Fadenende stehen. Es wird am Schluß des Auffädelns zum Verknüpfen des Fadens gebraucht. Ist dies geschehen, so brauchen Sie nur noch oben an der Aufhängeschnur, so wie unten, 2 Filigranblüten und eine Perle aufziehen. Das Schnurende wird verknotet.

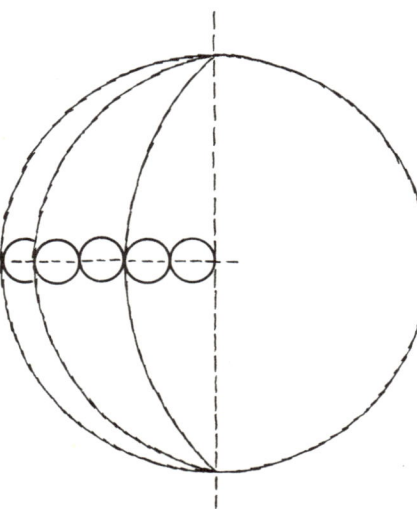

Faltherz

Materialbedarf: Goldene Alufolie,
1 gelbe Glasperle in Tropfenform,
dünne Goldschnur, Pattex.
Das Faltherz ist eine weitere Variante
des bereits beschriebenen Christ-
baumschmucks Apfel und Glocke.
Auch dafür werden 6 Zuschnitte aus
Alufolie benötigt. Die Herzzeichnung
ist wiederum in natürlicher Größe
wiedergegeben. Wie auf der Foto-
abbildung zu sehen ist, hängt die
Tropfenperle an der Spitze des
Herzens. Das hat übrigens, wie auch
bei der Faltglocke, seinen besonderen
Grund. Die Perle sieht nicht nur
schön aus und macht den Baum-
schmuck noch wertvoller, sondern
sie gibt ihm durch ihr Gewicht die
Schwere, die er braucht, um am Zweig
ausgewogen und senkrecht zu
hängen. Um das mehrfache Übertragen der Zuschnittformen zu
erleichtern, sei an dieser Stelle nochmals auf die Möglichkeit der
Verwendung von Kartonschablonen
hingewiesen. Mit ihnen geht das
Nachzeichnen der Konturen schneller
und vor allem genauer als z. B. mit
der Transparentpause. Vergessen Sie
dabei nicht, die Alufolie auf eine
weiche Unterlage aus mehreren
Schichten Zeitungspapier zu legen
und zum Nachzeichnen einen
stumpfen Gegenstand wie z. B.
einen ausgebrauchten Kugelschreiber
zu benützen.

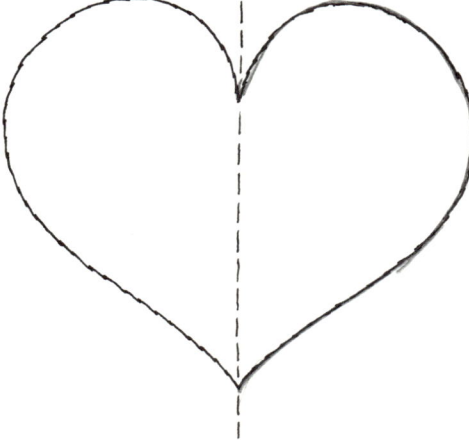

Goldblüte im Ring

Materialbedarf: Goldene Alufolie, Goldbortenornamente, Faden, Pattex, Transparentpapier.
Aus Alufolie wird ein 19 cm langer und 1 cm breiter Streifen geschnitten und mit Pattex zu einem Ring zusammengeklebt. Die Blüte, auf dieser Seite in Originalgröße dargestellt, wird auf Transparentpapier nachgezeichnet und auf weicher Unterlage auf die Alufolie übertragen. Von der in durchgehender Linie gezeichneten größeren Blüte braucht man pro Baumhänger 1 Stück, von der gestrichelten Blüte 4. Auf beide Seiten der großen Blütenform werden verschränkt jeweils 2 kleinere aufgeklebt. Klebstoff kommt dabei nur auf die Blütenmittelpunkte. Die kleinen Blütenformen können nun aufgebogen werden. Auf diese Weise entsteht eine sehr plastische Wirkung. Aus Papiergoldborte wird für jede Seite der Blüte ein rundes Ornament ausgeschnitten und in die Mitte der Blüte geklebt. Zum Aufhängen sticht man in den Folienring und in ein Mittelblatt der Blüte ein Loch, bindet an der Blüte ein Stückchen Faden fest und zieht es zweimal durch den Folienring, damit er, wenn die Blüte genau in der Mitte des Ringes hängt, nicht mehr verrutschen kann.

Ende, bündig am unteren Rand des Ringes abschließend, auf den ersten 6 Markierungen an. Dann werden sie im Bogen auf die andere Ringseite geführt und dort wiederum an der entsprechenden Markierung angeklebt. Dabei kreuzen sich die Streifen im Scheitel und müssen nun Loch auf Loch liegen. Der untere Rand des Vogelkäfigs wird mit Goldpapierborte verziert.

Der in natürlicher Größe abgebildete Vogel kann mit Transparentpapier auf Goldfolie aufgezeichnet und ausgeschnitten werden. Die beiden Flügel werden extra zugeschnitten. Auf den Vogelkörper prägen wir ein einfaches Gefiedermuster auf und in den Schwanz schneiden wir entsprechend der Zeichnung Fransen als Federn ein. Der Vogel bekommt seine Flügel angeklebt und wird mit Goldschnur im Käfig aufgehängt. Die Schnur wird dabei durch die Löcher im Scheitel der Gitterstäbe gezogen, nachdem sie zuvor so mit einem Knopf versehen wurde, daß der Vogel richtig im Käfig hängt. Über den Knopf kommt eine Filigranblüte, auf der die Gitterstäbe aufliegen. Darüber wird wieder eine Filigranblüte, dann die Glasperle und zum Abschluß noch einmal eine Filigranblüte aufgefädelt.

Vogelkäfig

Materialbedarf: Goldene Alufolie, 3 Filigranblüten aus Metall, 1 gelbe Glasperle, Papiergoldbörtchen, dünne Goldschnur und Pattex.
Für den Vogelkäfig werden 6 Alufolienstreifen von 18 cm Länge und 4 mm Breite und 1 Streifen von 19 cm Länge und 9 mm Breite geschnitten. In der Mitte der 18-cm-Streifen wird ein Loch eingestochen. Der 19-cm-Streifen wird an einem Ende beginnend im Abstand von jeweils 1,5 cm 12 mal markiert. Über dem verbleibenden Restzentimeter wird er zu einem Ring geklebt, der nun 18 cm Umfang hat. Die sechs 4 mm breiten Streifen klebt man mit einem

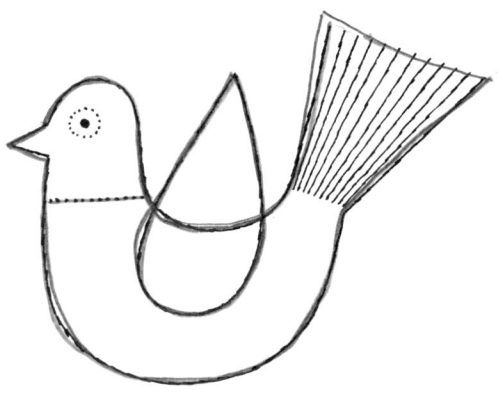

Bemalter Folienengel

Materialbedarf: Silberne Alufolie, dünne Goldschnur, Deka-Transparentfarben, Transparentpapier. Die Gestalt des Engels, die hier abgebildet ist, kann direkt auf Transparentpapier nachgezeichnet werden. Die Ornamente im Kleid und die Flügelschuppen müssen Sie noch selbst hinzufügen. Heften Sie die Transparentzeichnung mit Tesafilm auf die Silberfolie und drücken Sie die Linien mit einer Stricknadel oder einem Kugelschreiber auf weicher Unterlage durch. Die Ornamente werden nicht als Linien nachgezeichnet, sondern mit einer Nadel durchgestochen. Der Engel wird mit der Schere ausgeschnitten. Mit Deka-Transparentfarbe kann er nun flächig bemalt werden. Die Flügel und der Heiligenschein sind in gelber Farbe gehalten. Das Kleid kann, wenn Sie mehrere dieser Engelchen machen, einmal blau, einmal rot oder auch grün sein.

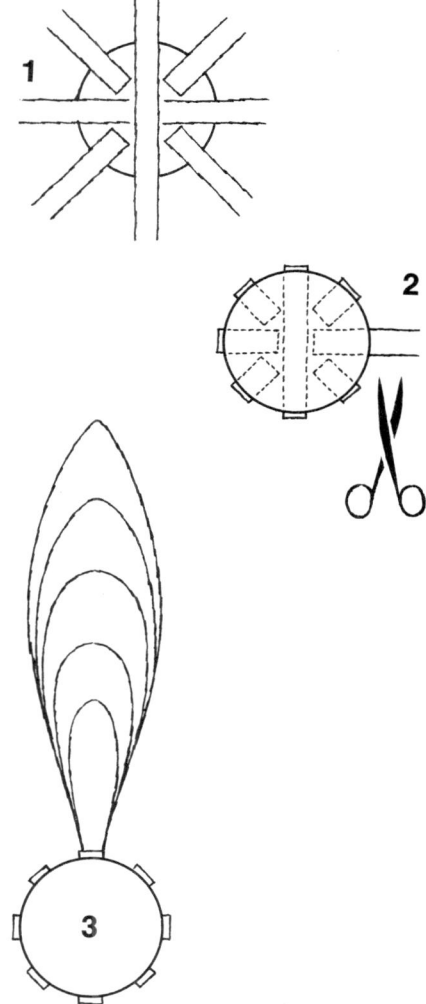

Filigranstern

Materialbedarf: Goldene Alufolie,
gelbe Plastik-Trinkhalme, Ornamente
aus Goldpapierborten, Pattex.
Aus Alufolie schneidet man pro Stern
zwei runde Scheibchen mit je 2 cm
Durchmesser aus. Auf einer der
beiden Scheiben werden 6 Plastik-
Trinkhalmstücke, wie aus Abbildung 1 zu ersehen ist, aufgeklebt,
dann wird die zweite Scheibe
darübergeklebt. Die überstehenden
Halme schneidet man bündig mit
den Scheiben ab (Abbildung 2). Auf
diese Weise entsteht das Kernstück
des Filigransterns. Nun müssen aus
Alufolie 3 mm breite Streifen

ausgeschnitten werden, und zwar
jeweils 8 Streifen in den Längen 6, 8,
10, 12 und 14 cm. 5 Streifen der
verschiedenen Längen klebt man an
den Enden zusammen, den kürzesten
innen, den längsten außen. Das
fertige Filigranornament wird in ein
Plastikröhrchen des Kernstücks
gesteckt und darin festgeklebt
(Abbildung 3). Auf die beiden Goldscheibchen des Mittelteils kommt
noch je ein Rundornament aus
Papiergoldborte, dann ist der Stern
fertig.

Gerippter Goldstern

Materialbedarf: Goldene Alufolie, dünne Goldschnur, Transparentpapier, Pattex.

Dieser Goldstern, der aus nur 6 schlichten Sternformen gebastelt wird, lebt durch die eingeprägte Rippung seiner Zacken. In ihnen wird das Licht vielfach zurückgestrahlt. Auf nebenstehender Zeichnung sind die drei Sternformen originalgroß wiedergegeben. Zeichnen Sie jede Form einzeln auf Transparentpapier nach, ebenso die Rippung. Sie paßt für alle drei Sterne. Jede der drei Sternformen wird zweimal benötigt. Mit dünner Stricknadel wird auf weicher Unterlage auf die Folie durchgedrückt. Die fertigen Sternformen werden ausgeschnitten und zu zwei gleichen Teilen verschränkt ineinandergeklebt. Dann biegt man die Zacken auf und klebt die beiden Sternhälften, wiederum verschränkt, Rücken an Rücken zusammen. Die Goldschnur zum Aufhängen kann dabei mit eingeklebt oder an der Spitze eines großen Zackens durch ein Loch gezogen werden.

Rosettenstern

Materialbedarf: Goldene und silberne Alufolie, Goldschnur, Transparentpapier, Pattex.

Auch für diese Bastelei haben wir originalgroße Zeichnungen beigegeben, die auf kräftiges Transparentpapier durchgezeichnet werden sollen. Für jeden Stern brauchen wir einmal die große Rosette, zweimal die kleine und je zweimal die beiden Scheiben. Die Zeichnungen sticht man im Wechsel auf Gold- und Silberfolie durch. Ob man nun mit Gold beginnt oder mit Silber, das ist Geschmackssache. Beides sieht gut aus. Bei unserem Modell ist die große Rosette in Gold gehalten, die kleine Rosette in Silber, die große Scheibe wieder in Gold und die kleine Scheibe wieder in Silber. Die Rosetten und Scheiben werden außerhalb der punktierten Linien ausgeschnitten. Bei der kleinen Rosette werden darüberhinaus noch die in unserer Zeichnung durchgezogenen Linien eingeschnitten. So können die Rosettenzacken hochgebogen werden. Auf die Vorder- und Rückseite der großen Rosette wird nun je eine kleine versetzt aufgeklebt. Dann werden die beiden Scheiben in der Mitte übereinandergeklebt. An einem großen Zacken wird der fertige Stern mit Goldschnur aufgehängt.

Goldfolienengel – einfach gebogen

Materialbedarf: Goldene Alufolie, Transparentpapier.

Der Goldfolienengel ist aus einem Stück gemacht und wird durch einfaches Rundbiegen und Zusammenstecken zu einer plastischen Figur geformt. Man kann ihn direkt von unserer Zeichnung übernehmen. Verwenden Sie dafür nicht zu dünnes Transparentpapier, denn dann können Sie die Zeichnung gleich ein paarmal auf Folie übertragen. Die Transparentzeichnung wird mit Tesafilm auf der Folie fixiert. Die Umrißlinien zieht man mit einer Stricknadel nach. Alle punktierten Muster werden mit einer Nadel durchgestochen. Weiche Unterlage nicht vergessen. Mit einer kleinen Schere wird der Engel nun entlang der Umrißlinien ausgeschnitten. Auch die Linien zwischen den Armen und den Flügeln müssen eingeschnitten werden. Die beiden Flügel erhalten ebenfalls Einschnitte. Nun wird der Engel nach hinten rund gebogen und an den Flügeleinschnitten zusammengesteckt. Die Arme werden nach vorne gebogen, und dann wird durch ein kleines Loch in der Mitte der Krone ein Faden gezogen, an dem man den Engel an den Christbaum hängen kann.

Christbaumketten

Materialbedarf: Goldene Alufolie, Reisstrohhalme, kleine Holzperlen, Handfaden, Alleskleber.

Gliederkette als Alufolie
Aus goldener Alufolie werden 5 mm breite Streifen geschnitten und auf Stücke von 4 cm abgelängt. Für 1 m Kette braucht man ca. 100 solcher Stückchen. Ungefähr ²/₃ der zugeschnittenen Streifen verklebt man sodann zu kleinen Ringen. Sie werden wiederum durch ringförmig geklebte Folienstreifen verbunden. Auf diese Weise entsteht nach und nach die Gliederkette.

Kette aus Strohsternen und Perlen
Aus dünnem Reisstroh fertigt man kleine 8-strahlige Sterne. Pro Stern werden 4 Halme mit einer Länge von je 3,5 cm in bekannter Weise gebunden. Auf 1 m Kette gehen 22 Sterne und ca. 70 kleine rote Holzperlen. Auf ein genügend langes Stück weißen Handfadens werden nun die Perlen und Sterne aufgefädelt. Man bedient sich dabei einer langen Nähnadel. Das Auffädeln geschieht in der Reihenfolge: 3 Holzperlen, 1 Strohstern, 3 Holzperlen, 1 Strohstern usw.

Ährenstern

Materialbedarf: Strohhalme, Getreideähren, Bindfaden, Sprühgold,
Pritt-Alleskleber.
Lieben Sie rustikalen Schmuck an
Ihrem Weihnachtsbaum? Dann ist
der Ährenstern das Richtige für Sie.
Wenn möglich, sollten Sie die Ähren
bei einem Spätsommerspaziergang
selbst sammeln. In Hobbyläden kann
man notfalls Getreideähren auch
noch nach der Erntezeit bekommen.
Für den Ährenstern werden zunächst
8 Strohhalme auf eine Länge von
4,5 cm zugeschnitten. Daraus bindet

man einen 16-strahligen Strohstern
in der Weise, wie es schon im Kapitel
Vorweihnachtlicher Raumschmuck
auf Seite 180 beschrieben wurde.
Aus 16 schön gewachsenen Ähren
werden mit einer Nadel vorsichtig die
noch darin befindlichen Körner
entfernt (die Ähren werden dadurch
leichter). Die Getreidehalme
schneidet man bis auf 1 cm unter
der Ähre ab und klebt sie in die
Halme des gebundenen Strohsterns
ein. Der fertige Stern wird nun auf
Papierunterlage mit Gold aus der
Sprühdose besprüht, bis er auf allen
Seiten schön glänzt.

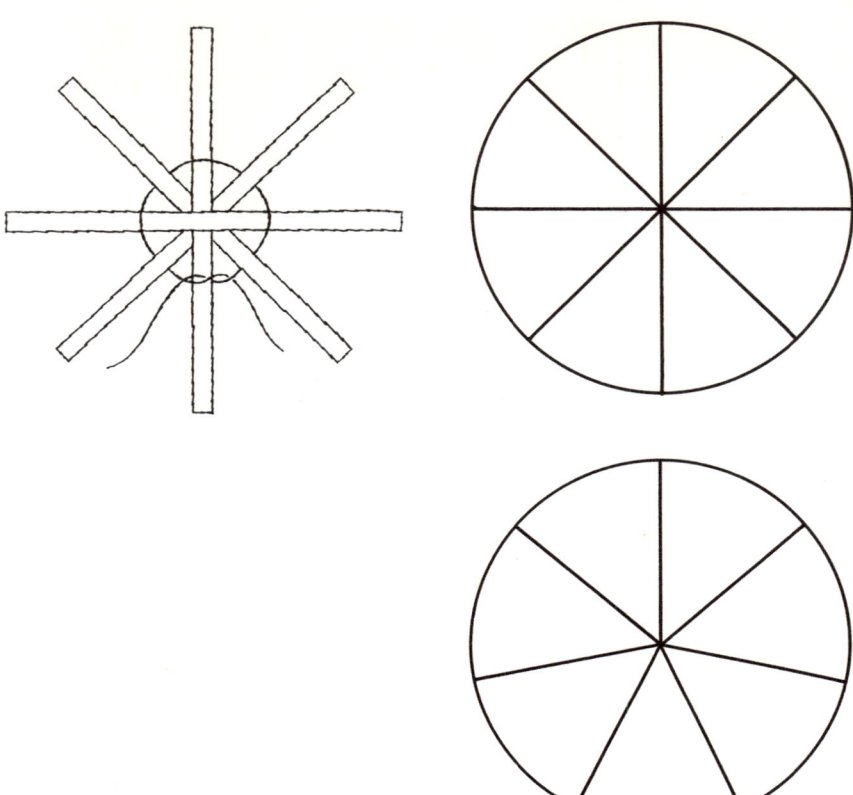

Sterne aus Stroh und Span

Materialbedarf: Strohhalme, Holzspanstreifen ca. 7 mm breit, Bindfaden, Ponal.

Bild 1: Dieser 32-strahlige Strohstern wird zunächst aus normal langen Strohhalmen gebunden. Am fertigen Stern werden die Strahlen auf 3 verschiedene Längen zugeschnitten. Die Reihenfolge ist kurz, mittel, lang, mittel, kurz usw. Dazu mißt man vom äußeren Bindfaden aus 4 cm, 6,5 cm und 7 cm an den Halmen nach außen ab und markiert die Schnittstellen mit Bleistift. Mit einer Schere werden die Halme schräg abgeschnitten, so daß die Enden in scharfen Spitzen auslaufen.

Bild 2: Auch dieser Strohstern hat 32 Strahlen. Er besteht also aus 4 Sternteilen mit je 8 Strahlen, die verschränkt ineinandergebunden werden. Da bei ihm alle Strahlen gleich lang sind, werden die 16 Halme schon vor dem Binden auf eine einheitliche Länge von 15 cm abgeschnitten. Am fertig gebundenen Stern schrägt man mit der Schere die Halmenden nach einer Seite ab.

Bild 3 und 4: Während Stern 1 und 2 aus Rundhalmen gebunden wurden, bestehen Stern 3 und 4 aus flachem, gebügeltem Stroh. Sie werden nicht mit Faden gebunden, sondern geklebt. Deshalb ist es auch möglich, diesen Sternen eine gerade oder ungerade Strahlenzahl zu geben. Eingeweichte Strohhalme werden auf einer Seite aufgeschlitzt und auf der Innenseite gebügelt. Wenn das Eisen nicht zu heiß ist, behält das Stroh

1

2

3

4

5

6

seine Naturfarbe. Wer will, kann das Stroh jedoch auch beim Bügeln vom Gold zum Braun tönen.

Stern 3 besitzt eine ungerade Zahl von 2×7 Strahlen. Gebügeltes Stroh mit 1 cm Breite wird auf jeweils 4 cm Länge zugeschnitten und an den nach innen gerichteten Enden abgewinkelt. Verwenden Sie dazu unsere Zeichnung mit dem sieben-geteilten Kreis. Auf einem rund-geschnittenen Strohscheibchen werden die ersten 7 Strahlen aufge-klebt, dann wird das Ganze umgedreht und die Rückseite mit den restlichen 7 Halmen auf Zwischen-raum liegend beklebt. Wenn der Klebstoff getrocknet ist, werden die Strahlenenden mit der Schere zu 3 Spitzen eingeschnitten.

Stern 4 ist 8-strahlig. Die Halme sind ca. 8 mm breit und 6 cm lang. Schneiden Sie die Innenwinkel nach unserem 8-teiligen Kreisschema zu. Die Halme werden wiederum auf einem runden Strohscheibchen zu-sammengeklebt. Dann werden mit der Schere die Seiten der Halme und die Spitzen strahlenförmig zuge-schnitten.

Bild 5: Dieser Stern ist aus 7 mm breiten Edelholz-Spanstreifen gebun-den. Er hat 16 Strahlen und wird genauso wie die Strohsterne aus 8-strahligen Teilen verschränkt zu-sammengebunden. 8 Streifen werden auf 13 cm Länge zugeschnitten und nach dem Zusammenbinden an den Spitzen eingeschnitten.

Bild 6: Der 32-strahlige Spanstern wird aus 2 Sternen à 16 Strahlen zusammengebunden. Der eine der beiden Sterne besteht aus 14 cm langen Spanstreifen, die Streifen des anderen sind nur 12 cm lang. Nach dem Zusammenbinden der beiden verschränkten Sternteile werden wiederum die Spitzen geschnitten. Dann können die inneren Bindfäden, die auf dem Span etwas störend wirken, entfernt werden.

Vergoldete Nüsse

Materialbedarf: Walnüsse, Goldschnur, Pritt-Alleskleber, Sprühgold.
Vergoldete Walnüsse sind ein
schöner, natürlicher Schmuck an
unserem Weihnachtsbaum, der zwar
bekannt, für viele aber bereits wieder
in Vergessenheit geraten ist. Es lohnt
sich, davon eine größere Zahl anzu-
fertigen und sie über den ganzen
Baum zu verteilen. Man sucht sich
am besten besonders große und
schöne Walnüsse aus, öffnet sie
vorsichtig mit einem spitzen Messer
von der Stengelseite her. Die

Nußhälften werden entkernt und
paarweise auf eine Papierunterlage
gelegt. Mit Gold aus der Sprühdose
werden die Hälften vergoldet. Bis die
Farbe auf den Schalen getrocknet ist,
bleibt Zeit zur Vorbereitung der
Goldschnüre zum Aufhängen der
Nüsse. Je eine 20 cm lange Gold-
schnur wird auf die Hälfte zusammen-
gelegt und am Ende verknotet. Die
Ränder der zusammengehörenden
Nußschalen werden nun mit Pritt-
Alleskleber bestrichen und nach dem
Einlegen der Goldschnur mit dem
Knoten am Stengelansatz der Nuß
zusammengeklebt.

Springerle aus Fimo – bemalt

Materialbedarf: Weiße Fimo-Knet-
masse, Temperafarben, Klarlack,
Goldfaden.
Für diesen Baumhänger besonderer
Art braucht man Springerle- oder
Marzipanmodel. Man kann diese
Holzmodel für die Weihnachtsbäckerei heute noch kaufen. Vielleicht
aber finden sich auch noch schöne
alte Holzmodel aus Großmutters Zeit
zu Hause in der Küchenschublade.
Weiße Fimo-Modelliermasse wird
diesmal anstelle von Teig in die
Formen eingedrückt. Die Masse wird
zunächst mit der Hand gut durchgeknetet und dann mit einem Rollholz auf glatter Unterlage auf ca.
5 mm Dicke ausgewalzt. Ein Stück
– etwas größer als das Modelholz –
wird mit dem Messer zugeschnitten,
auf den Model gelegt und sorgfältig
in die Form eingedrückt. Die Masse
zieht man vorsichtig vom Model ab.

Wenn der Abdruck gelungen ist,
wird sein Rand sauber zugeschnitten
und oben in das Springerle mit einer
dicken Nadel ein Loch für den
Aufhängefaden eingestochen. Nachdem eine Anzahl Springerle fertig
ist, werden sie auf einen flachen
Porzellanteller gelegt und nach der
auf der Packung befindlichen
Gebrauchsanweisung im Backrohr
gebrannt. Die abgekühlten Abdrucke
bemalt man mit feinem Pinsel und
Temperafarbe und lackiert sie farblos.
Zum Aufhängen im Weihnachtsbaum wird durch das Loch im
Springerle ein dünner Goldfaden
gezogen.

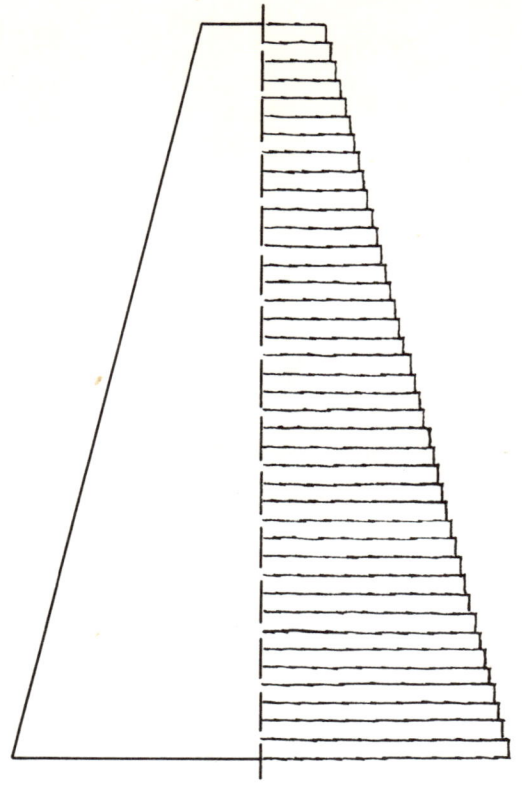

wird nun der Karton ausgeschnitten, auf eine Styroporplatte gelegt und entlang dem Rand mit einem scharfen Messer nachgestochen. So entsteht die erste Scheibe. Nun wird der nächstkleinere Kreis des Kartons ausgeschnitten und wiederum eine Styroporscheibe ausgestochen. Man fährt fort, bis alle 40 Scheiben gefertigt sind. Die Scheiben werden anschließend mit Uhu-por oder Ponal, beide Klebestoffe sind für Styropormaterial geeignet, zu einem Kegel zusammengeklebt. Der Kegel wird mit kleinen Edeltannenzweigen von oben nach unten dicht besteckt.

Weihnachtspyramide

Materialbedarf: Styroporplatten 50×100 cm und 1 cm dick, Ponal, Metallklammern, Edeltannenzweige, Goldkugelketten, künstliche Früchte und Igelsterne aus Goldfolie. Ein Styroporkegel bildet den Grundkörper unserer Weihnachtspyramide. Er wird aus 40 Styroporscheiben selbst gebastelt und hat eine Höhe von 40 cm. Und so wird der Kegel hergestellt: Auf einen Karton werden mit dem Zirkel 40 ineinanderstehende Kreise gezeichnet. Der äußerste Kreis mißt 26 cm im Durchmesser. Die übrigen Kreise werden nach innen zu jeweils um einen halben cm kleiner. Der Durchmesser des innersten Kreises beträgt noch 6,5 cm. An der äußeren Kreislinie

Dazu bedient man sich spezieller Metallklammern, die es für diesen Zweck in Eisenwarengeschäften zu kaufen gibt. Das Pyramidenbäumchen erhält schließlich einen Schmuck aus Goldkugelketten, roten künstlichen Früchten und Igelsternen aus Goldfolie.

Stilisierter Weihnachtsbaum

Materialbedarf: Holzrundstäbe mit
7 mm Durchmesser, Holzperlen mit
15 mm und 5 mm Durchmesser,
1 Holzring, dicke grüne Wolle, grüne
MEZ-Knopflochseide, Perlonfaden,
grüne Plakafarbe, Klarlack und
Ponal.

Der stilisierte Weihnachtsbaum ist aus
Holzrundstäben gebastelt, die auf
12, 24, 36, 48 und 60 cm Länge
abgesägt werden. In jeden der Stäbe
wird, von den Enden abgemessen,
alle 3 cm ein Loch gebohrt. Die so
vorbereiteten Stäbe streicht man mit
grüner Plakafarbe und lackiert sie
anschließend. Aus dicker Sportwolle
werden 30 grüne Quasten gemacht.
Man schneidet dazu aus Pappe ein
Rechteck 9,5 cm hoch und 6 cm breit
aus. Über diesen Zuschnitt wird im
Hochformat 17 mal die Wolle
gewickelt und nun auf einer Seite
mit doppelt genommener Knopfloch-
seide abgebunden. Die Enden der
Seide müssen lang genug sein, da
man mit ihnen später die Quasten an
den Holzstäben festbindet. Auf der
anderen Seite des Wickels wird die
Wolle durchgeschnitten und mit

einem Wollfaden so abgebunden, daß
die Quaste ein ca. 2,5 cm hohes
Köpfchen bekommt. Wie aus unserer
Abbildung ersichtlich, werden nun
die Quasten an den Stäben befestigt.
Dazu zieht man den Knopfloch-
seidenfaden mit einer Nadel durch
eine der Bohrungen, am Stabende
beginnend und immer ein Bohrloch
überspringend und verknotet ihn so,
daß er nicht mehr durch das Loch
rutschen kann. Über dem Knoten
wird eine kleine grüne Holzperle
angeklebt. Die Stäbe werden dann
durch Ketten von jeweils 6 großen
Perlen und einer kleinen miteinander
verbunden. Auf jeder Stabebene
wechselt die Farbe der Perlen, von
oben nach unten gelb, orange, pink,
gelb, orange und wieder pink. Das
Einziehen der Perlen erfolgt von
unten her. Man knüpft dazu eine
kleine pinkfarbene Perle auf den
Perlonfaden und fädelt anschließend
6 große Perlen auf, zieht ihn durch
das Bohrloch im Stab, fährt mit einer
kleinen grünen Perle fort und läßt
nun wieder 6 große Perlen folgen. An
das obere Ende der mittleren Perlen-
kette wird ein Holzring gebunden,
an dem der stilisierte Weihnachtsbaum aufgehängt werden kann.

Hübsches
für den Weihnachtstisch

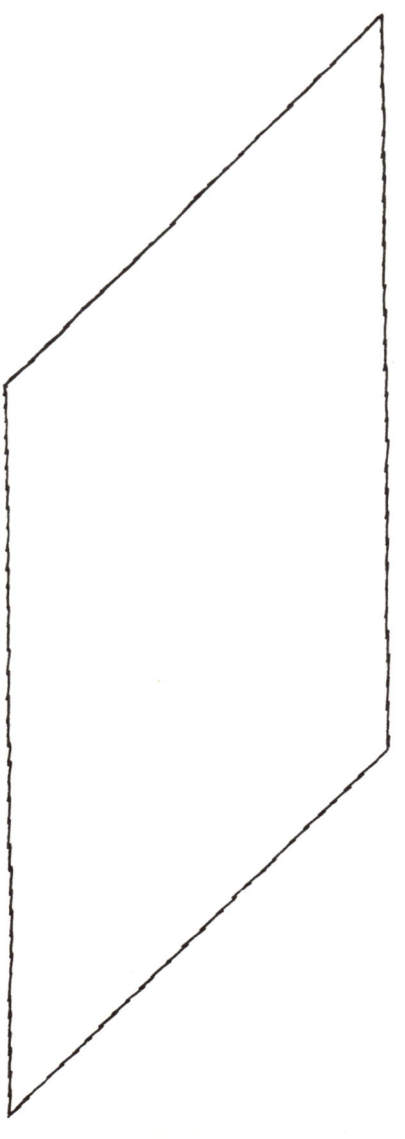

Tischsets mit Patchworkstern

Materialbedarf: Blaues, rotes und orangefarbenes Leinen, blaues Schrägband, Zeichenpapier.

Für die Tischsets werden aus blauem Leinen runde Flächen mit einem Durchmesser von 35 cm ausgeschnitten und mit gleichfarbenem Schrägband eingesäumt. Auf diese Grundflächen werden in Patchworktechnik gefertigte Sterne aufgenäht. Die Form der Sterne (nicht aber die Größe) entspricht denen auf Tischläufer und Tischdecke. Auf diese Weise entsteht eine Garnitur, in der alles zusammenpaßt.

Der Stern besteht aus 8 Teilen, die im Farbwechsel orange – rot – orange zusammengesetzt werden. Ein Teil haben wir für Sie hier originalgroß abgebildet. Schneiden Sie es aus Zeichenpapier 8 mal aus und verfahren Sie bei der Vorbereitung der Patchworkteile genauso, wie dies schon auf Seite 167 beim Nikolaussack beschrieben wurde. Bevor der zusammengenähte Patchworkstern auf das Leinenset appliziert wird, muß er gebügelt werden. Dann wird er mit Stecknadeln auf das Leinen geheftet. Das Papier bleibt noch im Patchwork eingeheftet, damit die Zackenspitzen nicht aufgehen. Das Applizieren erfolgt mit kleinen Stichen und Nähseide in der jeweiligen Farbe des Sternteiles.

Tischläufer – appliziert

Materialbedarf: Grünes Leinen, Filz in den Farben rot, pink und dunkelblau, Vliesofix (doppelseitig aufbügelbar), Transparentpapier.

Die Größe des Tischläufers ist von den Ausmaßen des Tisches abhängig, auf dem er zu liegen kommt. Der hier gezeigte Läufer ist fertig genäht 34 cm breit und 106 cm lang. Er paßt gut auf eine Tischplatte von ca. 60×120 cm. Soll der Tischläufer länger werden, so kann das durch Ansetzen jeweils einer Sternlänge (12 cm) geschehen. Auf Transparentpapier werden zunächst die Umrisse des Sterns aufgezeichnet (siehe unsere Zeichnung). Der Stern wird dann in entsprechender Zahl auf Vliesofix aufgepaust. Vliesofix ist ein auf Trägerschicht befindlicher, aufbügelbarer Klebstoff. Man bekommt ihn in allen Textilgeschäften. Gepaust wird übrigens immer auf die Trägerschichtseite. Neben den Sternen brauchen wir noch große und kleine Quadrate 5,7×5,7 cm und 2,8×2,8 cm. Diese Quadrate bilden, wie aus dem Muster des Tischläufers ersichtlich ist, die Füllungen an den Stößen der Sterne und in den von jeweils 4 Sternen begrenzten Innenflächen. Auch diese Quadrate werden auf Vliesofix aufgezeichnet. Mit einem halben cm Zugabe an allen Seiten schneidet man sie aus. Die Zuschnitte können nun auf den Filz aufgebügelt werden: Sterne auf rot und pink, Quadrate auf blau. Das Bügeleisen wird auf Wolle/Seide eingestellt. Die aufgebügelten Teile sollen mindestens 1 Minute abkühlen. Dann schneidet man sie genau entlang der gezeichneten Linien aus und entfernt die Trägerschicht. Auf dem 70 cm breiten und entsprechend langen Leinenstück wird mit weißem Heftfaden die Mittellinie markiert. Entlang dieser Linie werden die Sterne angeordnet, die Sternspitzen stoßen aneinander, und mit Stecknadeln befestigt. Unter Verwendung eines feuchten Tuches wird Stern um Stern aufgebügelt. Anschließend geschieht das gleiche mit den blauen Quadraten. Die aufgeheftete Mittellinie wird zuvor entfernt. Die fertige Applikation bügelt man von der Rückseite her noch einmal nach. Dann werden die Seitenteile des Leinens nach hinten geschlagen und auf der Mitte der Rückseite des Tischläufers zusammengenäht. Am oberen und unteren Rand des so entstehenden Schlauches schlägt man einen kleinen Saum nach innen und näht die Kanten mit kleinen Stichen zusammen.

Gestickte Tischdecke

Materialbedarf: Blauer Zweigart-Handarbeitsstoff »Lugano«, MEZ-Sticktwist in den Farben rot und goldgelb, blaues Schrägband, Zeichenkarton.

Die auf nebenstehendem Bild gezeigte Tischdecke ist rund gearbeitet. Ihr Maß wird dem Durchmesser des dafür vorgesehenen Tisches angepaßt. Dabei ist darauf zu achten, daß der Saum der Decke genügend weit überhängt. Es sollten mindestens auf allen Seiten 20 cm sein. Das kreisförmig zugeschnittene Leinen wird mit gleichfarbigem Schrägband eingesäumt. Die Decke erhält ein Dekor aus zweifarbig gestickten Sternen. Entsprechend unserer Zeichnung wird der Stern auf Papier übertragen, mehrfach ausgeschnitten und probeweise auf der Decke aufgesteckt. Eine aus Zeichenkarton gefertigte Schablone benützt man, um an der Stelle der aufgesteckten Sterne mit Bleistift die Sternkonturen nachzuzeichnen. Mit Hilfe eines kleinen Stickrahmens, in den die entsprechende Stelle des Stoffes eingespannt wird, stickt man nun den Stern vollflächig aus. Es wird mit stumpfer Sticknadel und schrägem Blattstich gearbeitet.

Geschenke,
weihnachtlich verpackt

Große Spandose –
festlich geschmückt

Materialbedarf: 1 große runde Spandose, rote Plakafarbe, Klarlack, weiße Selbstklebefolie, Strohblumen, Ziergräser und Ruskuszweige, einige Holzperlen, Sprühgold und Ponal.

So wie ein wertvolles Gemälde eines wertvollen Rahmens bedarf, so hat auch ein wertvolles Geschenk Anspruch auf entsprechende Verpackung. Die große festlich geschmückte Spandose nimmt es jederzeit mit Silber, Gold und Edelstein auf.

Die Spandose bekommt man naturholzfarben in Hobbygeschäften zu kaufen. Mit roter Plakafarbe wird sie an Boden und Deckel außen gestrichen und anschließend mit Klarlack überzogen. Aus weißer Selbstklebefolie schneidet man eine Fläche aus, die die Form einer Schale besitzt, und klebt sie auf die untere Hälfte des Deckels auf. Strohblumen, Immortellen, Gräser, Ruskuszweiglein und die Holzperlen werden mit Sprühgold aus der Dose vergoldet. Legen Sie die einzelnen Gegenstände dazu nebeneinander auf eine genügend große Papierunterlage und sprühen Sie das Gold mehrmals in dünner Schicht auf, bis der gewünschte Goldeffekt erreicht ist. Aus den vergoldeten Teilen wird nun zunächst einmal probeweise auf dem Deckel der Dose ein prächtiger Strauß arrangiert. Wenn alles am richtigen Fleck sitzt, wird jedes einzelne Stückchen mit Ponal betupft und aufgeklebt.

Schachtel und Dose mit Blütendekor

Materialbedarf: Einwickelpapier, goldenes und grünes Krepp-Papier, Origamipapier, Blumendraht, Goldglaskugeln auf Draht, Holzperlen, Pritt-Alleskleber.

Dose und Schachtel werden zunächst mit einfarbigem Papier überzogen. Der einzige Schmuck auf der in unserem Modell rot umkleideten Dose ist eine große Blume aus goldenem Krepp-Papier. Die Blume wird aus 3×8 in der Größe gestaffelten Blättern gebastelt, die rund um einige Goldglaskugeln angeordnet werden. Die als Abbildung 1 auf dieser Seite dargestellte Blattform ist die mittlere der 3 Größen. Die Blätter werden aus Goldkrepp-Papier ausgeschnitten und zusammen mit einem Blumendrahtstück als Stiel wieder auf Krepp-Papier aufgeklebt. Die Ränder müssen nun nochmals nachgeschnitten werden. Und so wird die Blume zusammengesetzt: einige Glaskugeln an den Drähten zusammenwickeln, dann kleine Blätter rundherum anordnen und Drahtstiele zusammendrehen. Das gleiche geschieht mit den mittleren und großen Blättern. Die Blätter sollen immer auf Zwischenraum zu stehen kommen. Der Stiel der fertigen Blume wird mit Krepp-Papier umwunden. Die Blume kann jetzt am Deckel mit ein paar Heftstichen befestigt werden.

Auf die Schachtel, die wir mit grünem Papier eingeschlagen haben, kommen zwei stilisierte Weihnachtssternblüten. Die Blattform dieser Blume ist lanzenförmig und in einheitlicher Größe (Abbildung 2). Sie wird aus rotem Origamipapier ausgeschnitten und geklebt wie schon beschrieben. Um einen Blütenkern aus auf Draht befestigten Holzperlen werden die Blätter kreisförmig angeordnet (Abbildung 3). Der Blumenstiel ist mit grünem Krepp-Papier umwickelt. Um die Geschenkschachtel wird ein breites rotes Band gelegt und darunter kommen die Stiele der beiden Weihnachtssterne.

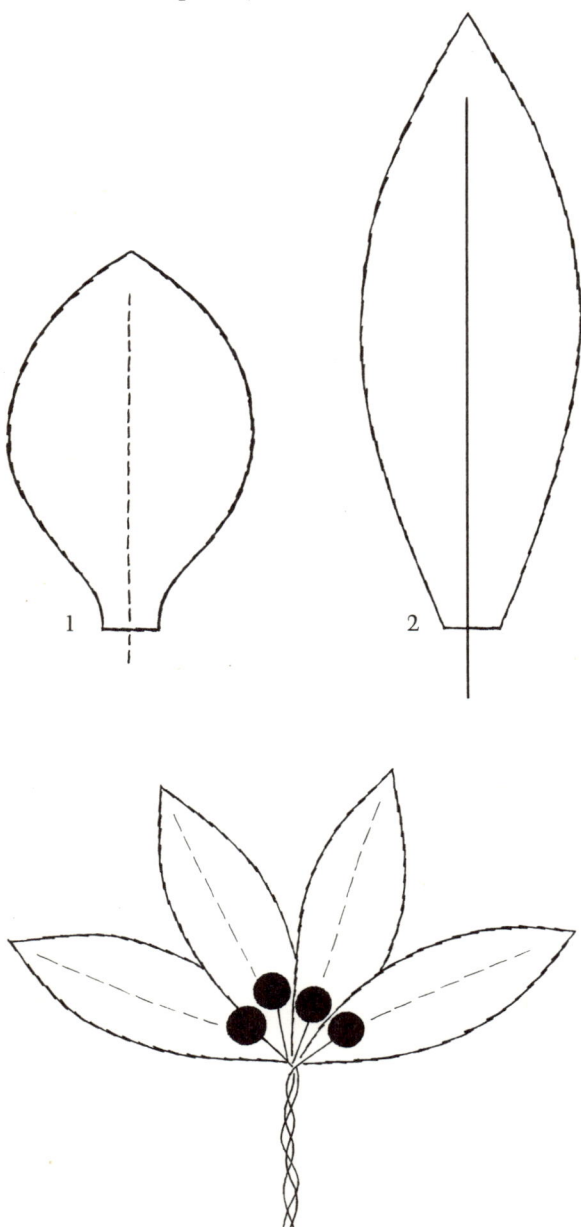

1

2

3

274

Schön verpackt – mit Farbpapier und Goldfolie

Materialbedarf: Einwickelpapier, Origamipapier, Farbkarton, goldene Alufolie, Pritt-Alleskleber. Die auf dieser Seite oben abgebildete Geschenkpackung wurde mit violettem Einwickelpapier umhüllt. Aus Alufolie und Origamipapier sind die beiden prächtigen Vögel gemacht. Ihre in der Form gleichen Körper schneidet man aus Goldfolie aus. Die Schwanzfedern, Füße, Schnäbel und die Augen sind aus Origamipapier geschnitten. Alle Teile werden auf dem Einwickelpapier festgeklebt.

Das nebenstehende Bild zeigt eine aus durchgefärbtem rotem Karton selbstgemachte Geschenkschachtel. Den Schachtelschnitt, den Sie beliebig vergrößern können, haben wir in untenstehender Zeichnung dargestellt. Die Falzlinien der Schachtel werden mit einem spitzen Messer auf der Außenseite, die dreieckigen oberen Laschen innen leicht angeritzt. Der Karton läßt sich dann gut falten. Die Außenseiten der Schachtel bekleben wir mit Goldherzen aus Alufolie, die Laschen mit Goldscheibchen. So gebastelt gibt das eine reizvolle Verpackung für Weihnachtsbäckereien.

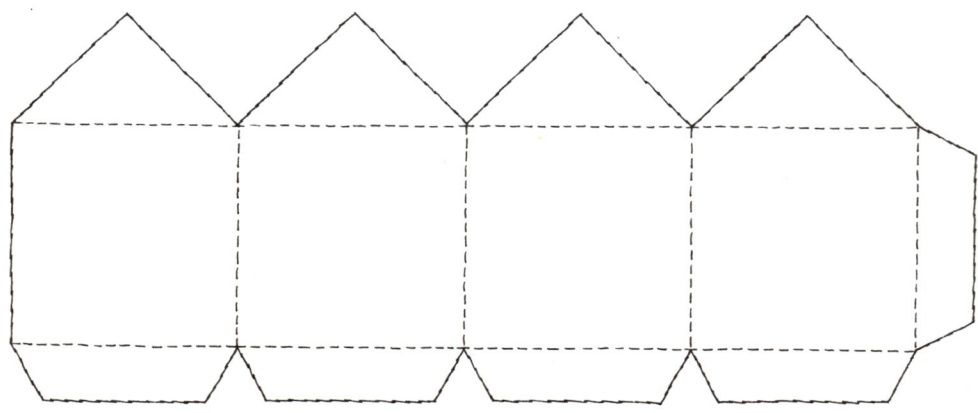

Mit Tortendeckchen verziert

Materialbedarf: Einwickelpapier, Farbkarton, Goldpapier-tortendeckchen, Pritt-Klebestift. Eine quadratische Schachtel mit Geschenkinhalt wird in dunkelgrünem Einwickelpapier eingeschlagen und mit einem runden Goldpapiertortendeckchen auf der Schachteloberseite beklebt. Goldene Tortendeckchen in verschiedenen Durchmessern bekommt man in Papier- und Schreibwarengeschäften. Dort besorgt man sich auch einen Klebestift. Mit ihm läßt sich die Spitzendecke bestreichen, ohne daß dabei Klebstoff danebenläuft.

Hin und wieder möchte man etwas verschenken, wozu keine Schachtel in passender Größe aufzutreiben ist. Mit Farbkarton kann man die Schachtel ohne große Umstände selber machen. Unser Schnittmuster zeigt, wie das geht. Der Farbkarton bildet gleichzeitig die äußere Hülle. Wichtig ist deshalb die richtige Farbwahl, denn der Farbton und das Gold der Papierspitze sollen gut harmonieren. Das Spitzenornament auf dem Deckel wird aus einem runden Tortendeckchen heraus-geschnitten. Die Schachtelränder bekleben wir mit Goldpapierbörtchen.

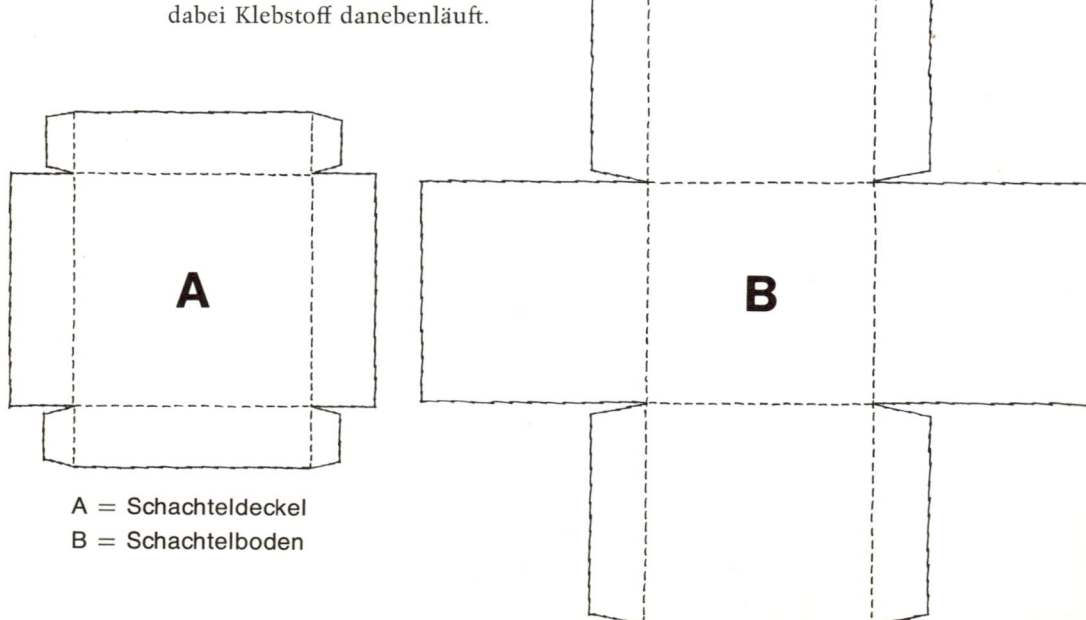

A = Schachteldeckel
B = Schachtelboden

Nikolaus als Flaschenverkleidung

Materialbedarf: Versandpappröhre, rotes und schwarzes Tonpapier, Zeichenkarton, Schreibmaschinenpapier, Pattex.

Eine Versandröhre, deren Durchmesser groß genug ist, um eine zu verschenkende Flasche aufzunehmen, wird oben so weit abgeschnitten, daß der Flaschenhals nur noch ein wenig herausschaut. Mit rotem Papier beklebt man die Röhre. Aus gleichem Tonpapier wird eine Scheibe mit ca. 27 cm Durchmesser ausgeschnitten, an einer Seite bis zur Kreismitte eingeschnitten, zu einer Spitztüte gedreht und verklebt. Am äußeren Rand der Spitztüte und am Unterteil der Röhre bringt man aus Zeichenkarton je einen 5 cm breiten Streifen an. Ebenfalls aus Zeichenkarton schneidet man die Gesichtsform mit Vollbartansatz aus und klebt sie an der Röhre fest. In 2 cm breite Streifen aus Schreibmaschinenpapier werden nun mit der Schere Fransen eingeschnitten. Sie klebt man in mehreren Schichten als Pelzbesatz auf die beiden Kartonstreifen an Mütze und Mantelsaum und als Bart an das Gesicht. Aus schwarzem Tonpapier entstehen der Schnurrbart und die Augen, und ein roter Punkt wird in die Mitte des Gesichts als Nase geklebt.

Kleine Geschenke
in letzter Minute

Bunter Serviettenstapel

Im Papierwarengeschäft werden einige
Packungen Papierservietten in
verschiedenen Farben gekauft. Es
sollen ungemusterte Servietten
in kräftigen, zueinander
kontrastierenden Farben sein.
Die Servietten werden aus der
Klarsichtverpackung genommen und
verschränkt gestapelt. Dann bindet
man den Stapel mit einem schmalen
Goldband zusammen. Das Band
wird dabei in den durch das
Verschränken entstehenden Ecken
nach oben geführt und sternförmig
in der Mitte verknüpft. Eine Schleife,
verbunden mit kleinen Christbaum-
goldkugeln, bildet auf dem
Serviettenstapel das festliche Dekor.

Frühstücksbrettchen mit Perlenstern

Materialbedarf: 1 Frühstücks-holzbrettchen, Holzperlen in 2 Farben und Größen, Bindfaden, Messing-ring, Seidenband, Pattex.
Das Frühstücksholzbrettchen wird durch einen aus Holzperlen gefertigten Weihnachtsbaumstern und eine rote Seidenbandschleife zum kleinen Geschenk gemacht. Das Brettchen einzukaufen ist einfach, den Stern zu basteln nicht viel schwerer. Für die Strahlen des Sterns werden kleine Holzperlen auf einen Faden gebunden, auf den man dann 4 große Perlen auffädelt. Das Fadenende wird an dem Messingring, der die Sternmitte bildet, festgebunden. Bei einem Perlendurchmesser von 12 mm gehen 8 Strahlen auf einen Ring mit ca. 18–20 mm Außendurchmesser. Das Zentrum des Sterns besteht aus aufgefädelten kleinen Perlen, die zu einem Ring gebunden und mit Pattex auf dem Messingring angeklebt sind. Darauf wiederum kommt, ebenfalls mit Klebstoff befestigt, eine große Perle. Mit einigen Stücken beidseitig klebendem Tesaband wird der Stern auf das Brettchen aufgeklebt. So kann er leicht wieder abgenommen werden.

Pomanderbälle

Materialbedarf: Orangen, Gewürznelken, rotes Soutacheband.
Pomanderbälle sind etwas für Leute mit feinen Nasen. Sie werden, wenn damit beglückt, ob des herrlich würzigen Duftes zu schnuppern beginnen. Schon zu Großmutters Zeiten wußte man Pomanderbälle zu schätzen. Beim Obsthändler sucht man sich einige makellos gewachsene große Orangen aus und besteckt sie mit Gewürznelken.

Das Bestecken kann über die ganze Orange hinweg ornamental erfolgen. Die Nelken können aber auch auf einer Fläche zusammengefaßt werden, so daß sich z. B. Herz- oder Sternformen bilden. An einem Soutacheband werden die Pomanderbälle aufgehängt. Soutache ist ein schmal geflochtenes flaches Besatzband, das sich unter dem Gewicht der Orange nicht ausdehnt. Damit es auf der Rundung der Orange nicht verrutscht, wird es mit einigen Stecknadeln festgesteckt.

Biedermeiersträußchen

Materialbedarf: Künstliche Blumen und Früchte, Ruskuszweige, Blumendraht, grüner Bast, Manschette und Sprühgold.

In jedem Warenhaus gibt es eine Ecke, in der künstliche Blumen angeboten werden. Man darf sich von dem prächtigen Kitsch, der sich da vor einem auftut, nicht irritieren lassen; denn bei unserem Sträußchen werden die Kunstblumen mit Gold übersprüht. Ruskuszweige, Blumendraht, Bast und Papiermanschette erhält man im Blumenladen. Sowohl an den Kunstblumen als auch an den kleingeschnittenen Ruskuszweigchen werden zunächst Blumendrahtstiele angebracht. Sie sollen ca. 15 cm lang sein. Mit Sprühgold vergoldet man alles, mit Ausnahme der Ruskuszweige. Wie von Zauberhand berührt verwandeln sich dabei die Kunstblumen und Früchte in herrliche Gebilde, die mit dem grünen Ruskus zu einem Strauß gebunden werden. Die Drahtstiele dreht man zusammen, umwickelt sie mit grünem Bast und steckt sie in die ebenfalls vergoldete Papiermanschette.

Kerzenbündel

Materialbedarf: Einfarbige Wachskerzen, 2 Gummiringe, breite Stickborte.

Für Leute, die Kerzenlicht lieben, kommt das Kerzenbündel als kleines Geschenk vielleicht gerade recht. Man schafft es wirklich noch in der allerletzten Minute. 7 gleichlange und gleichdicke Kerzen, jede in einer anderen Farbe, werden mit 2 Gummiringen zu einem Bündel zusammengenommen. Über den Gummiringen liegend bildet eine breite Stickborte die schmückende Bauchbinde. Unter der großen Zahl schöner Borten, die man in Kurzwarengeschäften erhält, läßt sich leicht das dem Geschmack entsprechende finden. Wir haben für unser buntes Kerzenbündel eine blaugrundige, bäuerliche Borte ausgewählt.

Gewürzsäckchen am Kochlöffel

Materialbedarf: Bunte Stoffreste,
Plastikkochlöffel, Seidenschnur, verschiedene ungemahlene Gewürze.
Einem besonderen Kochkünstler
unter Ihren Freunden können Sie
diese Gewürzsäckchen am Kochlöffel
auf den Gabentisch legen. Er wird
seine Freude daran haben.
5 Säckchen, 7 cm breit und 10 cm
hoch, sind aus bunten Stoffresten
schnell genäht. Suchen Sie dafür
kleingemusterte Stoffe aus, die mit
einfarbigen Stoffen in kräftigen
Farbtönen gemischt werden. Die
Säckchen erhalten am oberen Rand
einen Saum, durch den eine schwarze
Seidenschnur gezogen wird. Mit
dieser Schnur bindet man die
Gewürzsäckchen an einem roten
Plastikkochlöffel an. Mit verschiedenen ungemahlenen Gewürzen,
z. B. Nelken, Muskatnüssen,
Pfefferkörnern, Wacholderbeeren
usw. werden die kleinen Säckchen
gefüllt.

Flaschenbäumchen

Materialbedarf: 1 Flasche Wein,
Alu-Haushaltsfolie, rotes Perlonband,
kleine rote Schokoladenherzen,
Silberkugeln, Zweige von einem
Strauch, Tesakrepp.
Es ist nicht die schlechteste Idee,
eine Flasche guten Weines zu
verschenken. Wenn man sie in ein
fast surreal anmutendes Flaschen-
bäumchen verwandelt, wird auch
fürs Auge ein wunderschönes
Geschenk daraus. Mit Tesakrepp
befestigt man am oberen Flaschenhals
stark verästelte Zweige eines
Strauches. Die Flasche wird sodann
bis obenhin in Alu-Haushaltsfolie
eingewickelt. Eine breite Manschette
aus mehrfach zusammengelegter
Alufolie bedeckt die Zweigenden am
Flaschenhals. Unter der Manschette
wird aus etwa 4 cm breitem rotem
Perlonband eine große Schleife
gebunden. Dann werden die Zweige
des Flaschenbäumchens mit roten
Schokoladenherzen und silbernen
Glaskugeln behängt.

286

Körbchen mit Äpfeln

Oft ist es nur eine Kleinigkeit, die einen Gegenstand zum liebenswerten Geschenk werden läßt. Hier z. B. soll ein Körbchen verschenkt werden. Es ist ein brauchbarer Haushaltsgegenstand, der seinem künftigen Besitzer lange Zeit dienen wird. Auf dem Markt haben wir schöne rotbackige Äpfel gekauft, haben sie auf Hochglanz poliert und damit das Körbchen gefüllt. An jedem der beiden Korbhenkel befestigen wir eine große Schleife aus rotem Seidenband.

Nadelkissenweiblein

Materialbedarf: Je 1 Styroporkugel mit 5 und 7 cm Durchmesser, eine gebohrte Holzkugel mit 4 cm Durchmesser, 2 Holzperlen à 1,5 cm und 1 Holzperle mit 2 cm Durchmesser, 1 Schaschlikspießchen aus Holz, Landkartenstecknadeln mit blauen Köpfchen, 2 Pfeifenputzer, Ponal, schwarze Wolle, bunter Stoff, Filz.

Die beiden Styroporkugeln werden an 2 Seiten abgeflacht und aufeinandergeklebt. Ein Schaschlikspießchen wird senkrecht durch die Mitte der beiden Kugeln gesteckt. Auf das oben herausragende Ende kommt die große Holzkugel. Quer

durch die kleinere Styroporkugel sticht man mit einem Schaschlikspießchen ein Loch, das groß genug ist, um zwei zusammengedrehte Pfeifenputzerdrähte als Arme durchzustecken. An ihren Enden befestigt man je eine 1,5-cm-Holzperle. Das Kleid wird aus 2 Stoffstreifen gearbeitet. Der Streifen für den Rock mißt ca. 8×23 cm. Beide Enden werden zusammengenäht, dann wird oben und unten ein Saum geheftet, an dem der über die unterste Kugel gestülpte Rock zusammengezogen werden kann. Auf gleiche Weise verfährt man mit der Bluse. Der ringförmig geheftete Streifen mit 6×17 cm erhält seitlich zwei Einschnitte für die Arme. Nachdem beide Arme mit Stoffröhrchen bekleidet und diese zu Bündchen zusammengezogen sind, wird die Bluse übergestülpt und ebenfalls in der Hüfte und am Hals angereiht. 4 Landkartennadeln bilden, vorn in die Styroporkugel gesteckt, die Blusenknöpfe. Aus in der Farbe passendem Filz schneiden wir ein Schürzchen mit Bändern und heften es mit Stecknadeln auf dem Körper fest. Die Bänder bilden auf der Rückseite eine Schleife. Auf die Holzkugel aufgeklebte Wollfäden ergeben das Haar. Der Haarknoten ist eine 2-cm-Holzperle, die ebenfalls mit schwarzer Wolle umwickelt und auf dem Kopf aufgeklebt wird.

Bücher mit Weihnachtsliedern, -gedichten und Weihnachtsgeschichten für Kinder und Erwachsene

Weihnachtsgeschichten

Altvertraute Weihnachtszeit. Die schönsten deutschen Weihnachtsgeschichten von annodazumal. Hrsg. von P. Amann. Zürich 1966
Lipinsky-Gottersdorf, *Weihnachtsgeschichten.* Hamburg 1970
Mack, *Die Weihnachtsballade.* Zürich 1965
Paetow, *Weihnachtsgeschichten aus über 1000 Jahren.* Herford
Romijn, *Weihnachtsgeschichten.* Kassel 1964

Weihnachtserzählungen aus anderen Ländern

Farelly, *Weihnachtsgeschichten aus Frankreich.* Kassel 1968
Englische Weihnacht: Weihnachtserzählungen aus England. Hrsg. von R. Sterne. Zürich 1967
Nordische Weihnacht: Weinachtserzählungen aus Dänemark, Schweden, Norwegen und Finnland. Hrsg. von Sven Danielsson. Zürich 1970
Russische Weihnacht: Weihnachtserzählungen aus Rußland. Hrsg. von Alex Simon. Zürich 1950
Weihnacht der Welt: Eine Sammlung von Erzählungen und Gedichten der Weltliteratur. Hrsg. von K. Federer. Zürich
Weihnacht der Neuen Welt: Weihnachtserzählungen aus Amerika. Hrsg. von Alan Wood. Zürich 1969
Weihnachten im großen Schnee. Weihnachtserzählungen aus Dänemark, Norwegen und Schweden. Hrsg. von E. Wilhelm. Freiburg 1969

Weihnachtsgeschichten für Kinder

Weihnacht der Kinder. München 1970
Meine schönste Weihnachtsgeschichte. Hrsg. von Gerh. Timmer. Gütersloh 1969

Weihnachtsgeschichten für Kinder (Taschenbuchausgabe). Hamburg 1967
Bartos-Höppner, *Weihnachtsgeschichten unserer Zeit.* Würzburg 1971
Wir sagen euch an eine fröhliche Zeit. Hrsg. von K. Schaaf und E. Seifriz. Ravensburg 1970
Lindgren, *Weihnachten in Bullerbü.* Hamburg 1970
Baumann, *Ein Stern für alle.* Freiburg 1971

Weihnachtsliederbücher

Mein Weihnachtsliederbuch: 33 Weihnachtslieder mit vollständigen Texten für Klavier. Mainz
Weihnachtslieder. 39 Lieder der Weihnachtszeit mit Noten. Köln 1969
Weihnachtslieder. Freiburg 1963

Die Weihnachtsgeschichte

Hermann, *Die Weihnachtsgeschichte.* Nach dem Lukas-Evangelium. Gütersloh 1969
Cocagnac, *Weihnachten.* Nach der Bibel erzählt. Mit vielen Illustrationen (Bibel-Bilder-Buch). Düsseldorf 1969

Weihnachtsgedichte

Weihnachten. Moderne Gedichte. Wuppertal

Bibelausgaben mit einer kindgerecht formulierten Weihnachtsgeschichte

Ravensburger Bilderbibel. Das Neue Testament. Bearb. von Josef Weiger. Mit vielen mehrfarbigen Illustrationen von Alice und Martin Provensen. Ravensburg 1969
Anne de Vries, *Die Bibel unserer Kinder.* Die Worte der Heiligen Schrift von Anne de Vries für die Kinder erzählt. Stuttgart, 224. Tsd. 1970
Anne de Vries, *Großes Erzählbuch der biblischen Geschichte.* Band 2 Neues Testament. Köln, 39. Tsd. 1969

Register

Klebetips für kleine und grosse Bastelfreunde

Richtiges Kleben verlängert die Freude.

Nur was richtig verklebt wird, kann richtig zusammenhalten. Deshalb gilt für jede Arbeit: Erst prüfen, welche Materialien welchen Klebstoff brauchen:

Holz, Pappe, Papier: **PONAL** kraftvoller Weißleim – transparent trocknend.

Kunststoffplatten, Hart-PVC, Metall, Gummi, Leder: **PATTEX** klebt mit Superkraft – sekundenschnell.

Metall, Polystyrol®, Acrylglas, Keramik, Holz, Porzellan, Glas, Stein: **STABILIT EXPRESS** superschneller Zwei-Komponentenkleber.

Metall, Keramik, Glas, Porzellan, Mosaik, Polyester, Holz: **STABILIT ULTRA** (Neu!) hochelastischer Zwei-Komponentenkleber.

Schnelle punktuelle Verklebungen bei Bastelarbeiten: **STABILIT DUR** transparent auftrocknender Spezialkleber. Feinste Dosiermöglichkeit durch Plastiktülle.

Papier, Fotos: **PRITT** praktischer Klebestift. Klebt schnell, sauber, sicher und sparsam.

Henkel

Das große Ravensburger Hobbybuch

von Jutta Lammèr

Das große Ravensburger Hobbybuch ist ein Standardwerk modernster Prägung. Es enthält die neuesten Werkstoffe und Arbeitstechniken, ohne das Althergebrachte und Bewährte zu vernachlässigen. Ein umfassender Ratgeber, nach dem jeder sofort – ohne Vorkenntnisse – arbeiten kann. Techniken und Materialien:

Nähen, Applikationen, Patchwork, Stoffdruck, Stoffmalerei, Batik, Lederarbeiten, Peddigrohr, Stroh, Bast, Sisal, Ramieband, Spanholz, Emailarbeiten, Häkeln, Weben, Sticken, Teppichknüpfen, Metallarbeiten, Papier und Pappe, Perlenarbeiten, Kunststoffe wie Gießharz, Kunstglas, Styropor, Folien, Mosaikarbeiten, Modellieren, Arbeiten mit Stein und Kunststein, Intarsien, Schnitzen.
412 Seiten mit 475 teils farbigen Fotos und 328 Zeichnungen.

Das große Ravensburger Handarbeitsbuch

von Jutta Lammèr

Sticken, Häkeln, Knüpfen, Weben, Stricken, Applikationen, Patchwork und viele andere klassische und moderne Handarbeitstechniken. Ein Werk, das mit der Fülle der beschriebenen Handarbeitstechniken, den leicht zu befolgenden Arbeitsanleitungen und den 200 Mustervorschlägen jeden begeistern muß. Ein Lehrbuch für Anfänger, ein Nachschlagewerk für Interessenten und eine Fundgrube mit vielen attraktiven Modellen und Anregungen.
296 Seiten mit 418 teils farbigen Fotos sowie 287 Zeichnungen.

Wir sagen euch an eine fröhliche Zeit

Ein Weihnachtsbuch zum Vorlesen, Singen und Spielen. Vom ersten Advent bis zum Dreikönigstag. Herausgegeben von Karlheinz Schaaf und Erno Seifriz.
Ein Weihnachtsbuch, das besonders die Fröhlichkeit dieser Zeit betont. Für jedes Alter wird etwas geboten: fantasievolle Illustrationen für die ganz Kleinen, humorvolle Geschichten moderner Autoren zum Vorlesen oder Selberlesen, 43 bekannte und unbekanntere Lieder in verschiedenen Notensätzen, Gedichte und sogar ein Hirtenspiel sowie verschiedene Stegreif-Spielformen. Damit bildet dieser Band eine gute Ergänzung des vorliegenden großen Ravensburger Weihnachtsbuches.
126 Seiten, mit vielen, zum Teil farbigen Illustrationen von Rolf und Margret Rettich.

Ravensburger Hobbybücher

geben Anregungen für neue und alte Bastel-, Werk- und Handarbeitstechniken. Mit Materialien, die man in Bastelgeschäften, Hobbyabteilungen der Warenhäuser und Handarbeitsgeschäften kaufen kann, entstehen individuelle Gegenstände zum Verschenken und Selberbehalten.

Ravensburger Hobbybücher — Ilse Ströbl-Wohlschläger — Weihnachtsbasteleien

Ravensburger Hobbybücher — Rose Marie Trösch — Dekorationen aus Trockenpflanzen

Ravensburger Hobbybücher — Jutta Lammèr — Span und Stroh

Ravensburger Hobbybücher — B. Pauly — Bunt bemalte Holzgeschenke

Ravensburger Hobbybücher — Jutta Lammèr — Häkeln - die neueste Masche

Ravensburger Hobbybücher — Isolde Schmitt-Menzel — Mosaik

Ravensburger Hobbywerkstatt

Ravensburger Workshop

Kreative Werktechniken in der Ravensburger Hobbywerkstatt
- Inhalt: komplettes Werkzeug + Material + Anleitungsbuch
  = alles, was zum Erlernen und Praktizieren einer gestalterischen
  Werktechnik benötigt wird.
- Die einzelnen Arbeitsphasen werden im beiliegenden Anleitungsbuch
  übersichtlich in einer dichten Folge von Arbeitsfotos und Texten
  erklärt.

Wachsgießen

Das Wachs wird geschmolzen, in den verschiedensten Farbtönen selbst eingefärbt und in selbstgemachte Formen aus Karton gegossen.

Macramé

Macramé ist eine dekorative Knotenknüpferei, die großen Freiraum für eigene Ideen läßt. Hier lernt man die zwei für Macramé notwendigen Grundknoten Schritt für Schritt in einer ausführlichen Anleitung mit Text und Fotos. Das Macramé-Garn und die Perlen reichen aus für Gürtel, Armbänder und Wandbehänge.
Alle Werkkästen enthalten das komplette Arbeitsmaterial und einen ausführlichen Grundkurs, der einem die Freiheit läßt, neue Arbeitswege, Muster und Formen für den Ausdruck der eigenen Persönlichkeit zu finden.

Weben mit Perlen

Ein Spiel mit Holzperlen, Hanfschnur und Schafwolle – die Wahl der Farbkompositionen bleibt jedem selbst überlassen, der einen individuellen Wandbehang weben möchte.